跨文化研究
理论与实践
CROSS-CULTURAL STUDIES
THEORY AND PRACTICE

刘晓天 主编

社会科学文献出版社
SOCIAL SCIENCES ACADEMIC PRESS (CHINA)

本书部分出版经费由首都师范大学交叉学科支持

目　录

跨文化理论

国际汉语文化测试浅析 …………………………………… 任春艳 / 003
试析多语言者在多元文化中避役属性及人格转换现象 ……… 沙　杰 / 010
人工智能时代的跨文化教育 ………………………… 王春辉　高　莉 / 018
跨文化交际视域下的文化认同属性 ………………………… 王　宇 / 028
教育公平视野下中日义务教育择校政策的跨文化比较 ……… 杨斯喻 / 037
汉西语称谓词中性别歧视的文化因素 ……………… 袁彩云　梅傲寒 / 048
跨文化研究的理论视角及内涵 ……………………………… 张　静 / 057

跨文化教育

对韩中级汉语教学模式变通举要
　　——以首都师范大学对外汉语教学现状为例 …………… 陈雪竹 / 067
浅析跨文化交际学视角下的对韩汉语教学策略 …………… 次晓燕 / 074
论全球化背景下汉语国际教育的民族性与当代性 ………… 宫天然 / 082
中国古代诗文教学的跨文化审美探究 ……………………… 胡秀春 / 089
基于美国中小学教育特点的汉语课堂管理策略 …………… 李启洁 / 097
跨文化教育背景下海外少儿汉语教材《进步》评析 … 马思宇　张晓涵 / 108
跨文化意识下俄罗斯本土汉语教材研究 …………………… 马晓辉 / 118
跨文化视域下的阅读课教学研究 …………………………… 申慧淑 / 127
对汉语选修课"修辞学"的跨文化思考 …………………… 涛　亚 / 136
高级汉语词汇教学中的文化因素 …………………………… 卫　斓 / 144

以学生需求为导向的"中国国情"教学内容改革的尝试 …… 杨　桦／153

跨文化传播

中国音乐在来华留学生中的跨文化传播研究 ………… 贾　茹／165
对美文化传播内容选择原则 …………………………… 王晓君／174

跨文化交际

格鲁吉亚语中含有几种常见动物谚语的摘译与
　评介 ………………………………………… 戴雪梅　祸祖雷／185
面子的跨文化研究 …………………………………… 樊青杰／199
从中英文习语动物词汇的使用看中西方文化的异同 ………… 郝云龙／205
跨文化视角下的汉字文化阐释
　——以"婚"为例 …………………………………… 李俊红／213
跨文化交际中的礼貌用语教学策略初探 ……………… 刘　进／221
外国留学生通信设备使用习惯的跨文化交际调查
　——以首师大韩国留学生为例 ……………………… 刘　彤／228
跨文化交际在语言固定结构中的表现 ………………… 王　进／241
国际中文教育与跨文化交际 …………………………… 应晨锦／247
浅谈中德文化差异在日常商务活动中的表现及教学思考 …… 竺　燕／254

跨文化理论

国际汉语文化测试浅析

任春艳

(首都师范大学国际文化学院　北京　100089)

摘　要：国际汉语教学的培养目标是汉语学习者的跨文化语言交际能力，文化教学的重要性不言而喻，但是相应的文化测试却未得到应有的关注。本文在介绍了国内外文化测试研究成果的基础上，分析了国际汉语文化测试需要考虑的基本问题，希望文化测试的开展能切实对汉语文化教学和学习起到积极的引导和反拨作用，有效促进文化教学目标的实现。

关键词：国际汉语教学　文化测试　反拨作用

1　引言

随着中国经济的快速增长、国际地位的显著提高，国际汉语教学得到了快速、蓬勃发展，该专业的教学与科研也进入了一个比较成熟的阶段。国际汉语教学的培养目标是培养汉语学习者的跨文化语言交际能力，文化是构成学习者跨文化交际能力的一个极重要的方面。在许多国家的外语学习目标中，如美国外语教学的"5C"标准、"欧盟语言共同参考框架"都将跨文化知识、意识与技巧列为重要组成部分。法国中学汉语教学大纲中规定，文化内容是语言教学的切入点，各项语言活动均围绕各阶段特定的文化切入点进行。我国的外语教育把培养学生的"文化意识"作为基础教育阶段的教学目标之一，高校英语专业教学大纲也对"文化素养"提出了具体的要求。《国际汉语教学通用课程大纲》中，文化能力是培养学习者综合语言运用能力的四大目标之一，大纲也明确指出"教师应根据学生的年龄特点和认知能力，逐步扩充文化知识的内容和范围，帮助学生拓宽视野，使学习者理解中国文化在世界多元文化中的地位和作用及对世界文化的贡献"。

在国际汉语教学中，文化已经成为教学的有机组成部分，有融于语言内的文化教学，也有专门开设的各类文化课程。测试是教学的重要环节，测试对教学也起着重要的反拨作用。目前在汉语教学中，老师多能意识到语言教学中文化知识和文化技能的重要性，但很少有人会去测试学生是否达到了文化教学目标，课堂有时会呈现文化教学的随意性或教而不测的现象；对于学习者而言，如果缺少了文化评价，他们会只重视语言能力的提高，而忽视文化意识的培养。他们由于不理解目标语语言群体的价值观念，不是去冒犯别人，就是感到被别人冒犯，久而久之就可能对交际对象形成负面、消极的看法。因此，在国际汉语教学领域，汉语文化测试的研究需要引起重视。本文基于国内外已有外语教学中的文化测试研究，讨论国际汉语文化测试的可行性以及可能存在的问题。

2　文化测试研究回顾

2.1　国外文化测试研究

语言学家 Lado 早在 1961 年就指出文化测试应基于不同文化间的比较研究来测试跨文化理解能力。Nostrand 提出的"新兴模型"（Emergent model）全面分析了文化的内容，明确了文化的分类，具体包括文化、社会、个人和生态四大子系统，为外语教师进行文化教学和测试奠定了基础。在 Nostrand 模型的基础上，Seelye 提出了文化测试的 7 个目标，这套文化教学与测试目标不再强调大量的文化知识，而注重文化的功能、语言与文化的相互作用、学习者对目的语文化的态度以及学习者文化表现技能等。

Valette 提出文化测试应包含文化意识、社交礼仪、文化差异、文化价值观及目的文化分析，并且提出应根据不同的项目内容设计不同形式的测试。多采用单项选择题、正误判断题、配对题等客观题，对于涉及更深层文化观念的题目，建议使用简答题和讨论题等主观题型。

Lessard-Clouston 认为文化测试应包括三个内容：文化意识、文化知识和文化技能。文化意识指对目的文化差异的敏感性和对目的语文化的实际功能的理解。文化知识即关于目的文化和社会文化情境的信息，文化技能指运用目的语文化进行交际的能力。这个观点对我国影响比较大。

Lafyette 和 Schulz 认为只能对文化知识、文化理解和文化行为进行评价与测试，学生对于文化的态度不受教师控制，不易操作。这样的测试目标更具体、更实际，测试方法更具可行性。

Storme & Derakhshani 建议语言测试和文化知识技能测试应该结合起来测试学生的跨文化交际能力。

总之，国外的学者多是构建了自己的文化测试框架，角度不同，分类内容也不同。有的理论性强，但操作性较弱；有的可行性高，但从理论层面显得不够完善。

2.2　国内文化测试研究

国内英语文化测试研究开始比较早，研究成果也比较丰富。王振亚是国内较早涉及文化测试研究的学者。他采用一份 60 道题目的文化试卷对 31 名英语本科新生进行测试，题目内容包括普通文化（社会习俗）和正式文化（即政治、地理、历史、文学、宗教等学科）。其中普通文化测试部分包括语言行为和非语言行为两部分。测试结果显示受试者语言能力和社会文化能力之间不存在相关关系，需要单独对待，分别培养，并且受试者的社会文化能力落后于语言能力。

张红玲提出文化测试内容应分为具体文化与抽象文化，并指出不同的文化内容需要采用不同的文化测试形式。

刘宝权在《语言测试与跨文化能力研究的接口》一书中指出，高校教师对于文化教学与测试的态度及看法还存在不足，在实际的教学中不知道如何操作。并通过对一份文化测试试卷的研究结果，提出"文化测试势在必行"。

杨洋比较了跨文化交际能力与语言能力的差别，主张将跨文化交际能力测试与语言测试分离，并讨论了进行跨文化交际能力测试的可行性与必要性。

李彦美的研究发现：英语语言测试中融入文化测试能有效地、合理地检测学生的跨文化交际能力；文化测试对学生的语言能力和文化意识的提高有很大的促进作用，对英语语言教学的反拨作用也尤为突出，大学英语测试中融入文化测试有一定的可行性。

汉语文化测试研究方面，目前为数不多的研究分为两类：一类认为汉语的文化测试是可以通过语言本身作为文化测试的载体，文化大纲中以"语言为本位对语言教学中的文化项目进行等级标准设计和作出等级划分，或许是比较合适的"；另一类是提出在现有汉语水平考试的基础之上，开发汉语作为第二语言的文化测试，可能会拓展汉语考试新领域，满足新兴测评需求，促进汉语国际推广事业的发展，增强汉语和文化在世界上的影响力。

总之，国内外学者都从不同角度对文化测试进行了较为丰富的研究，特别是在文化测试的内容和方法，这些理论成果为进一步研究文化测试奠定了理论基础。但是由于对"文化"认识的主观性和复杂性，目前尚没有找到一套科学、可行的文化测试方法，许多问题还没有得到解决。

3　问题与讨论

文化测试经过多年的研究和发展，取得了一定的成绩，但对于国际汉语文化测试，还面临着一些根本问题，如文化测试要不要测、测什么和怎么测等问题。

首先是有没有必要单独设立文化测试，也就是文化测试的身份和地位问题。搜索现有的文化测试研究文献就可略见一斑，文化测试的研究成果很少，且很难在核心期刊上见到，多散见于一般期刊。多种语言大纲都列出文化是跨文化交际能力的重要组成部分，强调了文化能力培养的重要性，但是目前文化测试并没有得到应有的关注和重视。如果没有文化测试，如何引起教学双方对于文化的关注？如果学习者没有提升文化能力的意识，又如何提高跨文化交际能力呢？因此，汉语文化测试亟须引起大家的关注和研究。

其次，文化测试测什么？这就涉及文化大纲的制定。大纲是教学和测试的前提，如果没有一份科学的大纲，文化测试也就无从谈起。由于"文化"的内涵宽泛、复杂，研究者所处角度的不同，对"文化"的理解和对文化测试内容的分类也就不尽相同。在理论层面，林国立提出汉语文化大纲的基本内容应该是"中国人的思想观念、心理特征以及中国人的生活方式、风俗习惯三大方面"。在具体操作层面，有以语言为本位，从母语和目的语在语言表达上所体现的文化差异进行项目划分，也有以文化内容本身的功能差异为纲进行项目区分的。周小兵等利用大型国际汉语教材语料库，设计研发了新的中华文化项目表，并标注了各项目在教材语料库中的常用度及其典型实例，弥补了以往中华文化项目表在系统性、涵盖面、辅助信息建设上的不足。《欧洲语言共同参考框架》是欧洲多元语言文化政策的重要成果，该书将跨文化知识、意识与技巧作为学习者"一般内在能力"，但只是做了简要分析和举例，并没有形成系统的从 A1 到 C2 的分级标准。《国际汉语教学通用大纲》在每一个等级中对文化能力做了分级，但也属于抽象的描述。对于开发文化测试者来说，制定出一份具体的、操作性强的文化大纲是当务之急。

最后是文化测试怎么测，也就是测试形式的问题。目前外语文化测试的方式基本上分为两种：融合型和独立型。融合型是将文化部分的试题融入语言测试中，如汉语水平考试（HSK），以语言为载体，以词语、句子等语言单位所包含的文化意义为测试内容。但是这种方法存在的问题是违背了测试的单维性，学生的分数很难解释为语言水平还是文化知识的高低。独立型的文化测试又分为两种不同形式：一种是专门的文化测试卷，专门开设的文化课一般采用这种方式；另一种是在语言测试试卷中，单独列出一部分试题来考察学生的跨文化交际能力，分值在整张试卷中占 10%~20% 的比例；如我国的英语专业八级考试要求被试者在 10 分钟内完成 10 道英语人文知识单选题，主要测试范围包括主要英语国家社会与文化知识、英语文学知识和英语语言学知识。

在测试题型方面上，文化知识测试传统上常常采用客观题型、分项测试的方法，其中正误判断题和单项选择题依然是最常见的题型。采用这样的形式有利有弊，具有实施便利、评分信度高、评分效率高的优点，但有研究者指出，过分依赖客观题会导致过度泛化产生的固定印象，使测试的知识流于"文化定势"的危险。最有效、真实的评价方法是观察考生在具体跨文化交际环境中的真实表现，但对于大范围的考试却只能选择传统的笔试方式。

4 结语

文化测试与文化教学息息相关，什么样的文化教学理念决定什么样的文化测试。如果国际汉语文化教学范围仅限于"文化导入"和"交际文化"，那么借语言要素来测试文化无可厚非。但语言研究者越来越重视文化对于语言学习的重要性，越来越多的汉语教学以文化为主线进行，《国际汉语教学通用大纲》也明确规定了文化教学要培养学习者的文化能力，包括文化知识、文化理解、跨文化能力和国际视野4个部分。因此，文化测试的地位需要得到相应的重视，测试的内容也应涵盖相关的内容。具体操作上，可以根据学习者水平的不同决定测试文化比例的多少。初级水平的可以较小比例地引入文化内容，中高级的可以逐渐加大比重。对中文专业研究生水平或以上水平的可以单独设置文化测试。文化测试得到相应的地位和重视，就能对汉语文化教学和学习起到积极的引导和反拨作用，有效促进文化教学目标的实现。

参考文献

[1] American Council on the Teaching of Foreign Languages. Standards for Foreign Language Learning in the 21st Century. Lawrence. KS：Allen Press，1999.

[2] Julia，A. Storme & Mana Derakhshani，Defining，Teaching，and Evaluating Cultural Proficiency in the Foreign Language Classroom. Foreign Language Annals，2002.

[3] Lado，R. Language Testing. London：Longman，1961：275-289.

[4] Lafayette，R. C.，R. A Schulz. Evaluating Cultural Learning. In E. R. Heusinkveld，(ed.) Pathways to Culture. Yarmouth，ME：Intercultural Press，1997：581-582.

[5] Lessard-Clouston，M. "Assessing Culture Learning：Issues and Suggestions." *The Canadian Modern Langage Review*，2 (1992)：326-341.

[6] Nostrand，H. Empathy for a Second Culture：Motivations and Techniques. Responding to New Realities. ACTFL Review of Foreign Language Education，Lincoln wood，IL：National Textbook，1974 (5).

[7] Seelye，N.，*Teaching Culture*：Strategies for Foreign Language Educators. Stokie，IL：National Textbook，1974.

[8] Seelye，N. Teaching Culture：Strategies for Foreign Language Educators. Stokie，IL：National Textbook，1991.

[9] Valette, M. The Culture Test. Culture Bound, Cambridge University Press, 1986.

[10] 《欧洲理事会欧洲语言共同参考框架：学习、教学、评估》，刘骏、傅荣主译，外语教学与研究出版社，2008。

[11] 陈光磊：《从"文化测试"说到"文化大纲"》，《世界汉语教学》1994年第1期。

[12] 谭思坦：《外语教育中文化测试的实践与探索》，《海外英语》2014年第7期。

[13] 国家汉办／孔子学院总部：《国际汉语教学通用课程大纲》，外语教学与研究出版社，2008。

[14] 林国立：《构建对外汉语教学的文化因素体系》，《语言教学与研究》1997年第1期。

[15] 刘宝权：《跨文化交际能力与语言测试的借口研究》，上海外国语大学博士学位论文，2004。

[16] 魏春木、卞觉非：《接触汉语教学阶段文化导入内容初探》，《世界汉语教学》1992年第1期。

[17] 王振亚：《社会文化测试分析》，《外语教学与研究》1990年第4期。

[18] 杨洋：《谈跨文化交际能力测试与语言测试的分离》，《中国考试》2009年第7期。

[19] 张卫东、李洁：《外语教学中文化测试的理论探索》，《江苏外语教学与研究》2010年第2期。

[20] 张晋军：《汉语文化测试（CTT）研究初探》，《国际汉语教学动态与研究》，外语教学与研究出版社，2006，第4页。

[21] 张凯：《汉语水平考试中的"文化考试"》，《汉语水平考试研究》，现代出版社，1989。

[22] 周小兵、谢爽、徐霄鹰：《基于国际汉语教材语料库的中华文化项目表开发》，《华文教学与研究》2019年第1期。

[23] 张占一、毕继万：《如何理解和揭示对外汉语教学中的文化因素》，《语言教学与研究》1991年第4期。

试析多语言者在多元文化中避役属性及人格转换现象*

沙 杰

(首都师范大学国际文化学院 北京 100089)

摘 要：本文对多语言者在多元文化中的属性和优势进行了初步的研究和探讨，针对外语学习中存在的性格偏差和语言使用时出现的社会现象和言语表达方式进行了简述并加以分析，从不同角度阐述了语言、社会、跨文化、人格转换之间的关联，从而透过语言以及言语的表面现象或形式，深层次地理解其本质和缘由。培养学生的多元文化认知能力，又要培养动态的跨文化交际能力，同时强调本土文化的主体意识和文化内涵。全球化语境下的跨文化交际不应只是单纯的"跨越"，而应是一种相互协商、协调和适应交际发展的过程。

关键词：多语言者 跨文化 人格转换 避役属性

1 引言

对于外语学习者来说，如果从幼年时开始接触到一种外来语言并进行深入学习的话，该是一件极其幸运的事情。就目前国内各个地区看，孩子基本是在六七岁就开始学一门外语，而他们家长那一代学习外语的年龄往往偏大甚至可能到中年才开始接触一门外语。随着时代的发展和进步，在对外开放、与国际接轨的大环境下，以社会需求和个人发展为前提，人们

---

* 本文受国家社科基金艺术学项目"海外文化中心对外文化传播研究"（15AH006）资助。

越来越重视外语学习。

2 多语言者的生存现状及受社会因素的影响

目前有很多人会觉得幼年时期、童年时期，孩子比较容易区别外语与母语之间的差别，因此当第一次接触到外来语的时候，学习起来比较容易；而大部分人则认为成年人学习一门外语则正好相反，他们掌握起来相对会比较难。然而事实并非如此。在现代社会中，从广义上来讲，成年人与年轻人虽可以讲是处在不同的社会环境，区别也可以说是很大的，但就语言学习本身，区别并不像上面所提到的那样。

2.1 多语言者运用母语时出现的一些现象和状况

事实上，如上所说的区别是微乎其微的，是我们在个人主观意识中夸大了这种学习能力的差距。在多语言操用者中，绝大多数的人都是从成年以后才开始学习外语的。其原因在于，人们在使用外语时，通常情况下是能够通过理性思考而呈现出来一种具体的语言形式；而不是像在使用母语时那么自然。使用外语时能够使人更多地进行系统并且十分细致的思考，不会出现我们在使用自己母语时的那种无意识思考，这无疑就避免了在抉择时出现的情感因素。其实在学习外语的过程中最棘手的是不能像使用母语那样自如地运用这种语言，像一个人失去了自身所带有的自由性，多语学习者受到的思维上的"禁锢"，而并不是由语言本身的难度所决定的。

笔者曾在美国读书时修了一门"human sexuality"课程。内容涉及很多人类语言中的禁忌语。参加课程的学生除了笔者都是美国人。在每次上这门课程的过程中，无论是教授还是美国学生都会举出无数的词来代替禁忌语。这些词语都是带有很多不同色彩的，男生和女生在说同一个禁忌语时所用的词也会是千差万别的。对于美国学生来说，这些词带有极大的丰富性和极强的主观感情色彩在其中，而对于一个中国人来说，虽说可以身临其境地感受到美国学生在课堂上运用这些词语时眉飞色舞的表情和心情，但毕竟是在不同文化、不同语言环境中所领悟到的语言，是一种极其理性地接纳与理解。

还有一个很明显的社会现象或者说是跨文化的一种具体表现形式，就是在现今国内社会中，人们在说话的过程中，在用汉语表达自己的想法时，会时不时地带出一些英语的词或者短句。这一现象的出现，大家也是褒贬不一，更有很多文章或者媒体对这一现象进行过抨击，其观点自然就是觉得这样有些不伦不类，觉得中国人不好好说自己的汉语，为什么偏要夹杂些英语？是有意炫耀还是崇洋媚外，等等。但如果我们从语言研究的角度上讲，这是不可避免的，不用这种所谓的"掺杂式"语言，反倒可能被别人当成另类了。

随着当今社会多元化并迅速与国际接轨，渐渐形成了人们对周围事物的认同感，这种认同感也必定会随着时代的发展与变迁而发生变化，而这种认同感的标准以及兼容性也不断提升并融入了人们每天点点滴滴的生活当中。早些年在人们的日常生活中经常出现的像"hello""bye-bye""pk""out了"等词语，现在都已经被绝大多数人所接受并被广泛地使用，自然而然地形成了一种生活化的语言；随着时代的发展和在日益成熟的国际化大环境下，慢慢发展到了现今生活圈中像"cosplay""kawaii""嗨""K歌"等杂糅，人们恰如其分自由自在地就用到这些特定的词语，相比较下，呈现出不能像用汉语母语那样表达得更贴切，描述得更加生动，其产出的阈值也会和汉语本身有相同或不同的含义，展现出来的意思，有重叠成分也有相似部分，而一般情形下，重叠和相似部分要远远大于细小的不同，恰恰就是这其中的细小差别正好能生动地表现出仅使用汉语时所完全不能体现出的微妙意义。

2.2 多语言者产出语言之原因和理论依据

从语言学的角度上分析，学习外语的过程是使人能够达到重塑自我、再造自我的一个逐步变化的进程，也是一种心理上潜在意识的自我发掘过程，是一种基于人类语言活动中的泛语言现象。

索绪尔在《普通语言学教程》一书中，区分出了语言和言语并论述了两者之间的关系。索绪尔用三个法语词的概念，即将 langue、parole、langage 进行了明确区分；langue 指"语言"，parole 指"言语"，langage 指"泛语言活动"，而泛语言活动则包括语言和言语。

对于这里的"语言"，索绪尔的特别理解是"言语体系一切其他表现的准则"。认为语言是言语体系的一个主要部分。它是一种机能，这种机能具

有个人生理遗传的基础，即它"首先是由器官赋予我们的，其次是通过我们使用器官所进行的活动获得的"。[1](10)

Langue 是指语言，是抽象性的，相对稳定的。即所有（语言使用）使用个体头脑中存储的词语形象总和。Parole 是指言语，是具体的，是根据说话人的不同而改变的。是每个个体在实际语言使用环境中说出的具体话语，是随时间和地点变化而形成的一个动态的实体。

索绪尔本人着重于社会的角度去研究语言；而乔姆斯基则是从心理的角度去看待语言。人们在动态模式下的各种说话行为以及静态的说话结果，特别是个人言语行为和社会言语行为都是要通过个体进行的言语所要表达出的内心思想的一种折射。研究表明，使用外语工作的人，比使用母语工作的人更有分析能力。而说两种或两种以上的多语言者，这些人在做出决定的方式上和只会说一种语言的人是大不相同的。

2.3　多语言者自身存在着的跨文化方面的底蕴与延伸

另外，我国目前正处在一个多元文化互通的大环境下。跨文化教育对适应全球化经济发展、培养国际化人才、提高我国国民的语言素质和国际竞争力发挥着极其重要的作用，应将跨文化教育纳入外语教师教育培训之中，外语教师首先接受规范的跨文化教育，真正实现各种场合下的交际自如，一方面需借鉴吸收国外先进技术和文化精华，同时在国际视野的层面上弘扬中华民族的优秀文化及科技成果，为培养国际化人才奠定坚实的基础。我国的跨文化教育不仅包括尊重、理解西方文化，更应该着重全面了解本土文化，向世界传播中华民族的优秀文化。要时刻考虑跨文化交际的内涵及外延，尤其是要注重隐性文化的导入，培养出语言基础扎实、文化知识丰富、交际能力和应变能力强的外语人才。

语言和文化密不可分，二者相互依存，相互影响。语言是文化的一部分，也是文化的载体，文化通过语言才得以代代相传，没有语言就没有文化；同时，语言又受文化的制约，文化是语言赖以生存的根基。

2.4　跨文化交流下中美文化差异比较

广告语言作为一种应用语言，虽已形成了其独特的文化形式，与普通语言存在众多差异，但同一个民族的历史、宗教、价值观等诸多文化因素有着千丝万缕的联系，广告语言必然会反映一个民族的文化背景、生活方式、价值观念、思维方式；反之，特定的社会文化也会对广告语言有制约作用。大量的广告实例都体现出中英广告语言中映射的中美文化差异。

中国人崇尚集体主义（Collectivism）。个人的命运总是和家族的命运息息相关，而民族的地位高于个人的地位。对中国人来说，把自己的个人利益与他人及集体的利益统一起来是一种美德。因此中国的广告会更多地强调他人、亲情、家庭、群体的利益。如：

> 温暖亲情，金龙鱼的大家庭。出自金龙鱼的广告词
> 一种可以世袭的古典浪漫。出自某房产的广告词
> 方太，让家的感觉更好。出自方太厨具的广告词
> 金窝银窝，不如自己的安乐窝。出自某房地产的广告词
> "闲"妻良母。出自某洗衣机的广告词
> 让一亿人先聪明起来。出自巨人脑黄金的广告词
> 孔府家酒，叫人想家。出自孔府家酒的广告词
> 地球是我家，绿化靠大家。公益广告

强调集体利益的特殊产物就是"从众心理"。"从众心理"是中国一种比较普遍的社会心理和行为现象。通俗地解释就是"人云亦云""随大流"。大家都这么认为，我也就这么认为；大家都这么做，我也就跟着这么做。这种心理表现在消费者身上就是：大家都买的东西必定是好东西，一定适合自己。因此商家往往抓住消费者这种心理倾向来设计广告语。

美国人则崇尚个人主义（individualism）。从资本主义的初期开始，个人主义在美国反对封建制度中扮演着重要的角色，同时对资本主义社会的发展起了非常大的作用。因此个人主义被当作一种美德被传承下来，并得到美国人推崇。他们追求个体独立，重视个性张扬，对自己身份和个性特征的认同有强烈的要求。因此，广告撰写人在广告语中不厌其烦地迎合消费者追求个性的心理，用这种文化意识来影响目标消费者的感情，刺激他们对产品或服务的兴趣。

"天人合一"是中国传统文化的主要特征之一，它根植于中国原始文化中的自然崇拜，以天地为生物之本；以祖先崇拜，以先祖为降临人世的上

帝（此亦为天，天命之天）等观念。因此中国人一直信奉天、地、人合一的一元论。老子说"人法地，地法天，天法道，道法自然"（《老子·二十五章》），明确把自然作为人的精神价值来源，主张人与自然的调和、协和、和谐。

与中国"天人合一"的传统文化相反，美国文化强调"天人相分"，主张人定胜天。他们认为人是自然的主人。自然应服从于人的意志。人类经过与自然的斗争来掠夺和榨取自然从而获得自己所要求的一切。这种精神在《圣经》中就有所体现，流露出人要征服自然界的意思。

广告语在今天的社会非常普遍，无论在哪里人们都可以看到、听到、感受到广告的存在。基于不同文化，中美文化的结构也存在很大差异，因此两种文化背景下的广告语言就反映了这种差异。广告语言就像一条通往隐蔽文化的通道，通过对广告语的研究可以让我们更好地探究中美文化的差异。

3 多语言者的外语效应及文化心理分析

3.1 多语言者的避役属性

Patrick R. Moran[3]认为文化是人类群体不断演进的生活方式，包含一套共有的生活实践体系，这一体系与一系列共有的文化产品，以一套共有的视角为基础，并置于特定的社会情景之中。他将文化划分为五大要素，即：文化视角、文化产品、文化实践、文化社群和文化个体。他认为，文化视角大部分是隐性的，其他四个要素都是显性的。这就要求我们在文化教育中要重视文化观念的导入，而不是仅仅停留在文化实践上。

西班牙巴塞罗那庞培法布拉大学的心理学教授在进行的一项研究中发现，当人们在用非母语进行逻辑测试时，他们的错误率要低于使用母语作答的人。他们受情绪的影响会更小，会采用一种分析性更强的思维过程。心理学家Daniel Kahneman在其所著的《思考，快与慢》一书中也表示，认知紧张会让人们更加具有分析性。因此，"外语效应"或许可以解释为，用外语执行任务时会需要更加费力的思考过程。

虽然在学习或者运用新的一种语言时会让人觉得费力，而其好处大大超越了仅仅是为了去国外旅行时提供的便利和在外国餐厅点餐的方便。研究表明，学习一门新的语言可以提高认知能力、延缓老年痴呆症、对记忆力和注意力集中的时间有促进和提升的明显效果。

在人们接触另一门语言的过程中，可以从根本上改变看待世界的方式。语言可以影响人的思维方式、自我定位甚至辨色方式。语言学家基本都擅长让自己获得一个新的身份，就仿佛变成了避役，也就是变色龙。我们在说话时，会根据我们所说的语言而转换身份，也就是说，语言与身份意识会不自觉地交织于一身，形成了一张交错纵横的网。我们说法语时，会让人觉得更浪漫，讲意大利语时会让人觉得更热情。各种语言和文化范畴在一起的交织纵横自然影响了我们的行为。众多研究表明，多语言者常常会根据自己所说的语言不同，表现出不同的行为方式。

在使用另一种语言思考的时候，我们能做出更理智的决定。人们原有的一些思维偏差，会直接影响我们对风险和收益的感知；用另一种语言，用一种外语的思维方式去思考时，就可减少可能会出现的偏差。

3.2　多语言者在交际中的优势和认知能力的协同性

从心理学层面上讲，如果可以根据他人或者他国语言文化，能比较容易改变自我表现的意愿有所加强的话，在学习一种新的语言时就会进步得更快更好，恰恰就是因为具备了这些特质的人，更容易认可和模仿他人。通过模仿一个说外语的人，可以相对不太费力地、多多少少地间接改变自我的语言学习，更容易认同其他人的人也更容易学习好一种新的语言，这是相辅相成的。

多语言者享受着多语言所带来的各种各样积极的回报，可以结交更多的朋友，更多地与他人联络，甚至更容易跨越不同文化之间的障碍。对于学习外语的多语言者，给自己的人生打开了更多的崭新世界。对多元文化的认同与接纳，从表情到行为模式到心理的全天候、全方位的模仿与借鉴，和那些母语者直接的交流就会直接影响到我们成为多语言者的思维模式。语言学习向来就不是一件单独和片面的事情，那些人格上越开放，越能够理解和同情别人的人，越有可能学好外语。

高一虹[4]认为，所谓文化意识是指对文化多元性的意识和对文化差异的宽容态度，对差异文化成员的理解能力，以及对自身文化价值观念及行为方式的觉察和反省。这里主要指多元文化背景下的文化交际参与者的自觉意识。"文化是一种生活方式，是我们生存、思维、感觉和与别人发生关系的环境，是联结人们的黏合剂。"[2]跨文化意识和文化差异适应能力是进行跨文化交际活动的重要前提，交际的双方都需要首先具备灵活的跨文化交际意识，不局限于单一的文化模式，主动识别交际的对方。交际参与者必须认识到文化的多元性、复杂性，避免文化定型的固定范式，既要防止思维的定型，又要防止对交际情景的忽略。

在国际交往日益频繁的现代社会中，跨文化交流已经变得越来越普遍。因此在知悉语言及言语在人际交往过程中的运用规律和规则的前提下，才有可能真正理解不同文化和不同民族所具有的特质和特征，这为我们无论在学习外语，还是深入进行有效沟通上，提供了最基本的、最重要的方式和方法，特别是在学习多语言的情况下，进而对看待整个世界的角度会达到一种新的理解与认同的境界。全球化进程不断加快，多元文化交际不断渗透到社会生活的各个领域。我们应当具备多元文化的意识和观念，既要具备多元文化认知能力，也要培养动态的跨文化交际能力，同时强调本土文化的主体意识和文化内涵。全球化语境下的跨文化交际不应只是单纯的"跨越"，而应是一种相互协商、协调和适应交际发展过程。人们应有意识地去培养自己在宏观和微观语境上的认知能力，拓展文化视野，避免单向的"顺应"观念，这样才能在全球化背景下的跨文化交际中如鱼得水，应付自如，这也正是新时代形势下赋予我们的责任和义务。

参考文献

[1] 索绪尔:《普通语言学教程》，江苏教育出版社，2002。

[2] Brown, H. D. 2001. Teaching by Principles: An Interactive Approach to Language Pedagogy. Beijing: Foreign Language Teaching and Research Press.

[3] Moran, P. R. 2001. Teaching Culture: Perspectives in Practice. Heinle& Heinle, A Division of Thomson Learning.

[4] 高一虹:《2002跨文化交际能力的培养:"跨越"与"超越"》，《外语与外语教学》。

人工智能时代的跨文化教育

王春辉　高　莉

（首都师范大学国际文化学院　北京　100089）

（鲁东大学外国语学院　烟台　264025）

摘　要：在人工智能已然来临的当下，外语教育、跨文化交流、教师角色、汉语作为第二语言教学等跨文化教育的各个场域也在悄然发生着变化或者需要相关方面做出因应。人工智能时代的跨文化教育研究需要未雨绸缪，及时跟上。

关键词：人工智能　跨文化教育　外语教学　教师角色

1　引言

人工智能（Artificial Intelligence，AI）是研究、开发用于模拟、延伸和扩展人的智能的理论、方法、技术及应用系统的一门新的技术科学。它是一门基于计算机科学、生物学、心理学、神经科学、语言学、数学和哲学等学科的科学和技术。它试图了解智能的实质，并生产出一种新的能以与人类智能相似的方式做出反应的智能机器，该领域的研究包括机器人、语言识别、图像识别、自然语言处理和专家系统等。

跨文化教育（intercultural education）是针对不同文化间动态性互动而进行的教育，是要在多元社会中通过教育来促进不同文化团体之间的相互理解、尊重和对话，发展和维持一种能够平等共处的生活方式。从20世纪80年代起，在西方，尤其是欧洲兴起了热潮；到了20世纪90年代又在联合国教科文组织的大力提倡和推动下逐渐成为一种国际教育思潮。跨文化教育对于跨文化交际/交流、跨文化能力、跨文化学习等都有较为明确的要求。

2017年7月，国务院发布了《新一代人工智能发展规划》。其中明确提出推动人工智能在教学、管理、资源建设等方面全流程应用，促进人才培养模式和教学方法改革，构建新型教育体系。如何利用人工智能促进教育流程再造，提高教育服务的精准化水平，让教育变得更有智慧，成为一个亟待解决的重大命题。2010年5月，国务院审议通过了《国家中长期教育改革和发展规划纲要（2010~2020年）》。其中第一次明确提出要提高我国教育国际化水平，指出：今后我国要"扩大教育开放""推动跨文化交流""支持国际汉语教育"。随着我国教育国际化进程的加速，以及汉语国际教育事业在全球的迅猛发展，研究如何借鉴国外前沿理论和先进经验，从而既能促进学习者的语言学习和全面发展，又能促进不同文化间的对话、理解与和谐共存，已经成为迫切之需。

在此背景下，本文将聚焦人工智能时代的跨文化教育，从人工智能与外语教育、人工智能与跨文化交流、人工智能与语言教师角色、人工智能与汉语作为第二语言教学等几个方面进行勾勒分析。

2　人工智能与外语教育

目前，人工智能在我国外语教学领域的阶段性技术包括语音识别技术、语音合成技术、语音评测技术、自然语言处理、生物识别、图像识别等。人工智能教育应用主要集中在学习者建模、学习行为分析、资源推荐、智能评测四大方面。

人工智能在外语教育中的应用，给外语教育带来了以下变化。（1）丰富了外语教学资源。人工智能的发展，使学习者学习外语的平台不断增多，学生学习外语不仅仅局限在课堂的单一环境里。同时，人工智能可以根据学习者的需求进行有针对性的练习。（2）改变了外语教学方式。人工智能的出现改变了传统的外语教学方式，老师的部分工作可由人工智能代替，比如批改作业、登记考勤等，语音识别技术甚至可以帮助准确地纠音。

近几年许多研究都聚焦于此话题，从不同角度进行了分析。比如王燕波论述了人工智能时代下外语教学的特点，指出人工智能时代下，对于教师来说，教师的部分工作将被人工智能取代，而且学生的学习方式和资源更加个性化。杨阳指出人工智能带来了外语教学方式的转变，教学资源得到了极大的丰富，教学方式也变得多样化。同时，人工智能为外语教育提供了新的思路，特别是 AI 和 VR 的结合能够极大地提高学生的积极性和互动性，给外语教学带来积极的影响。李春琳通过对人工智能在外语教学应用的研究，总结了 5 种近几年市场中的人工智能运用于外语教育的产品，分别是英语语音测评、智能批改+习题推荐、分级阅读、智能学情分析和智能情绪识别、教育机器人。并指出人工智能在外语教育中的运用将推动外语学习的精准测评、个性教学和因材施教。同时，还总结梳理了 7 个人工智能在外语教育中的主要研究热点。

人工智能最开始是制造翻译机器的，因此有人认为有了翻译机器就可以进行无障碍的沟通，所以人工智能时代的外语教育以及人工翻译是不必要的。据此，蒋洪新指出，外语教育不是狭义的翻译教育，它更多的是一种跨文化教育，旨在培养跨文化交际能力，而且考虑到了人的情感以及文化差异等因素，所以外语教育是不可替代的。蒋娟则认为，翻译实质上就是一种跨文化的沟通和交际，人工智能翻译应加强对沟通对象的预判，选择合适的沟通策略，在交际过程中及时调整沟通方式。

3　人工智能与跨文化交流

在跨文化交流方面，最主要的问题是语言障碍，随着人工智能的发展，各类翻译产品有效地解决了这一难题。通过人工智能的翻译，各个国家的人可以进行基本交流，使得语言障碍不再是跨文化交流中的最大障碍。比如人工智能翻译可以提升语言翻译的文化自洽度，在国际传播文化产品输出中发挥着重要作用；可以助力国际会议传播，促进民间对外交往等。

但是人工智能翻译目前还无法做到在沟通前对一些信息进行预判，据此设定沟通策略，并在沟通过程中不断调整策略。这也是人工智能未来的发展方向。

此外，人工智能可以通过对对象国受众的大数据分析，加上机器深度学习，找到适合不同国家的"贴合性符号"与"话语逻辑""叙事策略"，以提升国际传播效度。利用人工智能的数据分析与可视呈现，可以找到新闻事件的深层逻辑，通过数据、图表、动图等形式，将传播内容用可感知图景的方式勾勒出来，以数据阐释部分替代文本阐释，可在一定程度上减少传播中的文化误读，有助于对象国受众对于传播内容的理解，从而能在一定程度上改善跨文化交际中的文化折扣。

可以说，人类历史上每一次科技的发展都在一定程度上改写了我们习以为常的跨文化交流形态，这次人工智能技术的发展大潮也不会例外。

4 人工智能与语言教师角色

人工智能时代，由于传统的教育方式发生改变，这就要求语言教师也要积极适应这种变化，转变自己的角色。人工智能的发展推动虚拟教师的出现，尽管人工智能无法替代教师，但是教师被赋予全新的角色和定位。与传统教师迥异，教师将从"全才"转为"专才"，从"教学者"转向"辅助者"，从"教练"转变为"导师"。为了迎接人机协同推动教育发展的新时代，教师要树立合作意识，正确认识并积极应对人工智能对于教师职业的冲击。同时强化转型意识，发挥在学生成长过程中的独特作用。

语言教师要深化人工智能教育改革，更加注重人工智能在语言教育中的应用，使人工智能在语言教育中发挥更大的效果，更好地服务于语言教育。比如王燕波论述了人工智能时代下，教师的角色应定位为传道育人者、监督引导者、交流陪伴者。杨阳则指出外语教学面临的不是职业可能被取代的风险，而是思考在技术覆盖的教学活动中，如何保持教师主体，作为有思想和情感的人的职责和角色。

人工智能时代给跨文化教育和跨文化交流带来了积极的改变，同时也促使语言教师的角色重新定位。教师们如何做到合理地利用人工智能这一新兴技术提升教育的质量和成效并最终更好地造福于人类社会，已成为教师这一职业面临的时代新挑战。比如"如何实现人机协作的高效教学""如何建构核心素养导向的人才培养""如何确立人工智能时代全能型教师和专业型教师""如何提升人机结合的制度体系与思维体系"等问题，就成为人工智能时代包括语言教师在内的所有教师亟须思考和解决的问题。

5 人工智能与汉语作为第二语言教学

人工智能会通过什么技术，在哪些方面对汉语作为第二语言教学产生影响呢？我们的预想是：人工智能是通过计算机运用自然语言处理和语音识别技术形成一个智能型计算机辅助教学系统（即ICAI），这个教学系统能够了解学生的学习水平、学习风格，以此来选择合适的教材和教学方法，并能够跟踪学生的学习进度，进行有效的评估和反馈。

5.1 自然语言处理在汉语作为第二语言教学中的应用

自然语言处理（Natural Language Processing，NLP）是主要研究人与计算机交际中的语言问题的一门学科。自然语言处理要研制表示语言能力（linguistic competence）和语言应用（linguistic performance）的模型，建立计算机框架来实现这样的语言模型，提出相应的方法来不断完善这样的语言模型，根据这样的语言模型设计各种实用系统，并探讨这些实用系统的评测技术。

5.1.1 语言知识库与自然语言处理

语言知识库是自然语言处理系统不可或缺的组成部分，语言知识库的规模和质量在很大程度上决定了自然语言处理系统的成败。

经过长时间的研究和积累，国内许多科研院所和公司已经形成了一系列颇具规模、质量上乘的语言数据资源。比如北京大学计算语言学研究所就有现代汉语语法信息词典、大规模基本标注语料库、现代汉语语义词典、中文概念词典、不同单位对齐的双语语料库、多个专业领域的术语库、现代汉语短语结构规则库、中国古代诗词语料库和综合型语言知识库。这些语言数据资源将为自然语言处理研究提供强有力的支持，反过来自然语言处理技术的进一步发展，也为语言学本体研究和语言教学提供全方位、多层次的支持。

5.1.2 中文信息处理

20世纪80年代和90年代，中国学者中已经出现了思考和研究中文信息处理的一批人才。语言信息处理隶属于信息处理领域。所谓语言信息处理，是指用计算机对自然语言的形、音、义等信息进行处理，即对字、词、句、篇章的输入、输出、识别、分析、理解、生成等的操作和加工。张普预测了汉语信息处理技术与对外汉语教学的进一步结合，从汉语基础理论的研究、教学总体设计、教材编写、对外汉语教学的现代化管理等 8 个方面分析了汉语信息处理技术的引入为汉语作为第二语言教学带来的契机。

宗成庆等总结了中文信息处理 60 年辉煌历史产生的一大批重要成果。这些成果概括起来可以归纳为如下几个方面：（1）语文现代化取得丰硕成果，有关规范化汉字、汉语拼音和普通话的一系列的国家法规、标准及规范已经形成；（2）汉字信息处理技术已达到实用化水平，并在实际应用中日趋成熟；（3）已建设完成一批颇具影响的汉语信息处理语言资源库，部分汉语信息处理技术已在实际应用中发挥作用；（4）中文信息处理的国内外学术交流与合作环境已经建立，中文信息处理正在世界范围内迎来空前繁荣时期。

周玉珊总结了中文信息处理技术在技术资源建设、理论方法研究和具体技术应用开发方面对对外汉语教学的发展所起到的积极作用。语言资料库是对外汉语教学的一个重要工具，包括语料库、词汇知识库和语法语义辞典等。语言资料库构成了不同层面上的自然语言处理得以实现的基础。1979 年，武汉大学建设了 527 万字的汉语现代文学作品语料库；1983 年，2000 万字的现代汉语语料库在北京航空航天大学建成；同时北京师范大学还建成了 106 万字的中学语文教材语料库，北京语言大学建成了 182 万字的现代汉语词频统计语料库。20 多年来，北京大学、清华大学、教育部语言文学应用研究所、山西大学、哈尔滨工业大学、北京语言大学、东北大学、中科院自动化所、科技部中信所、中国传媒大学、台湾中央研究院和香港城市大学等相当一批的大学和研究机构都对汉语资源库建设做了大量工作。其中，北京大学计算语言学院研究所开发的"综合型语言知识库"、董振东等开发的"知网"是两项有代表性的成果，而中文语言资源联盟（Chinese Language Data Consortium，缩写：Chinese LDC）则是为推动我国语言资源共享所建立的第一个联盟性学术组织。

概念层次网络理论的提出是中文信息处理研究中的一个有益探索。进入 20 世纪 80 年代以后，汉语分词与词性标注方法研究得到了快速的发展。

全切分分词方法、最短路径分词方法、N-最短路径分词方法、基于隐马尔可夫模型（HMM）或 n 元语法的分词方法等一系列分词方法相继提出。1992 年，《信息处理用现代汉语分词规范》被国家技术监督局批准，并于 1993 年 5 月 1 日在全国实行。20 世纪 90 年代，面向机器翻译提出的 SC 文法，从某种意义上拓展了复杂特征集理论和合一文法，而《现代汉语语法信息词典》和"知网"是我国学者结合汉语特点和规律对词汇主义思想的进一步发展和应用。

相对于理论方法研究而言，中文信息处理应用技术开发和产业化进程中的成果琳琅满目。进入 21 世纪以来，基于大规模语料库的统计方法在自然语言处理中得到了快速发展，以语料库为研究对象和基础的语料库语言学迅速崛起。前面提到语音识别对对外汉语教学有极大帮助。中科院自动化所、声学所、中国科技大学、清华大学、北京交通大学、哈尔滨工业大学等在语音识别、语音合成方面做了大量研究和开发工作。语音识别、语音合成系统在实际应用中取得了丰硕的成果。由国家语言文字工作委员会组织编纂发布的《中国语言生活绿皮书》为国家语言方针政策的决策提供参考。《中国语言生活绿皮书》也为对外汉语教学指引了方向，为具体教学提供了依据。

此外，张燕依据现实应用，对离合词在对外汉语教学及中文信息处理方面的成就与问题进行了梳理。黄晓洁概述了国内外自然语言处理与中文信息处理发展状况，对汉语自动分词系统的技术水平以及在对外汉语教学中应用的可行性进行了探讨。并结合我国对外汉语教学的实际，提出了设计辅助阅读系统与辅助教材编写系统的构想。

5.2　语音识别在汉语作为第二语言教学中的应用

这方面的实践和研究尚处于起步阶段。比如明悦曾建立了一个由 7 个男生、7 个女生组成的，包含 412 个汉语单字、1319 个带调音节和 668 个汉语常用孤立词的汉语语料库。设计并提出了一套完整声调识别模块，由四级音节切分模式，结合自相关法与平均幅度差法提取基频，进行声调模式分析，使用动态时间规整技术对不同的汉语词语，或不同人说相同的汉语词语时，其输入汉语语音词组信号帧数不同的情况进行归整。将改进的神经网络模型用于声调分类的完整声调识别方法。在语音评测模块中，运用基于置信度和机器评分的两级评分机制,首先运用统计假设检验的相关理论,结合后验概率、尺度似然、每帧熵、词格密度四个不同置信度指标的分析,分别提出了基于音子层和句子层的不同发音置信度评价标准进行发音确认。通过 Viterbi 最优状态序列搜索算法进行时间对齐,提出将标准语音和待测语音运用 HMM 对数似然值、归一化声学参数、音量强度、切分时长、基频五种评测指标的加权和通过模板匹配的方法进行机器评分的语音评测方法。文章由此提出并设计了一个集语音识别、声调识别和语音评测于一体的针对外国人学习汉语的交互汉语学习系统。

柴晶以上海纽约大学三年级一个班级的 14 位学生为例,展开了以讯飞语音输入作为预习朗读部分的完成方式,使学生熟悉并习惯利用此方式进行自我检测,分列识别偏误的类型。这个实验是通过检验语音识别技术产品对留学生汉语语音学习辅助效果来对语音识别技术产品的评测模型进行评价,给出修改意见,最终为该应用对中文教学和学习提出全方位的设想和方案。

总的来看,学者们对"将自然语言处理技术和语音识别技术应用于汉语作为第二语言教学领域"提出了很多设想,也为之付出了很多努力,但是大多还停留在理论构想层面。"让电脑学习汉语"和"让人脑学习汉语作为第二语言",关键还在于汉语母语者自身对于汉语的认识,通过运用计算机技术形成智能教学系统来辅助汉语作为第二语言教学。显然,这条路还很漫长。

6 结语

国务院发布的《新一代人工智能发展规划》中提出:"人工智能成为国际竞争的新焦点。人工智能是引领未来的战略性技术,世界主要发达国家把发展人工智能作为提升国家竞争力、维护国家安全的重大战略,加紧出台规划和政策,围绕核心技术、顶尖人才、标准规范等强化部署,力图将在新一轮国际科技竞争中掌握主导权。"人类每一次的技术进步都会给人类的交流和交际带来影响,也必然会在教育、生活等诸方面产生各种效应。当前,人类已经迈入了人工智能的新时代,在此背景下的跨文化交流和教育也已呈现出了一些新的特点和趋势。通过理论与实践的双层探索和驱动,期待产生更多人工智能与跨文化教育的研究成果,在人工智能辅助下的跨文化教育实践也能有更多突破。

参考文献

[1] 柴晶:《语音识别输入应用在中文教学中的应用实验与初探》,《全球化的中文教育:教学与研究——第十四届国际汉语教学学术研讨会论文集》,2017。

[2] 崔雍浩、商聪、陈锶奇、郝建业:《人工智能综述:AI的发展》,《无线电通信技术》2019年第3期,第225~231页。

[3] 甘容辉、何高大:《人工智能在外语教学中的应用分析》,《走向智慧时代的教育创新发展研究——第16届教育技术国际论坛暨首届智慧教育国际研讨会论文集》,2017,第107~109页。

[4] 黄晓洁:《自然语言处理技术在对外汉语教学中的应用研究》,中国人民解放军外国语学院硕士学位论文,2007。

[5] 黄志成、韩友耿:《跨文化教育:一个新的重要研究领域》,《比较教育研究》2013年第9期,第1~6页。

[6] 黄志成、魏晓明:《跨文化教育:国际教育新思潮》,《全球教育展望》2007年第11期,第58~64页。

[7] 蒋洪新:《人工智能给外语教育发展带来新机遇》,《光明日报》2019年3月16日第12版。

[8] 蒋娟:《人工智能有声翻译沟通无效原因分析研究》,《教育现代化》2018年第34期,第173~174、310页。

[9] 李春琳:《人工智能在外语教学中的应用及研究热点》,《中国教育信息化》2019年第6期,第29~32页。

[10] 李倩、张沛:《讯飞翻译机2.0:让世界"聊得来"》,《上海信息化》2018年第10期,第60~64页。

[11] 明悦:《语音识别与评测在汉语学习中的应用》,北京交通大学硕士学位论文,2008。

[12] 王燕波:《人工智能时代下外语教师角色定位探索》,《吉林广播电视大学学报》2018年第11期,第82~83页。

[13] 杨阳:《人工智能时代下外语教师面临的挑战和机遇》,《智库时代》2018年第27期,第241~248页。

[14] 俞士汶、段慧明、朱学锋、张化瑞:《综合型语言知识库的建设与利用》,《中文信息学报》2004年第5期,第1~10页。

[15] 张红玲:《以跨文化教育为导向的外语教学:历史、现状与未来》,《外语界》2012年第2期,第2~7页。

[16] 张普:《论汉语信息处理技术与对外汉语教学》,《语言教学与研究》1991年

第 1 期，第 111~129 页。

[17] 张燕：《离合词研究现状综述——以对外汉语教学与中文信息处理为例》，《现代语文》（语言研究版）2014 年第 12 期，第 10~13 页。

[18] 张优良、尚俊杰：《人工智能时代的教师角色再造》，《清华大学教育研究》2019 年第 4 期，第 39~45 页。

[19] 周玉珊：《浅议中文信息处理技术在外汉语教学中的运用》，《北方文学（下半月）》2011 年第 11 期，第 135~136 页。

[20] 宗成庆、曹右琦、俞士汶：《中文信息处理 60 年》，《语言文字应用》2009 年第 4 期，第 53~61 页。

跨文化交际视域下的文化认同属性

王 宇

(首都师范大学国际文化学院 北京 100089)

摘 要：文化认同是跨文化研究领域一个广泛存在的论题。西方从人类学、心理学、社会学和传播学视角的研究已经取得丰硕的成果，但在以汉语为媒介语的跨文化交际研究中，对文化认同的关注还十分鲜见，对文化认同之于跨文化交际的重要意义还有待探索。基于此，本文在大量文献回顾的基础上，缕析了文化认同的多维度内涵，阐明了文化认同的发生阶段和属性特点：隐性自发性、对比鲜明性、动态性和灵活性与协商性，揭示了文化认同之于跨文化交际和跨文化适性研究的重大意义。

关键词：文化认同 文化身份 跨文化交际 跨文化适应

1 引言

文化认同是跨文化研究领域一个广泛存在的论题。在跨文化研究的五个路径中，[1]人类学、心理学和社会学路径对文化认同的关注最早，[2]成果也最为丰硕，如John Berry、[3]Erik Erickson[4]和Stuart Hall；[5]传播学路径的研究稍后起，到Young Yun Kim集其大成；[6][7]而语言学路径的关注较少。[8][9]在以汉语为媒介语的跨文化交际研究中尤其如此。文化认同是跨文化交际的基础。跨文化交际一经发生，文化认同就存在，并随着跨文化交际的深入和发展而发生演变。交际主体的文化认同对跨文化交际的过程和结果产生直接或间接的影响，因此，梳理文化认同的研究、揭示文化认同对跨文化交际研究的意义至关重要。

2 文化认同的内涵

2.1 文化身份、文化认同、文化身份认同

文化认同（cultural identity）的概念来源于西方的心理学和社会学领域。其中核心词 identity 有两个义项：身份（即"我是谁？"）和同一性（即个体对自己所处群体的一致性的确认），因此在翻译成中文时就变成了三个概念：文化认同、文化身份、文化身份认同。当然这三个概念是内在一致的。个体在定义自己是谁时，通常是放在一个参照系中进行，通过自己和某一群体的对照而确认自己是谁，这就产生了认同。所以身份和认同不可分割，身份是一个人如何看待自己，认同是对自己与参考框架同一性的确认。在中文语境中，这三个概念的使用又略有侧重，文化身份经常被用来指个体的所属群体性，文化认同和文化身份认同则表达个体对所属群体性的自我认知。

文化和身份认同之间存在既复杂又统一的关系。文化是一个族群的价值观、信仰、思维方式和行为方式的总和，经由学习和共享而形成。它是群体身份的来源，保证群体成员基本的生存和归属感。而身份认同则主要是个体的，当然它也指向所属的群体性和对群体性的认同。文化认同是文化群体成员的自我身份界定。但它同时表达一个社群的共同归属感，帮助人们区分不同的文化群体。[6]对文化身份的认同，"是通过差异构建的"，[5]是在与他族的差异对比中凸显出来的。在跨文化交际语境中，个体的所有身份都是与文化有关，并受文化约束，都是一种文化身份。[10]

由于文化构成要素的多样，也由于不同的定义方法，文化认同通常包括很多内涵，比如亚文化群的认同、国家认同、民族语言学认同、种族身份认同等。在过去半个多世纪，文化认同研究经历了几个变化：1）文化认同基本等同于国家认同和族群认同；[11][12][13][14][15] 2）转向政治认同、后殖民理论、后现代理论、评判种族理论等视角；[16][17][18] 3）研究角度愈加多元混合。[6][13]

2.2 文化认同的多维度阐释

由于一个人身份的个体性和社会性是不可分割的,所以文化认同通常从这两个视角加以研究。

2.2.1 文化认同的社会视角

文化认同的社会性有两层意思,一是指个体文化认同的社会性或曰群体性;二是指群体的文化认同。

对文化认同的系统探究始于心理学家Erickson。他认为文化认同发生于个体身份和集体身份的交汇处,是个体身份和其族群身份的统一和中心。[4] Erickson的文化认同理论对后来的研究者影响至深,如De Vos认为文化认同是"共同感的起源,也是共同的信仰和价值观的来源,是一个人在群体中定义自己的基础";[19] Yinger认为"群体性是真正的文化,由此形成个人基本的身份认同,并赋予个体在自己群体中的历史连续性、嵌入感和存在感"。[20]

群体的文化认同从族群的角度就是民族性。群体的文化认同由其成员以一整套客观的指针、特质或条件,如国家、地理、语言、宗教和种族等来定义,以区别于其他族群。[5] 从社会学视角,文化常常被视为社会的范畴,是民族性的要素。文化人类学家对文化认同的研究也特别注重其文化和民族性。Nas认为文化和民族性是现世的连续体,它连接群体成员的传统和未来。民族性是通过共同生活方式和社会实践形成的,与语言、行为、社会规范、信仰、神话和价值观,以及社会制度的形式和活动息息相关。[21]

2.2.2 文化认同的个体角度

从个体的角度对文化认同的探究主要集中在心理学领域。心理学方面的研究通常将文化认同视为个体对于自己原族群的主观取向。在大多数社会心理学关于族群间行为的研究中,经常将文化认同、民族语言学身份、民族认同等互换使用,代替"民族性"。从社会身份理论的角度,"文化认同是个人自我定义的一部分,来源于他对自己的社会群体属性,以及这种成员身份所附着的价值和情感的意义的认识"。[22]

文化认同的社会性和个体性是同一现象不可分割的两个方面,都指向个体对某一群体的认同。不过前者侧重认同的对象，即群体性，后者侧重认同主体的心理过程。

3　文化认同形成的阶段

Phinney 在探讨少数族裔青少年文化身份的形成时，提出了文化身份认同形成的三个阶段：未审的文化认同期、文化认同搜索期和文化认同的完成期。[23][24]

（1）未审的文化认同期

一个人的文化习染是在不知不觉中进行和完成的，从小父母的言传身教、亲戚朋友、周围社区、各种社会媒体、学校等传递的信息，他都会不假思索地完全接受，久而久之，便会将自己所处的文化视为理所当然。由于没有对比，人们这时的文化认同处在一种习焉未察的状态，本文将其称为"隐性自发性"。Phinney 称之为未审的文化认同期。群体的文化认同亦是如此，同一文化群体的成员长期生活在某一特定的历史传统与地理环境下，形成了自己独特的文化，因而也造就了其独特的文化身份。群体的文化身份也是在与他族的对照中显现出来的。

（2）文化认同搜索期

随着个体的成长和接触外界的机会，他逐渐开始思考自己和周围群体的关系。特别是在跨文化和跨族群的交际中，交际主体会站在一定的立场上，进行无意识的文化比较，选择确认自己的文化身份和文化归属。文化认同就是在这种对比中凸显的。跨文化交际的发生使主体对自己的文化身份开始觉知和审视，并且在和别的文化对照之后，对自己的文化身份开始选择和定位。这个过程充满了思考、比较、批判、反思，所以称为文化认同的搜索期。文化认同的搜索对于一个社会的少数族裔，特别是移民的后代表现更加明显。我们可以看到，在跨文化交际中，交际双方对彼此文化身份的确认是前提。如果交际者不能确定彼此的文化身份，就不能构成跨文化交际活动。所以文化认同是跨文化交际的基础。而文化认同的不断确认、选择和定位是在不断的思考对比中进行的，所以这个阶段又称为文化认同的搜索期。

（3）文化认同的完成期

从文化认同的搜索到完成是一个曲折而漫长的过程。尽管在每一个单独的跨文化交际活动中，交际主体都会有一个临时而确定的文化身份，但是对于某些长期处于跨文化交际中的群体成员，如少数族裔、移民、后殖民社会中的居民来说，这个过程可能要不断重复，再搜索，再确认，直至形成比较稳定的、成熟的、包容的文化认同，既有对自己原有文化身份的欣然接受和自信，也能跨越原有文化的局限，接纳他族文化的优点，并能自觉防止对他族文化的偏见、歧视甚至敌意。这个阶段被视为文化认同的完成期，有双重甚至多重文化身份的可能性，成为 Adler 所谓的"多重文化人"。[25]在文化认同的完成期，交际主体具有更强的跨文化交际能力。

4　文化认同的特征

文化认同在上述三个发展阶段具有不同的特点。很多学者将这些特点归纳为：自我认知的核心、动态性、对比性和多面性。[2][6] Kim 从各种文化认同所涵盖的显性和隐性的意识形态信息出发，将其概括为文化认同的五个属性：适应和演变的个体本质；灵活和可协商的个体属性；一个分离的社会类别和个体选择；一个独特而共同的交流系统；一个分离的社会类别和不可协商的群体权利。[6]我们可以看到 Kim 的五个属性将文化认同的个体性和群体性结合在一起考虑了。

从文化认同的个体角度，本文结合文化认同的三个阶段，将之归纳为四个特点：隐性自发性、对比鲜明性、动态性、灵活性和协商性。

（1）隐性自发性

如前所述，在未审的文化认同期，人们的文化认同处在一种习焉未察的状态。首先，个体的文化习染是在不知不觉中进行的，从小父母的言传身教、亲戚朋友、周围社区、各种社会媒体、学校等传递的信息，他都会不假思索地完全接受，将自己所处的文化视为理所当然。这时他已经有了自发的文化认同，但是由于没有对比，他对自己的文化认同并没有觉知，所以是"隐性"的。当环境发生改变时，特别是与不同文化的对象进行交际时，他的文化认同才会被觉知，才会活跃起来。

(2) 对比鲜明性

跨文化交际发生时，双方首先要对彼此的文化身份进行确认。如果交际者不能确定彼此的文化身份，就不能构成跨文化交际活动。由于不同文化的对比，个体对自己的文化身份开始觉知，并随着交际的深入，主体对自己文化身份的认同会越来越鲜明。该特征主要表现在文化认同的探索期。个体对自己文化身份觉知的途径有两个：自我宣称和他人归因。这两个途径也是以跨文化交际为基础、以对比为前提而发生作用的。

(3) 动态性

随着跨文化交际的深入，通过文化对比而逐渐鲜明的文化认同也会发生变化。美国许多社会学家的实验性研究表明移民美国的犹太人、意大利人、黑人、亚洲人等随着移民时间的增长，他们渐渐跨越了自己原来的民族类别，具有了新的文化身份认同。[24][26]该特征发生在文化认同形成的第二和第三阶段。

跨文化适应是一个自然的过程，个体努力与所处环境建立相对稳定、互惠、和睦的关系。文化主体一方面希望保持对自己原有身份的忠诚，另一方面又意识到拥抱新身份的必要性和重要性。于是在长期向同化身份的演化过程中（比如移民向主流文化演化），主体不可避免地会改变原有身份，通过适应和内在的动荡，逐渐建立新的身份。这一过程伴随着紧张、适应和成长的动态。Kim通过大量的跨文化经验，揭示了个体原有文化认同的转变。[6]

(4) 灵活性和协商性

随着跨文化交际的继续深入，主体在文化认同的转变的过程中，并不是完全放弃原有认同，拥抱新文化身份，而是经常在不同的场合选择和使用不同的身份。这就体现了文化认同的协商性和灵活性。文化身份是灵活的，不是固定不变的，是根据文化环境不同而协商的。[6]该特征发生在文化认同的完成期。

而从文化认同的社会性角度，Kim从三个方面总结了它的特点。

1) 离散类别。个体对自己属于一个或者多个社会类属的认同是通过自愿的方式定义的。Phinney强调了在少数族裔青少年文化身份的形成中非常重要的两个方面：一是获得作为文化群体成员的安全感；二是他们对文化身份的承诺和坚持。如果做不到对群体的承诺和坚持，就会被认为不具有正常的个人心理和社会功能。[24]但同时拥抱新文化也是非常重要的。

2）独特的公共实践体系。许多民族志的研究者都指出文化认同是交流实践的共享系统，对社群来说非常重要而独特，会保持很长时间，不能也不应该是断裂的和个体的选择。这些研究发现强调了文化认同的持久性和共性，如那些共享的生活方式、行为方式、隐含着共同的传统和共同的未来的符号等。[27]

3）不可转让的社会类别和群体权利。这个观点主要是那些批判型学者提出的。他们认为主张文化认同是灵活和可协商的社会学理论没有解决社会底层成员认为自己是系统性压迫的受害者这一困境。Hedge 的研究通过和 10 个美国印第安妇女的访谈，描述了她们的适应过程，特别是那些挣扎和错位。Hedge 认为这些困难的原因在于，她们内在的身份认同和她们所处的世界是矛盾的。外在世界中一些有支配权的结构会将差异系统地摒除在外。[28]Flores 也不主张边缘社群的成员同化。她认为同化就是神话，她提出边缘群体的成员，包括学术界的，应该写出与主流相反的文本，作为对抗的策略。[29]总之，批判性学者的共同点是把文化认同看作单纯的、独体的、不可协商的社会类别。

5　结语：文化认同研究的意义

文化认同是跨文化交际的基石，它像一面镜子，照出了自己，也照出了别人，为自己和他者的交际和价值判断提供了一个观照和反思的框架。同时它又是变化的，可以协商的，随着跨文化交际的深入而发生演变，为跨文化交际主体的文化和认知成长提供通道。文化认同的形成体现出更多的灵活性和包容性。Ting-Toomey 的身份协商理论指出一个人对自己文化身份的协商能力，或者说管理文化身份边界的能力，是高超的跨文化交际能力的核心；具体来说，就是具有相关知识，并能得体、高效、有创造性地运用认知、情感和行为的资源的能力。[30]因此，探索跨文化交际中的文化身份认同问题，对于提高跨文化交际的有效性具有十分重要的意义，也是深入拓展跨文化交际理论不可或缺的一部分。

参考文献

[1] 李加莉、单波：《跨文化传播学中文化适应研究的路径与问题》，《南京社会科学》2012 年第 9 期，第 80~87 页。

[2] 陈国明：《跨文化交际学》，华东师范大学出版社，2009。

[3] Berry, J. W. Marginality, stress and ethnic identification in an acculturated Aboriginal community. Journal of Cross-Culrural Psychology, 1970. 9 (I). pp. 239-252.

[4] Erikson, E. H. Identity: youth and crisis. Oxford, England: Norton, 1968.

[5] Hall, S.. Who Needs Identity, in Stuart Hall and Paul du Gay (eds), Questions of Cultural Identity, London: Sage, 1996, p. 14.

[6] Kim, Y. Y. Ideology, Identity, and Intercultural Communication: An Analysis of Differing Academic Conceptions of Cultural Identity, Journal of Intercultural Communication Research, 2007. 36 (3), 237-253.

[7] Kim, Y. Y. Becoming intercultural: An integrated theory of communication and cross-cultural adaptation. Thousand Oaks, CA: Sage, 2001.

[8] 胡文仲：《跨文化交际学概论》，外语教学与研究出版社，2002。

[9] 祖晓梅：《跨文化交际》，外语教学与研究出版社，2015。

[10] 孙世权：《文化身份如何被塑造和建构——以跨文化交际为理论视角》，《学习与实践》2014 年第 12 期，第 111~115 页。

[11] Shin, C. I. & Jackson, R. L.. A review of identity research in communication theory: Reconceptualizing cultural identity. In W. J. Starosta& G. -M. Chen (Eds.), Ferment, in the Intercultural Field: Axiology/Value/Praxis (pp. 211 - 241). Thousand Oaks, CA: SAGE. 2003.

[12] Yep, G. A. Approaches to cultural identity: Personal notes from an auto-ethnographical journey. In M. Fong & R. Chuang (Eds.), Communicating ethnic and cultural identity (pp. 69-81). Lanham, MD: Rowman& Littlefield. 2004.

[13] 韩震：《全球化时代的华侨华人文化认同问题研究》，《华侨大学学报》（哲学社会科学版）2007 年第 3 期，第 85~90 页。

[14] 李其荣：《寻求生存方式的同一性——美加新华侨华人的文化认同分析》，《东南亚研究》2008 年第 5 期，第 69~77 页。

[15] 康晓丽：《1980 年代以来新西兰华人身份认同的变化》，《南洋问题研究》2015 年第 3 期，第 75~81 页。

[16] Collier, M. Theorizing about cultural identifications: Critical updates and continuingevolution. In W. Gudykunst (Ed.), Theorizing about intercultural communication (pp. 235-256). Thousand Oaks, CA: Sage. 2005.

[17] Nakayama, T. & Martin, J. (Eds.). Whiteness: The communication of social identity. Thousand Oaks, CA: Sage. 1998.

[18] Young, R. Intercultural communication: Pragmatics, genealogy, deconstruction. Philadelphia: Multilingual Matters. 1996.

[19] De Vos, G.. Conflict and accommodation in ethnic interactions. In G. A. De Vos&M. Suarez-Orozco (Eds.), Status inequality: The self in culture (pp. 204-245). Newbury Park, CA: Sage. 1990.

[20] Yinger, J. Intersection strands in the theorisation of race and ethnic relations. In J. Rex &D. Mason (Eds.), Theories of race and ethnic relations (pp. 20-41). New York: Cambridge University Press. 1986.

[21] Nash, M. The cauldron of ethnicity in the modern world. Chicago: University of ChicagoPress. 1989.

[22] Tajfel, H. (Ed.). Differentiation between social groups. London: Academic Press, 1978.

[23] Phinney, J. & Rosenthal, D.. Ethnic identity in adolescence: Process, context, and outcome. In G. Adams, T. Gullotta& R. Montemayor (Eds.), Adolescent identity formation (pp. 145-172). Newbury Park, CA: Sage. 1992.

[24] Phinney, J. Multiple group identities: Differentiation, conflict, and integration. In J. Kroger (Ed.), Discussions on ego identity (pp. 47-73). Hillsdale, NJ: Lawrence Earlbaum. (1993)

[25] Adler P. Beyond Cultural Identity: Reflections on Multiculturalism. Basic Concepts of Intercultural Communication. Selected Readings. yarmouth Me Intercultural Press, 2002, 2: 23-41.

[26] Lind, M. The American nation: The new nationalism and the fourth American revolution. New York: The Free Press. (1995)

[27] Philipsen, G. Speaking culturally: Explorations in social communication. Albany: StateUniversity of New York Press. (1992)

[28] Hedge, R. Swinging the trapeze: The negotiation of identity among Asian Indian immigrantwomen in the United States. In D. Tanno& A. Gonzalez (Eds.), Communication and identityacross cultures (pp. 34-55). Thousand Oaks, CA: Sage. (1998)

[29] Flores, L. Challenging the myth of assimilation: A Chicana feminist response. In M. J. Collier (Ed.), Constituting cultural difference through discourse (pp. 26-46). Thousand Oaks, CA: Sage. (2001)

[30] Ting-Toomey, S. Identity management theory: Facework in intercultural relationships. In W. Gudykunst (Ed.), Theorizing about intercultural communication (pp. 195-210). ThousandOaks, CA: Sage. (2005)

教育公平视野下中日义务教育择校政策的跨文化比较*

杨斯喻

(首都师范大学国际文化学院 北京 100089)

摘 要：本文通过对比中国与日本20世纪90年代以后在义务教育阶段择校问题上的政策选择，探讨了两国在同一时期不同社会背景下的教育公平观的差异。中国的择校现象已经对社会的公平造成了侵害，而日本的绝对均衡也带来了"教育病理"与社会贫富差距问题。基于不同的社会文化背景，两国采取了截然相反的态度。中国逐步改变以往的重点学校建设制度，限制各种途径的择校行为。日本通过学校多样化建设与鼓励择校，调动学校活力，改变公立教育落后的问题。中国在优质教育不普及的阶段，只能在保证教育机会公平的前提下，通过逐步提高整体教育质量来改善教育公平问题，是一种理性的单一尺度的公平观。而日本在已有的优质教育前提下，做好多元化建设的铺垫，试图通过择校来实现一种多元尺度的公平观。

关键词：教育公平观 跨文化比较 义务教育择校

1 引言

自20世纪90年代以来，我国国内渐渐兴起了一股"择校热"，家长们利用各种方式为自己的子女选择他们认为的更加优质的义务教育资源。而

---

* 本文受国家社科基金艺术学项目"海外文化中心对外文化传播研究"（15AH006）资助。

这股热潮却在渐渐地侵蚀着我国教育领域的公平，成为最令我国民众不满的教育问题之一。我国政府一直试图通过各种政策明令禁止限制各种形式的择校。

而几乎在同一时期，极度崇尚义务教育"均衡化"的日本却开始了其鼓励择校的试验。这一场在新自由主义思潮的影响下兴起、由政府主导的择校运动，旨在教育领域引入竞争机制来提高义务教育阶段公立学校的教育质量，破除其僵化、陈旧的教育方式，解决当时日本存在的严重的"教育病理"问题，试图实现真正的教育公平。

同样出于对教育公平的追求，中国与日本对于义务教育的择校问题却选择了完全不同的政策方向。这两种政策选择背后是怎样的教育公平观？我们试图通过解构与对比两国在同一时期不同的社会背景与政策选择，探寻背后两国教育公平观的跨文化差异。

2 中日两国择校政策实施前的"教育不公平"

2.1 中国择校政策实施前的"教育不公平"问题

2.1.1 资源紧缺背景下的重点学校建设

在日本正在为了教育机会公平大力推行均质化平等教育的时候，中国却刚刚经历了资源紧缺阶段的艰难抉择。国家建设初期，发展急需人才。然而在当时教育资源极其有限的情况下，国家面临着选择：是先普及教育，为更多的民众提供教育机会；还是牺牲部分民众的教育机会，先集中资源提高部分学校的质量，快速向高校输送合格生源？当时的领导集体无奈选择了后者。

1962 年教育部颁发《关于有重点地办好一批全日制中、小学的通知》，要求各地选定一批重点中小学，集中精力先办好一批"拔尖"学校。重点学校建设由此开始。1977 年以后，面对"文革"浩劫后文化教育领域百废待兴的现状，邓小平多次指出要进行重点学校建设。1977 年 5 月 21 日，他说："现在看来，同发达国家相比，我们的科学技术和教育整整落后了二十年。抓科技必须同时抓教育。从小学抓起，一直到中学、大学……要办重点小学、重点中学、重点大学。要经过严格的考试，把最优秀的人集中在重点中学和重点大学。"[1] 于是，教育公平再次被国家经济发展的目标所压倒。

在此后的发展过程中，各地政府对重点学校加强建设，一所重点中学的设备费甚至等于九所非重点中学设备费总和的九倍。在学校教学质量差距如此惊人的情况下，"择校热"由此而始。

2.1.2 新形势下的优质教育资源稀缺问题

随着中国特色社会主义的不断发展、改革开放的不断推进、经济的不断繁荣，我国的社会文化趋于多元。以往社会关系中的平均主义状态被打破，人们之间的收入和社会地位的差距在不断地扩大，由此带来的矛盾也不断彰显出来。因此从20世纪八九十年代开始，中国就有越来越多的民众开始呼吁和要求社会公平，而其中教育的公平始终都是人们最关注的方面之一。

跟20世纪五六十年代相比，我国的义务教育得到了极大程度的普及，到2009年，我国的九年义务教育普及率已经达到了95%。[2] 然而根据拉夫特罗"有效维持不平等理论"，每一个阶层的人都希望通过比其他人更加优质的教育资源而保持或者提升自己家庭的经济与社会地位。但是优质教育资源永远是相对稀缺的，这就导致了民众接受良好教育的机会仍然不平等。现在整个世界已经进入了知识经济的时代，也就是说每个人在未成年阶段接受教育的质量水平将对其成年之后的成就有极大影响。出于这一个方面原因，公众更加关注教育公平问题。2011年3月发布的《教育蓝皮书：中国教育发展报告（2011）》（21世纪教育研究院与社会科学文献出版社联合发布）中对中国几大主要城市居民对教育的满意程度做了调查，显示出在所有教育问题中，公平问题和财政投入问题是让公民最不满意的两大问题。仅有29.8%的民众认为中国的教育公平或者比较公平。另外有70.2%的民众都认为自己或者自己的子女在教育上并没有获得平等的待遇。[3]

2.2 日本择校政策实施前的"教育不公平"问题

2.2.1 日本学校"平等教育"中的不平等问题

日本的学校教育,特别是基础教育的一个显著特点,就是它的教育成果的均质性以及为获得此均质性的平等的教育方式。[4]

首先,从宏观的教育理念和教育成果来看,日本希望给所有人以平等的教育。不仅希望让所有人有均等的入学机会,还希望能够提供完全均质性的教育内容。试图使全国范围内所有的公立中小学都能保持一致。为了保持这种师资和教学资源上的一致性,日本从来不在公立中小学中设置重点学校或者重点班级,同时还保证不同学校之间的教师经常轮换。由于以上种种措施,日本的义务教育阶段的普及率极高,初中义务教育普及率达到100%。[5]

其次,从微观的教育现场来看,这种教育方式也无处不体现着"平等"。教师不强调和突出优秀的学生,而是重点强调对较差学生的实际指导。日本教育的资源都重点集中在如何使差的学生变好,从而跟上整体学习水平,而不是让好的学生更拔尖。

日本在教育上侧重国民整体素质的提高,是日本教育界较为共同的认识。不过,这样的教育方式也给日本带来了许多困扰,许多学者开始认为完全均衡的教育方式缺乏活力与个性。他们认为,不同质量的教育对儿童成年以后成功机会的影响远不如阶层家庭背景对儿童带来的影响大。来自上层阶级的子女更多地占据了名牌大学的学习机会,因而受学历社会的影响,这一阶层的子女也将获得更好的成功机会。家庭背景对子女上名牌大学的影响并不是如我们想象的那样受到地位和权力的控制,而是由于不同的阶层出身会对儿童的学习意欲产生影响。也就是说,现行的改革将越来越拉大不同阶层子女之间学习成果的差距。这种学习成就之间的差距将会导致教育结果的差距拉大,因而最终导致社会阶层之间的差距变大,带来更多的社会不公。

2.2.2 日本中小学的"教育病理"现象

日本无差别的"平等教育"又带有非常强烈的集权色彩,而其带来的负面影响正在日益扩大。从 20 世纪 70 年代开始，标准化的教学内容与方式导致学校教育死气沉沉，以偏差值为标准的一元评价体制带来白热化竞争，盲目而疯狂地追求高学历的社会现状给日本的学校教育带来众多负面影响，正在侵蚀原本应该充满健康活力的校园。这些现象的产生导致了校内一系列问题，包括校园暴力、逃学、退学等。这一系列由于各种原因导致的校园病态现象被日本学界统称为"教育病理"现象。[6]

不过，"教育病理"现象虽然在日本教育领域已经长期成为讨论的热点，但对于这一概念却一直没有明晰的界定。只能用它所包含的一些现象的数据来对其进行纵向的对比。1994 年（平成 6 年）日本的小学、初中以及高中各类学校发生的恃强凌弱事件共 56376 起。[7]1994 年（平成 6 年）日本的儿童少年中以"讨厌学校"为理由在一年内逃学 30 天以上者，小学生有 15786 人，达到 0.32%；初中生有 61663 人，达到 1.22%。[8]而这些数据在近几年来还在不断地上升。

因此，完全均质化的学校教育，更加凸显了家庭背景对学生学业成就的影响，而这种影响又逐渐将日本阶层贫富差距进一步扩大，造成了社会的撕裂。而缺乏活力的均质化教育政策，造成公立学校教育质量进一步降低，这种"教育病理"现象使得无力寻求校外教育的家庭更加难以接受到优质的教育。在这样的社会背景下，日本试图通过鼓励择校来寻求更好的解决方案。

3 中日两国择校的政策选择

3.1 中国的严防死守

中国的政策从各个方面治理"以权择校、以钱择校、以分择校"问题。1995 年原国家教委印发的《关于治理中小学乱收费工作的实施意见》规定"九年义务教育阶段严禁把捐资助学同录取学生挂钩；初中和小学不准举办各种收费的补习班、补课班、提高班和超常班等"；2003 年教育部、发改委等部门对普通高中择校招生实行限分数、限钱数、限人数的"三限政策"；2004~2011 年教育部等部门在一系列政策文件中坚持"一费制"收费方案，强调学校收费"收支两条线改革"，严禁"一边免费、一边乱收费"，逐步免除义务教育阶段学杂费和课本费等。2012年教育部在印发《治理义务教育阶段择校乱收费的八条措施》的通知中明确划定了择校乱收费行为，具体包括："禁止跨区域招生和收费行为，制止通过招收特长生方式收费的行为，严禁收取与入学挂钩的捐资助学款"等。

与整治择校高收费、乱收费的政策同步，政府加大了对薄弱学校的改造力度，并逐步取消了重点学校制度。20世纪90年代中期，重点学校制度备受质疑，各级教育相关部门对其提法也有所顾忌和收敛。比如，1995年原国家教委颁布的《关于评价验收1000所左右示范性普通高级中学的通知》描绘了建设示范高中的政策理想，然而该政策的实施效果与目标定位相差甚远，示范性高中并没有真正发挥其示范与实验作用，反而成为了重点高中的代名词，"重点学校热"转向了"示范学校热"。1997年原国家教委印发的《关于规范当前义务教育阶段办学行为的若干原则意见》规定"义务教育阶段不设重点学校、重点班和快慢班"，此后教育相关部门在政策上明确禁止义务教育阶段举办重点学校和重点班。2006年的《义务教育法（修订案）》明确规定："县级以上人民政府及其教育行政部门应当缩小学校之间办学条件的差距，不得将学校分为重点学校和非重点学校，学校不得分设重点班和非重点班。"至此，我国重点学校制度被彻底取消。2006年以后，教育相关部门又多次重申"禁止义务教育阶段设置任何形式的重点学校和重点班"。

3.2　日本的试探开拓

日本在实行择校之前采用的是校区制度。为了实现就近入学，学区的划分作为教育行政机构的划分，与国家一般行政机构划分是分开的。也就是说，学区的划分虽然受到国家一般行政区域划分的影响，但并不完全相同。在刚建立起学区制的初期，每一位儿童的通学区域和就读学校一经指定原则上就无法更改。但在1952年，文部省采取了更加灵活的方式，提出如果学生因为地理条件的改变或者身体原因无法在原先指定的学校就读，学生是允许变更指定学校的。这一时期择校制度，以非常小的例外情况出现。

1987~2000年，日本开始了更大范围的择校政策试探。1987年，临时教育审议会第三次报告指出："现行走读校区制度仅是机械式、固执性的指定,缺少对选择机会的考虑。"1997年文部省的初中教育局局长发出在通学区域内灵活选择的通知。1998年,中央教育审议会的答审中就地方教育制度的改革问题提出建议:"关于小学、初中的通学区域的设定及就读学校的指定,从扩大学校选择机会的观点来看,应充分考虑监护人及地区居民的意愿,考虑教育的机会均等。"2000年,教育改革国民会议报告指出:"鉴于突出表现每个学校特色的观点,进一步推进走读校区制度的灵活化,扩大学校选择的幅度十分必要。"[9]教育改革构想"21世纪规划"开始实施。东京都品川区小学的学校选择制度正式开始。至此,日本已经完成了前期对择校制度的试探,积累了部分经验,做好了制度准备。

择校制度在日本全国逐渐推广,主要以大城市为中心逐年增加。到2019年3月,以东京都为例,其所有的23个区和26个市中,共有19个区和11个市已经实行了择校制度。可以观察到,学校密度与择校制度采取的倾向呈正相关关系。[11]也就是说,在学校分布越密集的地方,该地的地方政府就越早并且越坚定地倾向于选择实行择校政策。

4 中日两国教育公平观的跨文化差异

4.1 机会公平与结果公平的选择

4.1.1 中国教育高回报率下对机会公平的渴望

当前中国社会矛盾的激化是随着贫富差距的扩大而出现的。虽然中国特殊的国情决定了区域之间、城乡之间经济差距的客观存在,加上改革开放后对外开放的梯度推进、经济发展初期的极化效应都进一步扩大了区域、城乡收入差距,使中国的贫富差距问题比较严重。在短短的20多年间,中国社会的基尼系数就从0.28增长到0.57,跃居亚洲第一,世界前列。

随着中国工业化和现代化的进一步发展,科技因素在经济增长中的作用愈来愈大,教育水平的差距逐步成为影响个人收入差距的最主要原因。中国处在一个不断进步发展和变化的时代,与发达国家相比,阶层流动性较大。因此,对于中下层的民众来说,教育是他们改变世代命运,争取家族阶层上升的重要途径。而对于上层民众而言,教育也是他们维持自己阶层与社会地位的最有利工具。无论是从教育的外部性考虑还是从教育在促进机会均等、缩小社会贫富差距的作用角度考虑，促进教育机会的均等都十分必要。

师资力量强大的贵族学校、重点校、重点班，人为地制造教育不公，并垄断教育资源，实现权利与资源的代际转移。而普通大众的孩子则多去质量较差的普通班，甚至棚户学校上学，造成了贫困的代际传承。这种义务教育阶段的教育机会不平等，有进一步向义务教育后阶段延伸的趋势。[12]因此，中国现阶段对择校行为的限制与管控，是促进教育机会均等、解决现阶段我国社会公平问题的必要选择。

4.1.2 日本贫富差距危机中对结果公平的追求

日本社会曾对完全均衡的"平等教育"引以为傲，在许多国家看来，日本也是教育机会均等实行的典范。在20世纪60~70年代，日本经济高速发展，教育机会也在不断地扩大。其带来的结果是"一亿总中流"，也就是说，一亿的日本人认为自己是中产阶层。对于大多数人来说，教育机会都是开放的。

但依据日本与其他发达资本主义国家所得分配的不平等度表来看，20世纪80年代后半期到20世纪90年代前半期，日本在发达国家中的不平等度最高，从纳税前所得来看，甚至高于向来被认为是贫富差距最大的美国。

国家通过严格规定教学内容和形式，通过某种程度上抑制部分公立学校教育质量改善的方式来保证公立学校之间提供的教育没有本质差距。但这却导致公立学校在与私立学校的竞争中败下阵来。因此，关心子女教育问题并且有经济实力的家长，就会倾向于为子女选择私立学校入学。这样一来，反而更加将好的教育资源都集中在了私立学校，更加拉大了私立与公立学校之间的差距，形成马太效应。而在当时的制度下，能够负担私立学校高额授课费而选择私立学校的人群仅限于那些有足够经济实力的家长，而这种仅限于部分人群的学校选择的自由，对于那些经济实力一般的人群来说，容易产生"不公平"感。可见，公立学校禁止择校的行为并不能保证学校之间的差距被缩小，反而有可能造成了更大的不公平。理应承认公立学校之间存在差距，并争取将差距转变为多样化的差异。因此，择校制度是公立学校开始试图提升教育质量促进教育公平的尝试，也是治疗"能力主义"的教育方式带来的一系列教育病理问题的处方,在当时的日本教育领域是势在必行的选择。

4.2 单一尺度与多元尺度的公平

4.2.1 中国走向优质教育途中的均衡选择

教育的高质量与多样化应是择校实施的前提,但中国目前发展阶段还无法做到更广泛范围的优质。解决发展不均衡或者不充分导致的教育不公平现象,仍需继续依靠发展。

在整体教育水平不高且学校序列化严重情况下,对多元与特色的追求只能流于表面,带来由于权力寻租导致的更大不公平。在很长一段时间内,义务教育阶段靠特长和其他加分招生等环节一直是饱受人们质疑的一个环节,也是最容易产生不公的一个环节。这是因为通过高考进入名校仍然是民众改变命运的一个最重要的方式,家长与学生的所有努力都是为了进入更好的高中以获得更加优质的基础教育。因此,不管是艺术特长还是数学特长,这一类对所谓"特长"的追求只是进入排名较高学校的一个途径,是一种择校方式,并不是真正意义上的多样化。只要学校之间仍然存在序列化的差异,那么所有的特色与多元都无法真正实现。

4.2.2 日本高质量教育前提下的多元公平

日本所持教育观点认为,真正的教育公平应该是努力促进群体的一致性和减少由于家庭背景对个体成年之后成功机会的影响。政府所要做的,就是用政策措施在自由倾向与平等倾向之间取得一种均衡,并且使得个体在完成学习之后,成功的机会更加平等地向其开放。学校选择制度的实行及其理念的倡导,就是从"同一尺度"的公平这种传统教育机会均等向"多元尺度"的公平转变。这种"多元尺度"的公平,倡导每个不同的个体和每种不同的文化追求最符合其自身特征和个性的发展模式。在这种模式下,个体可以选择不同的生活方式,不同的学习内容,只要在一定领域内能发挥作用、实现自身价值,就是实现了教育结果的平等。

日本以倡导个性为出发点,培养学生的创造性和独特性,开展多样化学校和多样化教育前提下的学校选择制度。通过提高学生的个体成绩来全面提高公共教育的质量。京都实施择校制度的一系列实践表明，在同时保证个体平等的受教育机会不受家庭背景影响的前提下，通过多元的教育方式，使得曾经的"差等生"不再受偏差值的约束，而能试图寻找到适合自己个性发展的方式。从东京都实行学校选择制十几年时间后的结果来看，政策达到了最初实行的目的，并没有产生如反对者预测的那样严重的负面影响。学校序列化和过强的学习负担等问题也可以通过配套的措施加以遏制。

  由此可见，从"多元尺度下的公平"角度来看，学校选择制度如果以高质量的教育内容和多样化的教育形式为前提，做好相应的保障和补偿措施，可以更好的促进教育公平。在原有的阶层不平等的现实中，可以通过教育使得优质的高等教育机会和成年之后的成功机会更加平等地向包括家庭贫困的儿童在内的所有人开放。也就是通过学校选择制度的尝试，实现教育结果的平等，并且用教育成果来实现改进社会平等的功能，促进整体社会公平。因此可以说，日本的学校选择制度是一次能改进日本教育公平以及社会公平的有益尝试，并且有可能在未来的时间里产生更大的积极影响。

5 结语

  本文通过对比中国与日本 20 世纪 90 年代以后在义务教育阶段择校问题上的政策选择，探讨了两国在同一时期不同社会背景下教育公平观的差异。中国的择校现象已经对社会公平造成了侵害，而日本的绝对均衡也带来了"教育病理"与社会贫富差距问题。基于不同的社会文化背景，两国采取了截然相反的态度。中国逐步改变以往重点学校建设制度，限制各种途径的择校行为。日本通过学校多样化建设与鼓励择校，调动学校活力，改变公立教育落后的问题。中国在优质教育不普及的阶段，只能在保证教育机会公平的前提下，通过逐步提高整体教育质量来改善教育公平问题，是一种理性的单一尺度的公平观。而日本在已有的优质教育前提下，做好多元化建设的铺垫，试图通过择校来实现一种多元尺度的公平观。

参考文献

[1] 徐菁菁：《重点学校政策的嬗变及其启示》，《教育研究与实验》2014年第4期。

[2] 中国社科院人口与劳动经济研究所：《人口与劳动绿皮书》，社会科学文献出版社，2009。

[3] 二十一世纪研究院：《教育蓝皮书：中国教育发展报告（2011）》，21世纪教育研究院，2011。

[4] 钱小英：《试析日本学校的"平等教育"》，《教育研究》2000年第5期。

[5] 日本国立教育研究所：《国际教育调查的国内结果》，日本国立教育研究所，1985。

[6] 山崎清男：《現代の教育と学校》，川島出版社，1995。

[7] 日本文部省：《学校基本調査》，大蔵出版社，1995。

[8] 山之内清：《システム社会の現代的位相》，岩波出版社，1991。

[9] 熊沢一晃：《「品川区の学校選択制」——地方教育行政のイノベーション：片岡研究会最終レポート》，東京大学出版会，2000。

[10] 东京都教育委员会：《京都公立学校数、学校制度の施状及びコミュニティ·スクルの置状について》，http://www.kyoiku.metro.tokyo.jp/press/press_release/2019/release20190328_06.html。

[11] 王文龙、赵妍：《教育公平问题探讨：发展经济学视角》，《现代教育科学》2011年第5期。

汉西语称谓词中性别歧视的文化因素

袁彩云　梅傲寒

(首都师范大学国际文化学院　北京　100089)

摘　要：性别歧视是基于性别而产生的一种社会歧视现象，而语言是社会文化的反映，语言的称谓系统中也存在性别歧视现象。本文以"汉语水平词汇与汉字等级大纲8822词"[①] 中的称谓词为研究对象，归纳分析了汉语称谓词的特点，并与西班牙语称谓词进行对比，发现二者都不同程度地存在性别歧视现象，尤其是有关男女称谓词中，女性多为男性的附属。

关键词：称谓词　阴阳性　性别歧视

1　引言

关世杰认为，语言作为一个整体与文化发生关系，无论是文化对语言的影响，还是语言对文化的承载，两者之间的相互作用都是发生在语音、语义、词汇、语法、语用、文字等各个方面的。词汇与文化的关系最密切，反映最直接。汉语和西班牙语分属不同的语言体系，对其词汇文化涵义进行对比，不仅能加深我们对两种语言的学习和理解，更能反映出中国和西班牙两国之间的文化差异，以促进跨文化教育和跨文化交际。

本文遴选出"汉语水平词汇与汉字等级大纲8822词"中的称谓词（包括"女"旁字），对其进行归纳分析，并与相应的西班牙语称谓词进行对

---

① 国家汉语水平考试委员会办公室考试中心：《汉语水平词汇与汉字等级大纲（修订本）》（第1版），经济科学出版社，2001。

比，揭示汉西语言称谓词中的性别歧视现象的文化因素。

2　汉语称谓词分析

汉语不分阴阳，作为孤立语，也没有曲折形式变化。在中国传统文化中，受封建伦理等级观念影响，男尊女卑、重男轻女的现象在词汇中也有反映。下面我们把从"汉语水平词汇与汉字等级大纲8822词"中遴选出的称谓词分为亲属称谓词和其他称谓词（其他"女"旁字，由于篇幅有限在此不作分析），依次进行介绍和分析。

2.1　亲属称谓词

汉民族在很长一段时间内是一个宗法等级社会，封建的宗法、宗族、伦理观念有着严格的标准，"礼"不可偏废，汉民族的亲属称谓系统也一直沿用至今。以下是从"汉语水平词汇与汉字等级大纲8822词"中搜集到的相关亲属称谓词，根据"汉语水平词汇与汉字等级大纲8822词"所分的甲、乙、丙、丁四个等级分为四个部分：

甲级词	乙级词	丙级词	丁级词
男　　女	男人　女人	男子　女子	男性　女性
爸爸—妈妈	爷爷—奶奶	祖父—祖母	老头儿—老太婆
父亲—母亲	伯伯/伯父—伯母	外祖父—外祖母、姥姥	婆婆
哥哥—姐姐	叔叔—阿姨	爹—娘	闺女
弟弟—妹妹	丈夫—妻子	舅舅—舅母	（夫妇）
儿子—女儿、姑娘	先生—太太	大哥—大嫂	（子孙）
先生—小姐	老大爷—（老）大妈	孙子—孙女	
（孩子）	（老）大娘	姨	
（儿女）	姑姑．嫂子	媳妇	
（兄弟）		（夫妻）	

注：下划线部分为前一级已经出现过的词，斜体部分的称谓在大纲里没有出现与之相对应的异性称谓（分为两种情况：一种是有与之相应的异性称谓但在大纲中没有出现；一种是汉语里没有与之对应的特定异性称谓）。

从上表可以看出，汉语虽然未分阴阳，但是由于两性的区别，在亲属称谓词上必然呈现出一种对立，这种对立有以下几个特点。

第一，亲属称谓词一般不止一种称呼方式，有面称和背称之分，如：背称一般说成"父亲—母亲"，面称一般说成"爸爸—妈妈"，有些地区或者上一辈也习惯称呼"爹—娘"。

第二，并不是每一种称谓都是男女一一对应的，如："老大爷"可以与"老大妈""老大娘"对应，"先生"则可以与多种女性称谓对应，这应该与生理差异有关。一般女性到了中年以后衰老状态明显，有所谓的"女人三十豆腐渣"之言，而男性却有"三十一枝花"之说，所以对男性的某种称谓往往可以延续很长一段时间，而女性称谓却只能是阶段性的。

第三，和女性有关的称谓有明显特征，一般会带"母"字，或者是"女"旁字。

第四，涉及男女两性的词语，在语序上大都遵循"男先女后"的原则，如："儿女""夫妻""夫妇"等。这种排列反映了一种社会价值观，这反映了汉民族重男轻女，区别尊卑有序时趋向于尊在前卑在后，男先女后的排序实际上是男尊女卑思想的变相表达。

另外，亲属称谓词分为父系和母系两个子系统，这两个子系统不同的称谓体现出男女的不平等和性别歧视。先看父系的。父亲的哥哥、弟弟有专用称谓词"伯""叔"，此词表中有"伯伯/伯父""叔叔"之别，而父亲的姐姐、妹妹却共用一个称谓词"姑"，如果有几个姑，则按年龄从大到小用"大、二、三……"来区分。"伯""叔"的配偶也只用一个称谓词"婶"，此表中有"伯母""阿姨"来称呼。再看母系的。与父亲的哥哥、弟弟相对应，母亲的哥哥、弟弟的称谓词却只有一个"舅"。"舅"尽管是男性，但由于是"母"的兄弟，汉文化里，没有区分大、小"舅"的称谓词。称呼母亲的姐姐、妹妹，也只共用一个"姨"。这与我国长期以来的家长制中以男性为继承人有关，由此可见女性与男性在家中的不平等地位。

从以上分析可以看出，汉语亲属称谓词中，男女称谓并非一一对应，而是在呈现一对多时或多对一时，明显表现出对女性的歧视。

2.2 其他称谓词

这里的其他称谓词实际是指除亲属称谓词以外的称呼，包括社会交际称谓、职业称谓、礼俗性亲属称谓①及其他称谓。在这一部分，称谓词也呈现出一定的歧视性。根据"汉语水平词汇与汉字等级大纲 8822 词"筛选出以下词语：

甲级词	乙级词	丙级词	丁级词
他—她	先生—女士、妇女	大哥—大嫂	新郎—新娘
他们—她们	伯伯/伯父—伯母	寡妇	保姆
哥哥—姐姐	叔叔—阿姨	少女、妇人	巫婆
弟弟—妹妹	小伙子—姑娘	（婴儿）	仙女
先生—小姐、姑娘	老大爷—老大妈	（奴隶）	（妖怪）
（师傅）	老大娘	（仆人）	
（服务员）	老头儿—老太太		

注：括号中的词语是不分性别，可以泛称的；其他备注同前表。

　　从上表可以看出，男女称谓的不对称性更为凸显了，从中可以发现比较典型的汉语性别歧视现象。

　　首先，称谓的一对多："先生"一词对"小姐""姑娘""女士""妇女"四个词。古代社会以男性为中心，在任何场合对任何男性都可以称呼"先生"；而未婚女子被称为"小姐""姑娘"，结婚后，其黄金时代便已过去，往往被称为"某太太"，在旁人眼里的"妇女"；尽管"女士"一词可以归之为社会交际称谓词，但只能用于正式场合，仍然没有普遍意义。也就是说，始终找不到与男性社会交际称谓"先生"一词对等的属于女性称谓的词语。称谓的多对一：现实中，称谓语"伯伯""叔叔"对应"阿姨"产生的歧视。为了礼貌起见，我们会对幼儿碰到的男性长辈说，叫伯伯，叫叔叔，这些一般根据男性的年龄和幼儿父母的年龄差别来判别，也比较容易判别。如果遇到女性长辈，只有阿姨可叫，特别是有多个年龄差别较大的女性同时在场，都叫"阿姨"就显得比较尴尬，也会让幼儿为难。

　　其次，以斜体词为例，"寡妇""保姆""巫婆"等词语，用来指称特

---

① 礼俗性亲属称谓：是一种广泛的非亲属的亲属称谓。为了表示礼节和亲切，人们常借用亲属的称谓来称呼对方。下文的"大哥""老大爷""姐姐"等都可以作为社会交际时的礼俗性称谓语使用。

定的女性，但是与之相对应的特定男性称呼并没有；这里面有一个特例，就是"仙女"一词，它虽是特指女性并且带有褒义色彩，然而对应的男性称呼"神仙"却能把它囊括其中，这进一步说明了男女称谓的不对等性。

再次，括号中的词语是可以同时指称男女的，但是诸如"奴隶""妖怪"这些带贬义的词语，"奴""妖"都含有"女"旁，这和历史上女性地位低下，崇尚男尊女卑的传统文化有关，所以必然在语言中表现出来。

总之，其他称谓词和亲属称谓词一样，都存在一定的性别歧视。在受到社会惯性思维即以男性为中心思想影响的社会中，女性是弱势群体，某些职务、职业通常由男性充当，如果由女性承担，就会加"女"来特别限定，称谓词中一些标记性的语言使用随处可见。例如，在比较重大的会议所列的参与者名单上，不加任何标记的是男性，而少得可怜的几位女性的名字后面必定要标出"女"字，这些做法让人们觉得，女性被排斥于主流社会之外。再如，在各种新闻媒体提及某重要女性人物时总要通过加一个"女"字来强调其性别，如"女市长""女企业家""女作家""女英雄"，等等。这种对性别的标注，给人的感觉是，女性做这些工作，取得这些成就属于例外，不合常理。

当然，随着社会的进步，对女性称谓的歧视现象在某些方面逐渐减少。就职业和职称称谓语来说，女性同男性一样，都是以职业或职称来称呼，如"王医生""罗编辑""李教授"等，很难从这些称谓中看出性别差异。另外，对女性使用的礼俗性亲属称谓词也不再带有歧视色彩，人们通常会根据女性的年龄和身份，称其为"妹妹""大嫂""大妈"等。

3 汉西称谓词对比

上文主要从称谓角度分析了"汉语水平词汇与汉字等级大纲 8822 词"中称谓词的差异和歧视现象，下面我们将结合西班牙语的阴阳性来谈性别歧视在语言中的共性和个性。仍然选用"汉语水平词汇与汉字等级大纲 8822 词"中称谓词作为语料，与翻译过来的西班牙语进行对比。[①] 接下来，我们首先谈谈西班牙语的阴阳性，再与汉语进行对比。

---

① 翻译主要参照：董燕生、刘建《现代西班牙语（第一册）》，外语教学与研究出版社，2008。

3.1 西班牙语的阴阳性

西班牙语中词的构成以男性为规范，把男性的语言作为标准和主体，而女性语言只是一种附属性变体。其名词分阴阳性，名词的阴阳性大多可以通过词尾作出判断，指人的名词一般根据男女来判断阴阳性，如：el hombre（男人）、la mujer（女人）；如果阳性以-o结尾则为男性，其阴性一般以-a结尾为女性，如：el muchacho（男孩），la muchacha（女孩）；有些职务、头衔的名词，其阴阳性形式差别较大，如：el rey（国王）、la reina（王后）、el príncipe（王子）、la princesa（公主），这里不作讨论。在这里，需要特别指出的一点是，西班牙语的名词和英语一样要使用冠词，阳性名词前用 el（复数 los），阴性名词前用 la（复数 las），所以，对于有些词形上难以辨别阴阳的名词，就可以通过它前面的冠词加以判断。与世界上大多数国家和社会一样，西班牙一直以来都是个以男权为中心的社会，这也反映在其语言和词汇上。如上面列举的例子，hombre（男人），mujer（女人），hombre 可以是集体名词，做单数用时，可以指全人类；也可以是可数名词，作复数用时，可以指包括男人和女人在内的人们。此外，意义上仅指男性的阳性名词，在作单数不确指时，可以指任何一个性别，而 mujer 则没有这些用法，由此可以看出其性别歧视。

3.2 称谓词对比

在对西班牙语阴阳性有一定的了解之后，我们来看下表，这是根据前两个表组合整理而成，并且加进了西班牙语的部分，可以更直观地看到汉西这两种语言在称谓词上的异同。这里没有根据甲、乙、丙、丁四个等级来分，而是就西班牙语的阴性和阳性来分，然后其他特例单独作为一类。

男人 el hombre	女人/妇人 la mujer	
他/他们 él/éllos	她/她们 ella/ellas	寡妇 *viuda*
先生 señor	小姐/太太 señora	媳妇 *nuera*
丈夫 esposo	妻子 esposa	保姆 *niñera*
新郎 novio	新娘 novia	婆婆 *suegra*
爷爷/祖父/外祖父 abuelo	奶奶/祖母/外祖母/姥姥/外婆 abuela	仙女 *hada*

老头儿 viejo	老太太/老太婆 vieja	夫妻/夫妇 matrimonio
爸爸 papá	妈妈 mamá	孩子 muchachos
父亲 padre	母亲 madre	儿女 hijos
伯伯/伯父/舅舅 tío	伯母/阿姨/姑姑/大妈/大娘/舅母/婶子 tía	子孙 prole
大哥 gran hermano	大嫂 comadre	（仆人）criado/a
弟弟/哥哥 hermano	妹妹/姐姐 hermana	（奴隶）esclavo/a
小伙子 muchacho	姑娘/少女 muchacha	（师傅）maestro/a
儿子 hijo	女儿/闺女 hija	（服务员）camarero/a
孙子 nieto	孙女 nieta	（婴儿）crío/a

注：备注同上。

1）把女性视为男性的附属

从上表可以看出，一些表男性的名词可以兼指两性，涵盖范围很广，这里以第三人称代词在语用上偏向于男性为例进行说明。如果描述一个不清楚性别的人，我们一般会用具有男性特征的"他"，而不是"他或她"，西班牙语则会用阳性的 él 而不用阴性的 ella；如果是描述一群人：都是男人则用"他们 ellos"、都是女人则用"她们 ellas"，性别不同，只要有一个男人则必须用"他们 ellos"。

对于上述说法即使换成"他或她"，在语序上，"他"是老字号，"她"是分店。仍然是男在前女在后，汉语中有关男女的词语，基本上都是遵守这条规则的。在这一点上，西班牙语对女性的歧视表现得更为明显，忽视女性的存在，直接用阳性名词或者阳性名词的复数指称，如"夫妻 matrimonio""儿女 hijos"。

2）西班牙语的性别二元性

汉语里一些带女旁字、贬义色彩明显的词语，如"保姆"，通常如果要指称男性的话，会在前面加上"男"字；而对于一些不分性别的职业称谓，通常都是指男性，如果是女性，则要在前面加上"女"字特指。这些都反映出汉语里存在的一系列性别歧视的现象。相反，西班牙语在这一点上充分体现了性别二元性，如："奴隶 esclavo/a""师傅 maestro/a""服务员 camarero/a""护士 doctor/doctora"等，具有区别性特征的词尾可以让大家明确性别又不会产生歧视。

　　总之，西班牙语的性别词语最典型的特征就是词尾有 o 和 a 之分，以辨认阴阳性；汉语虽然没有词形变化，但是与女性相关的词语多带有"女"旁字，这也是一个典型的特征。汉族重视亲疏长幼之分，汉语的亲属称谓分类比较细致，这种观念与西方文化观念不同，西方现代语言中亲属关系的称谓比较笼统，如：西班牙语中，"伯伯""伯父""舅舅"统称 tíos，"伯母""阿姨""姑姑""大妈""大娘""舅母"统称 tías，用 hermanos 统称"兄弟"，hermanas 统称"姐妹"。汉语和西班牙语中都不同程度地存在性别歧视现象，和女性有关的词语都或多或少地带有贬义色彩。如"寡妇"一词，汉语就有"寡妇门前是非多"的说法，对应的"鳏夫"一词则没有类似意义。从称谓词意义的贬抑程度看，"寡妇"比"鳏夫"强烈。就本质而言，二者是一样的：丧偶的人。而西班牙语中只有"*viuda*"（寡妇）一词，没有对应的"鳏夫"一词。

4　结语

　　语言中的性别歧视因语种不同而有所差异，但随着社会的不断发展进步以及女性地位的提升，对女性的歧视现象有所缓解。汉语中有大量与女性有关的称谓词随着时代的变化，不同的称谓词也体现出了女性在不同时代背景下扮演的不同社会角色和社会地位的提高。同样，最近几十年随着西班牙女性社会地位以及自我意识的不断提高，女性要求纠正语言上的歧视现象，句法和词汇因此发生了巨大的变化。但是语言作为文化的载体，性别歧视作为一种文化现象一直存在。本文只是以"汉语水平词汇与汉字等级大纲 8822 词"中的称谓词作为对象，进行汉语和西班牙语的对比分析。事实上，在汉语和西班牙语的成语、谚语中，都大量存在性别歧视的现象。总之，称谓词中的性别歧视现象仍然存在，要彻底消灭性别歧视，要实现真正意义上的男女平等还有很长的路要走。

参考文献

　　[1] 吕叔湘：《未晚斋语文漫谈》（第 1 版），语文出版社，1992。

［2］关世杰：《跨文化交流学——提高涉外交流能力的学问》，北京大学出版社，1995。
［3］马联昌：《西班牙语与西班牙文化》（第1版），湖南教育出版社，1999。
［4］国家汉语水平考试委员会办公室考试中心：《汉语水平词汇与汉字等级大纲（修订本）》（第1版），经济科学出版社，2001。
［5］玛丽·塔尔博特：《语言与社会性别导论》（第1版），艾晓明译，华中师范大学出版社，2004。
［6］张和生：《对外汉语课堂教学技巧研究》（第1版），商务印书馆，2006。
［7］董燕生、刘建：《现代西班牙语（第一册）》（第1版），外语教学与研究出版社，2008。
［8］李晓科、程亮亮：《西班牙语中的性别歧视现象探究》，《消费导刊·文化研究》2008年第3期。
［9］常敬宇：《汉语词汇文化》（第2版），北京大学出版社，2009。
［10］郭锦桴：《汉语与中国传统文化》（第1版），商务印书馆，2010。
［11］孙汝建：《汉语的性别歧视与性别差异》（第1版），华中科技大学出版社，2010。

跨文化研究的理论视角及内涵

张 静

(首都师范大学国际文化学院 北京 100089)

摘 要：目前中国在国际舞台具有愈来愈重要的地位和举足轻重的影响力，来自不同文化背景、有着不同肤色、说着不同语言的人们汇聚中国；在国内人文学科中，"跨文化研究"逐步成为一个非常热门的研究方向。但是跨文化研究究竟研究什么、怎么研究，有时又是一个令人困惑的问题，或者说是很难达成统一意见的研究课题。本文试图从跨文化研究产生以来比较有影响的相关研究理论出发，具体阐释跨文化研究的主要内容，进而探讨跨文化研究的重要意义。希望通过本文引出跨文化理论研究方向的几个重要问题，以期拓宽跨文化研究的视阈，使跨文化研究问题得以进一步丰富和发展。

关键词：跨文化研究 语言交流 非语言交流

1 引言

近百年来，由于世界范围内地理、经济和人口统计的变化，跨文化研究显得越来越重要，跨文化研究集中社会话语、符号、语言和文化等层面。另外，文化研究和批评教育学的兴起引起跨文化领域内的冲突、权势、控制等问题的研究。与此同时，随着中国国力不断增强，中国在国际舞台愈来愈具有重要的地位和举足轻重的影响力。来自不同文化背景、有着不同肤色、说着不同语言的人们来到这个古老而又充满生机与活力的国度，因此"跨文化研究"在国内逐步成为一个非常热门的研究方向。跨文化研究的英语名称是"cross-cultural studies"，它主要是涵盖本族语者与非本族语者之间的交际等方面的相关研究，也可以泛指任何在语言和文化背景方面有差异的人们之间的各种各样的交际活动及相关研究。通俗的理解，或者说中国人通常认为，跨文化交际就是泛指和外国人打交道。由于存在语言和文化背景的差异，那么在交际过程中应该注意什么问题、应该如何得体地去交流等问题就变得特别重要。因此，正视跨文化差异的重要性不言而喻，文化与文化的碰撞产生的分歧，从根本上来说是文化差异造成的，因此尊重不同于本土文化的异国文化是跨文化交际的基础，而尊重开放的心态只是一个开始，因不了解对方国家的文化禁忌而触犯逆鳞和造成误解，会对跨文化交际造成不必要的麻烦甚至引起严重的后果。所以对跨文化差异的研究就显得格外重要，大到国家层面的外交事务，小到对外商务洽谈、生活中与外国人的接触，方方面面都涉及文化差异。

当然从学术意义上来讲，作为一个正在全球范围内蓬勃发展、方兴未艾的新兴学科，跨文化研究其实涵盖非常广泛的研究空间。本文将从以下几个方面阐释跨文化研究的主要研究理论、研究内容及其在全球一体化加速发展的国际环境背景下所具有的重要意义。

2　跨文化研究的理论视角

具体来说，跨文化研究中有关语言方面的研究可以大致分为言语交流（verbal-communication）和非言语交流（non-verbal communication）两大类。

在言语交流中，首先应该提及著名的人类学家 Edward T. Hall 所提出的高文化语境和低文化语境的理论（high-low context），其主要理论内涵是对比东西方文化的交流中所含信息量和实际用到的言语量的关系。Hall 于 1976 年在《Beyond Culture》一书中，首次提到高内涵文化（High Context Culture）和低内涵文化（Low Context Culture）。他认为在高内涵文化环境中，许多内容都无须直接用语言文字表达，而是在文化环境中加以体现。在这种环境下进行沟通，用词变得非常重要，因为有些看似简单的词汇，往往蕴含着更为复杂的内容。反之，在低内涵文化环境中，沟通也可能做到更为直接和明确。这一概念不仅适用于比较国家民族的文化，也可以用于衡量和比较不同公司、组织的文化。值得一提的是，文化内涵的高低只是一个相对的概念，不代表孰优孰劣。比如中国和其他很多亚洲国家相似，在交流过程中表达一个意思所用到的言语量不一定比欧美国家多，但是却更注重对交流双方在交流过程中所使用的语气、态度和对言语背后潜台词的理解；而欧美人在语言交际过程中更趋向于把所想表达的意思用清楚、直接的言语量表达出来，而不太涉及潜台词。

当习惯于高内涵文化的人进入低内涵文化的环境中时，他可能首先感到的不适是在沟通中缺乏默契。在这种情况下，需要当事人在沟通的过程中耐心地用更为直接、明白的语言表达，以便于使对方充分地理解。反之，从习惯于低内涵文化进入高内涵文化的环境中时，需要当事人花更多心思在理解那些约定俗成的事和物上面。例如在低内涵文化中人们更注重逻辑、线性思维。在沟通中，表述更为直接、逻辑、注重事实。同时在做决策的过程中，更为注重事实而非直觉。与之相反，在高内涵文化中人们更加注重人际关系，"建立信任"是在这种环境中的首要任务。人们更为注重集体主义，相对个人成就而言，组织的和谐融洽更为重要。另外在沟通中，相对"文字"本身的含义而言，语音语调、面部表情、手势和动作更为重要，在表达上更倾向于语气委婉或谦卑、词藻华丽或正式，如表达反对意见时都要经过精心修饰或掩饰，都是典型的例子。

其次，我们应该想到 Fons Trompenaars 有关对于打断和插话（interruption and silence）的研究理论，这涉及跨文化交际的研究。大体是说谈话人 A 在发送自己的信息时，谈话人 B 什么时候进行反馈。因为文化背景不同，所以其实际反应也不同。举例子来说，对于来自欧美国家的人，当 A 结束后，B 随即开始，其中如果停顿会被理解为没听懂，或不重视。而在中国文化中，当 A 结束谈话后，B 一般都会稍作停顿，来显示对对方信息的认真思考，停顿不但不会被理解为不重视，恰恰相反这样做还会被解读为对对方谈话的重视。

再次，对于非语言交流，Trompenaars 所涉及的对言语表达的抑扬顿挫的理论（intonation）可以作为另一个跨文化方面的研究理论来源。简单来说，比如亚洲人说话趋于平和、慢节奏，而欧美人则趋于激昂，这就是为什么有时中国人开会时有人睡着的原因吧；而与此截然相反的是南美人，以他们的足球解说为例，那种抑扬顿挫，那种情绪激昂的特点就很容易理解了。

最后，K. D. Deardorff 创建了金字塔模型。该模型主要用来评估学习结果，并进一步发展可测量的学习结果，根据跨文化交际能力所包含的具体态度、知识和技能，来关注跨文化交际能力的内在和外在结果。Brian Spitzberg 认为"能力"应该被认为是对各种行为的社会评价，并强调了跨文化交际能力社会评价的两个主要标准：有效性和得体性。Spitzberg & Cupach 认为大多现存的跨文化交际理论模型（ICC）都不全面，主要包括一些文献综述，并就此陈列出了相关的技能、能力和态度等。因此，他们建议发展出一套综合性的跨文化交际能力模型，该模型不仅包含理论和实践综述，还应该能预测具体的跨文化交际能力行为。Spitzberg & Cupach 的 Cross-Cultural Attitude Approach 包含一系列成分，可划分三个层次进行分析：个体系统、片段系统和关系系统。

3 跨文化研究的内涵

跨文化研究的主要内容涉及交际的双方，这对认识跨文化研究的内涵至关重要。首先要明确的是，交际双方应该是来自不同的文化背景。这里，文化背景的差异是一个宽泛的概念，既是指不同文化圈之间的差异，也是指同一文化圈内部所包含的亚文化之间的差异。源于不同的社会文化、风土人情等语境因素，不同文化背景造成人们说话方式或习惯不尽相同。因此，在交流中，人们总喜欢用自己的说话方式来解释对方的话语，这就可能对对方的话语做出不准确的理解、推论，从而产生冲突和障碍。不过从对外汉语专业的研究视角出发，文化差异主要指不同文化圈之间的差异，尤其是中国和欧美等国家之间的文化差异。因为从跨文化交际的实际情形来看，由于文化背景的差异导致交际失误，容易引起冲突的主要是中国和欧美国家的人际交往。中国同亚洲地区国家，如日本、韩国以及东南亚一些国家的人际交往过程中，虽然也有文化差异的一面，但相对不太明显，这是因为这些国家与中国同属东方文化圈，彼此之间在文化取向和交际规范方面还是有很多相通的地方。通过研究，学界普遍认为跨文化交际的特点主要是：（1）文化的差异与交际障碍；（2）交际原则和价值观念；（3）母语的思维定势和对异文化的成见；（4）交际过程的相互接近和求同趋向；（5）交际的结果：文化的相互影响。从以上 5 个特点可以看出跨文化交际的根本特征是如何发现、认识和对待不同文化之间的差异。

其次，在跨文化研究中所涉及的交际双方应该使用同一种语言进行交流。

假如交流的一方使用一种语言，而另一方使用另外一种不同的语言，那么交际是无法进行的。但是，既然交际的双方来自不同的文化背景，又要使用同一种语言，那么用来交际的语言对一方来说是母语，而对另一方来说必然是第二语言。比如一个中国人与一个美国人交谈，他们可以选择使用汉语，也可以选择使用英语，这样他们就可以用同一种语言直接交际，而不需要通过翻译这个中间环节。这样界定的着眼点也是由对外汉语专业的特点决定的。

最后，跨文化交际是一门年轻的学科，它是在国际交往日益频繁、全球经济一体化的特定时代产生的新兴学科。当前国内的跨文化交际研究主要集中在外语教学界。在当代中国，跨文化交际研究是改革开放的产物，也是汉语国际推广的需要。与此同时，跨文化交际又是一门综合性学科，它是当代社会科学学科综合研究的结果，学科背景主要涉及文化语言学、社会语言学、言语交际学。其中文化语言学凸显"文化"的侧面，社会语言学凸显"社会"的侧面，而言语交际学凸显"交际"的侧面，这三个不同的侧面都围绕语言符号与非语言符号的"语用"这个核心。那么是不是说当双方的语言能力都很好的时候，好像相互之间的沟通交流就完全没有障碍了，这其实是我们的一种误解。跨文化研究过程中我们发现，并不是英语或者汉语好就能达到沟通的目的。我们过去所说的沟通仅仅是会表达。所以搞外语的人把 Intercultural Communication 翻译成中文叫"跨文化交际"。交际，就意味着用语言进行表达，而在语言表达过程中还有许多沟通上的问题。因为前者更注重你的语言表达好与不好，而不注重沟通之中对方是否真正理解到了你所要表达的问题，所以在某种意义上来说，更倾向于"跨文化沟通"。同时，沟通的目的在于要让对方理解你要表达的 intended message，即你要表达的意思，而不是你所说的话。I know what you are saying, but not what you are trying to tell me or what you mean，而沟通则是在理解 what you are saying 的基础上同时理解 what you mean to say。

4　跨文化研究的意义

21世纪人类的科学技术有了突破性的发展，这极大地改变了世界的格局和人类的生活方式。现代交通高速发展，现代通信技术高度发达，尤其是电脑的普及和互联网的诞生，使人类生活形态进入了一个崭新的时代，突破了以往生活功能空间的限制，办公无纸化、商务电子化、生活网络化、沟通互动化，人类社会呈现为一个"虚拟的世界"。这些巨大变化的一个核心就是人和人之间的时间、空间距离被拉近了，巨大的地球被压缩成一个小小的"地球村"。

与此同步，全球经济一体化的进程也日益加速。经济是一个国家、一个民族、一个地区的命脉，围绕着经济的发展，国家、民族、地区之间在政治、文化、科技、贸易等方面的交往日益频繁。这种交往可以表现为合作、援助，也可以表现为交涉、斡旋，乃至于冲突、战争，使得世界日益形成一个多元化的格局，而且变得精彩纷呈、变化无穷。事实表明，无论是哪种类型的交往，万变不离其宗的是大家必须沟通，需要接触、会晤、谈判、协商、讨论，这就是外交舞台特别精彩的根本原因。所以，这些所谓的"外交"都是典型的跨文化交际，因为尽管现代科技的发展拉近了人们之间的时间和空间距离，却无法拉近人们之间的心理距离。不同的国家、民族由于不同的历史渊源、不同的社会习俗，形成了特定的文化背景，特定的文化背景又形成了不同的价值取向、思维方式、社会规范、语用规则，这些因素给跨文化交际带来的潜在的障碍、低效率的沟通、相互间的误解以及可能导致的文化冲突，都会给人类带来不必要的灾难。

更为重要的是，全球化时代，不断融合的不只是经济，更有不同的文化，几乎是不可避免地会出现不少碰撞与矛盾；而跨文化对话，很大程度上是为了消除误解。不难看到，通常人们认为的文化的兼容点并不难找到，但能够找到的兼容点却往往并不是各自文化的关键立足点。也就是说，容易找到的兼容点往往是无足轻重的。可以说，不同文明、文化的关键立足点几乎都与信仰、哲学、历史、价值观和思维方式有关，而正是这些因素构成了难以超越的"文化边界"。跨文化研究，未来相当长时间应该是立足于解决和探讨这一层面的问题。

跨文化交际作为一门新兴的边缘科学，正是在这样的时代背景下产生的，这个领域的研究无疑是为了适应这样一个日益紧迫的跨文化国际交往和人际交往的需要应运而生的。因为这门学科必须研究不同文化背景形成的价值取向、思维方式的差异，必须研究不同社会结构导致的角色关系、行为规范的差异，必须研究不同民族习俗所积淀的文化符号、代码系统的差异，必须研究不同交际情景制约的语言规则、交际方式的差异。所有这些研究不但要进行深入的理论探究，还要注重实际的应用研究，这样才能使这门学科更科学、更完善、更丰满，从而更好地为这个时代服务。

总之，跨文化研究的深入开展有利于跨文化交际能力的培养，更有助于消除语言差异所带来的交流困惑。语言是传递信息和思想最基本的工具，"语言是文化的镜子"。通过跨文化研究使更多的人掌握跨文化语言，理解制约语言的环境和赋予语言特定的文化内涵，使其具备跨文化交际的能力。同时，要减少对跨文化语言的误解，实现有效的沟通。作为跨文化研究者和跨文化教育者，既要学习和理解他文化的深层内涵，增强对文化差异的敏感性和适应能力，又要让他文化中的他者了解自己的文化；不仅要承认文化差异的存在，而且要理解和尊重这些差异。

参考文献

[1] Edward T. Hall. <Beyond Culture>Garden City, N. Y.: Anchor Press, 1976.
[2] Fons Trompenaars. https://wiki.mbalib.com/wiki/.
[3] Deardorff K. D. Identification and Assessment of Intercultural Competence as a Student Outcome of Internationalization. Journal of Studies in International Education, 2006, 10 (3), 241-266.
[4] 胡文仲：《跨文化交际学概论》，外语教学与研究出版社，2012。
[5] 陈俊森、樊葳葳、钟华：《跨文化交际与外语教学》，华中科技大学出版社，1997。

跨文化教育

对韩中级汉语教学模式变通举要
——以首都师范大学对外汉语教学现状为例

陈雪竹

(首都师范大学国际文化学院　北京　100089)

摘　要：来华学习汉语的韩国学生人数逐年增加，在某些高校，韩国学生的数量已经超过了欧美的学生。如何提高对韩国学生的汉语教学质量是值得认真思考的问题。只有在我们的教学改革中更多地关注韩国学生的特点，才能知彼知己，有的放矢。

关键词：对外汉语教学　教学模式　文化特点

1　引言

中韩两国地理位置靠近，都属于以儒家思想为中心的文化圈，因此两国的交往历来非常密切。自中韩两国建交以来，中韩之间的合作更加频繁，来华学习汉语的韩国学生人数逐年显著增加。以首师大为例，2019年上半学期，本科生共285名，其中韩国学生就有197名。对韩国学生的汉语教学质量极大程度上影响了首师大汉语教学的整体水平，如何提高对韩国学生的汉语教学质量是值得认真思考的问题。李大农提出，韩国学生作为外国人对汉语进行第二语言的学习时必然会遇到学习汉语过程中与其他国家学生面临的共同性的难点，他们也需要进行听说读写等外语学习所必需的技能训练，但是韩国学生的汉语学习也确实具有某些相当显著的个性特征，认识并重视这些特征就可以更有效地展开教学，帮助韩国学生尽快提高汉语水平。

2 对韩中级汉语教学的现状

在汉语学习过程中，中级阶段的学习起到承上启下的作用，其重要性不言而喻，这一阶段的学习应当是学习的重要部分，并得到学生和教师充分的重视。然而，在实际教学过程中，教师们却发现韩国学生对中级阶段汉语学习的满意度很低，在初级阶段尚能表现出积极的学习状态的韩国学生，进入二年级后，普遍表现出懈怠的状态，学习兴趣低，学习主动性差，尤其是对汉语综合课以外的口语、写作、阅读等课程表现出比较强烈的不重视和厌学的心理，口语课上不愿意张口说话，阅读课上不自主阅读，写作的内容空洞，缺乏逻辑性。同时，学生们也对自己的学习效果很不满意，他们认为从一年级升到二年级，学习科目、作业量和课本难度增加了，学习强度较一年级都有一个跨越的提高，然而，词汇和语法掌握量，听力、口语水平较之一年级并没有明显的提高。这种学习成就感的降低大大影响了学生的学习积极性，学习自然懈怠，懈怠的学习状态又反过来影响了学习效果，形成了一个恶性循环，使得韩国学生的汉语学习不令人满意。中级阶段的教师们普遍发现了这个问题，并针对这个问题做了相关的研究。李泽调查了韩国檀国大学的 12 名学生，其中 4 名男同学，8 名女同学，他们学习汉语的时间都在一年以上，并且大多数人有在中国学习汉语的经历，汉语水平都已经到达中级或高级。调查结果显示韩国学生在学习汉语的过程中都有不同程度的焦虑状况。对外汉语教师们针对这个问题也纷纷提出了相应的解决办法，根据学生的实际情况尝试通过改进自己的教学，激发韩国学生的学习兴趣，从而扭转他们被动学习的状态。目前的教学改革主要集中在教学内容、教法、师生关系等方面。在教学内容方面，教师通过访谈、问卷调查等多种途径了解学生的需求和兴趣，对自己的教学计划、方式、环节进行调整，使教学内容更贴合学生的兴趣点。在教法方面，教师们结合各种优秀的教法，采取任务式教学、翻转课堂、利用微信等手段，营造良好、活跃的学习氛围，激发学生们的积极性，或者通过自己生动形象的语言让课堂气氛变得活跃，使学生在一种轻松的状态下学习，从而取得更好的学习成果。在师生关系方面，主动跟学生建立起融洽友好的关系，并不断鼓励、正面评价学生以增强学生的自信心。然而，这些努力收到的效果非常微小，并没有有效地解决韩国学生学习懈怠的问题。

3 对韩汉语教学的反思及探索

我们认为，目前教师们在对韩汉语教学中所作的努力和改革并没有完全针对韩国学生的文化特点和学习习惯，因此对改善学生学习态度的作用十分有限。学生的外语学习状况很大程度上受到其社会文化背景的影响，因此，解决韩国学生的问题一定要针对韩国学生的学习特点。

韩国学生和欧美学生由于文化背景不同，在学习汉语方面表现出很大的差异性，这些差异性可以分为显性和隐性两种。显性的差异表现明显，表现为学生的性格不同，欧美学生活泼、积极、上课参与度高、具有较强的自信心，韩国学生在课堂上则大多比较内向拘谨、不爱主动发言、自信心较弱。韩国学生和欧美学生隐性的差异是两类学生的学习动机不同。大多数欧美学生来中国学习汉语，主要是被中国的文化、汉字和历史所吸引，带有强烈的好奇心，学习动机多是出于本人内在兴趣，学习动机主要是内因。而韩国学生学习汉语的目的性很强，他们普遍认同学习汉语是为了找到更好的工作，因此学习汉语的主要动机是很明确的。

在实际教学中，老师们往往都能注意到两类学生的显性差异，但是普遍没有注意到学生们的隐性差异，即他们的学习动机。西方学生的学习动机在于兴趣，所以他们对课堂发言的灵活性、教师授课的多样性、教学内容的趣味性等方面有较高的诉求；而韩国学生由于学习动机和找工作有密切的关系，因此他们在学习过程中更重视对日后找工作更有用的学习结果，即学习成绩。他们学习态度懈怠的原因，并不是他们对现有的教学内容或者教学方法觉得没意思，缺乏兴趣，而是他们没有办法在目前的教学中得到更好的学习成绩。这也是我们不断地换教材，改变教学内容，改变教学方法，还是不能激发起韩国学生学习兴趣的原因。因为我们采取的措施并没有切中韩国学生缺乏学习积极性的主要原因，当然也起不到根本的作用。因此，只有在我们的教学改革中更多地关注韩国学生的特点，才能知彼知己，有的放矢。

首先，应该针对韩国学生注重学习词汇和语法的特点，加强词汇语法的学习，改进教学模式。由于历史与文化的原因，韩国人从心理上对汉字感到亲切，另外据韩国有关政策的规定，中小学基础教育中用到1800个汉字，这些汉字占我国《汉语水平词汇与汉字等级大纲》中所列汉字的57%。很显然来中国留学的韩国大学生，经过本国的基础教育，对汉字的认读和书写水平都要比西方国家的学生高出很多，因此，在词汇的学习上，韩国学生最为自信。韩国学生在学习汉语过程中，认为语法和词汇最重要。所以在汉语学习中，他们把大部分精力都投入词汇和语法的学习中。可是，学习的效果却和这种投入不成正比，韩国学生的词汇和语法知识掌握得并不好。往往升入高级阶段的学生，并没有真正掌握中级阶段的词汇和语法，到了四年级还不能熟练应用中级核心词汇和语法的学生大有人在。这种矛盾是学生对中级阶段的汉语学习满意度低的主要原因之一，学生认为自己的汉字、词汇基础很好，并且在学习中也投入了较多的精力，但是经过一年到两年的中级阶段的学习后，掌握的新的词汇却很有限，能实际应用出来的词汇似乎仍然是初级阶段的词汇，中级阶段新学的词汇或者用不出来，或者用错。这种情况产生的原因和我们目前的教学模式有很大的关系。根据宗世海调查，中国目前的主要教学模式是"分技能教学模式"，在34所高校的51个教学类型中，"综合+分技能"教学模式比例最高，占80.4%。这种教学模式的框架可以概括为主课是综合课，其他课型如听力、阅读、写作课要跟主课协调进度，老师之间互相配合，使学生在听、说、读、写各方面的技能都能有所提高。但是在现在的实际教学过程中，这种模式已经严重变形，每个课型都使用自己独立的教材，教材之间没有任何的联系，也就是说各个课型各自为政，完全没有配合。又因为韩国学生总是把学习重点放在词汇和语法上，所以不论是哪一种课型，老师在进行口语、听力、阅读、写作的专项训练之前都要经过处理生词和语法的步骤，这样每一门课都上成了汉语课，每个课型都不能完成自己应有的任务。汉语综合课提倡精讲多练，但是由于每周只有八节课，要处理一篇千字以上的课文和五十个左右的生词，往往只能做到精讲，而没有时间多练。其他辅助的课型，课时更少，却也和汉语精读课一样，必须先处理生词和语法，这样生词语法的学习只能走马观花，而且学生夹生的状态使得下一步专项能力的训练很不顺利。而学生由于每个课型中所学的知识都是新的，因此在一周的时间内，要接受大量的新的词汇和语法，使学生一直处于还没有完全消化旧的知识就要接受新知识的过程中，导致学生的学习兴趣低下。同时，由于写作、听力、阅读等课型每周只有一次，每周的课相隔时间太久，上周学习的新知识到了下周上课的时候，很多学生已经不记得了。这样学习下来，由于学习内容繁杂，韩国学生虽然重视词汇和语法的学习，却不能扎实掌握核心词汇和语法，导致了韩国学生汉语学习质量不高。针对这样的情况，目前的教学要做到各种课型目标统一，学习内容统一，责任分担，相互配合。真正做到以汉语课为纲，其他课型辅助的模式。汉语课作为精讲课，完成词汇和语法的讲解，口语课要对这些内容进行练习，阅读课则要对词汇的用法进行扩充，写作课是对词汇语法的实际演练。在一周的十几节课中，学习的核心内容就集中在五十个词汇和十个左右的语法上，经过这样充分学习和训练之后，学生才能扎实地掌握知识，只有扎实地掌握，才能真正地应用，也才能真正提高汉语水平。学生的自信心的树立不仅仅依赖于老师的鼓励，最重要的还是让学生在学习过程中体会到成就感，从而激发学习的兴趣，提高学习的效率。要做到这一点，首要的是合理的课程设置以及与课程相配套的实训教材。课程设置的调整虽然较为容易，但是必须以配套的教材为依托。尽管目前有多种系列的中级汉语教材，但是能做到核心词汇量一致，汉语、口语甚至阅读、写作课程合理配合、相辅相成完成教学任务的系列教程却基本没有，这也就造成了教师们没有办法进行更有效的教学改革的状况。因此，提高对韩汉语教学当务之急是编写系统性强、多种课程可以综合应用的教材。

其次，针对韩国学生重视成绩的特点，改变成绩评价体系。韩国和中国都属于儒家文化圈，韩国学生从小受到的教育和中国学生相似，认为考试成绩是学习最重要的检测标准。更由于韩国学生学习汉语的目的性很强，优秀的成绩有利于获得奖学金，找到更好的工作，因此韩国学生非常重视考试成绩。在日常学习中，他们在乎的并不是有没有真正掌握这门语言，而是能不能得到好成绩。目前的成绩评价体系中，期中和期末的两次考试成绩基本决定了最终的成绩，因此，韩国学生的学习状态往往是平时很松散，在考试前彻夜学习，只学和考试相关的内容。这样的学习肯定得不到好的学习效果，在考试以后，临时突击背诵的知识很快会忘掉，而且长期来看也会造成学生汉语听说读写技能发展的不均衡。所以，针对韩国学生的特点，教师在教学中应采取多次考试、多次计分的方法，最终的成绩是一个综合多次考试成绩的结果，而不是一考定天下。另外，要加大课堂表现这一项在最终成绩中的比例,韩国学生在课堂上发言不积极,一方面是性格所致,另一方面也是因为目前的教学中,课堂表现成绩只能占最终成绩的10%左右,所以他们认为课堂表现与最终的成绩关系不大,因此不重视课堂上的参与。所以,要通过成绩评定来提升韩国学生课堂表现的积极性。把成绩的评定标准分散到多次考试,分散到每一堂课,可以促进韩国学生的汉语学习。

笔者在这里还要强调针对韩国学生的性格特点,改变编班方式。目前的留学生编班基本还是提倡以国际化混编为主,一个班级中尽量做到学生的国别多样丰富。在校欧美学生和亚洲学生数量平衡的情况下,这种编班制度有很大的优点,这两类学生可以相辅相成,互相促进。但是目前学生的状况发生了改变,首都师范大学的韩国学生数量占绝对的优势,每一个班级中韩国学生的数量能占到90%左右,其他国家的学生只有少数几个,这样的编班方式不但达不到预期的效果,反而适得其反。韩国学生和欧美学生的学习方式和重点都很不同,欧美学生喜欢发言,但是汉字基础较差。韩国学生汉字基础很好,但是不喜欢发言。在学期初,欧美学生表现得很积极,这样使得韩国学生更缺乏自信心,不愿意发言了,班级中只有零星几个欧美学生积极发言,整体气氛比较沉闷,这种气氛也使得欧美学生的学习积极性下降。加之在几次笔试之后,欧美学生的成绩往往不如韩国学生,也对欧美学生的自信心是个打击,欧美学生发言的积极性也会降低,因此,班级的学习氛围总是比较消极。所以,可以尝试把韩国和其他亚洲国家学生与欧美学生分开编班,针对他们不同的学习习惯和方式给予更有针对性的教学,按照学生特点分班,虽然班级内学生国籍较为统一,反而可以促进学生的学习,避免相互负面的影响。

最后要指出的是,韩国学生和欧美学生在学习方式上也有很大不同。欧美学生更热衷于在学习中表达个人的思想和感受,而不喜欢背诵已有的内容。而韩国学生恰恰相反,他们不太喜欢创造性的内容,认为那样压力很大,而是更喜欢背诵或模仿教材中或课堂教师所教的例句。这两种学习方式并没有孰是孰非,背诵是语言学习的好方法。学习语言必须多读、多背诵。丁言仁认为人们在正常交际时,更依赖于语言习得中的套语体系,因为它包括大量的语块,如:短语、套语、习语、成语、固定搭配及常用句型等,这些语块在即时交际时易于从记忆中提取,便于准确、流利、地道地表达。学生通过有意识地背诵语块，可省去语法规则的操作，使其成为学生直接运用的语言，有助于学生准确、流利地表达自己的想法。但是如果想在一个班级的授课过程中兼顾喜爱背诵和不喜爱背诵这两类不同的学生却不是一件易事。如果韩国学生单独成班，可以利用学生喜欢背诵这一优势，安排背诵一些课文中以及教师讲授的重点内容，增加学生的语言输入，才能不断促进学生的输出。语言输出方面一直是韩国学生的弱项，李泽针对韩国学生的调查结果表明，韩国学生在学习汉语时感到最焦虑的问题有三个，其中有两个都是和课堂上语言输出有关系，一个是"快被叫到回答问题时我感到心跳加速"，另一个是"老师问我没有准备的问题时我感到紧张"，这两个问题都反映出韩国学生在被提问时是一种紧张的状态，十分害怕被老师提问并且对自己能否正确回答问题没有自信，尤其是在面对难度系数较高的问题时，更容易受挫，丧失自信甚至自暴自弃。所以教师应该针对韩国学生这样的问题，改变上课提问的形式，即结合韩国学生喜欢背诵的特点，多提问以背诵的内容为主的问题，打消学生的焦虑，同时增加熟练度，这样才能增加学生输出的信心和兴趣。

总之，我们的汉语教学应当根据来华学习汉语的学生情况的变化而不断进行调整，在首师大目前韩国学生占绝大多数的情况下，我们的教学模式还没有做出相应的改变，这使得韩国学生在学习过程中出现一些问题，因此对韩国学生的培养模式需要进一步研究，从而提高韩国学生的学习效率，并提升汉语教学的水平。

参考文献

[1] 李大农：《韩国学生汉语学习特点与教学技巧探讨》，《海外华文教育》2018 年第 4 期。

[2] 李泽：《韩国学生汉语学习焦虑状况研究》，《黑龙江教育学院学报》2016 年第 5 期。

[3] 宗世海：《我国汉语教学模式的历史、现状和改革方向》，《华文教学与研究》2016 年第 1 期。

[4] 丁言仁：《背诵英语课文——现代中国高等院校中传统的语文学习方法》，陕西师范大学出版社，2004。

浅析跨文化交际学视角下的对韩汉语教学策略

次晓燕

(首都师范大学国际文化学院　北京　100089)

摘　要：韩国留学生民族性格特征是重"礼"好"面"、敏感团结、性急善良、坚韧顽强、严谨认真，在多元文化汉语教学班中成绩往往比较靠前，为老师所称道，是学生学习的榜样。但与此同时，韩国留学生在汉语学习中也存在因过分谨慎小心，不习惯当众流露真实想法、怕出错导致不敢张口、集体主义倾向较为严重和急于求成等负面常态化表现，导致其在汉语学习中出现跨文化交际障碍。针对上述问题，笔者提出对外汉语教师站在跨文化交际角度因势利导实施汉语教学，将文化活动融入汉语课堂教学使韩国留学生尽快消除文化障碍，面向整班学生均为韩国留学生时采取编组学习齐声回答问题，充分利用汉文化环境为韩国留学生创造"第二课堂"学习环境促进其跨文化交际能力培养，积极向韩国留学生传授中国文化中独特的"慢"文化，实现跨文化交际等具体对韩汉语教学策略，以期提高跨文化教学效果。

关键词：跨文化交际学　韩国留学生　汉语教学

1　引言

　　所谓跨文化交际学，即不同文化背景的人走到一起分享思想、感情和信息时所发生的一切。跨文化交际学创立于美国。美国作为一个移民国家，来自全球各地的移民文化碰撞经常发生，他们都强调并维护各自文化，形成了美国的多元文化格局，与此同时，跨文化交际引起了美国学者和各界人士的广泛关注。日本于 1972 年在东京率先召开了第一届跨文化交际学国际研讨会，出席人数超过两千人。1974 年，跨文化教育训练与研究学会（SIETAR，Society for Intercultural Education，Training and Research）在美国正式宣布成立。我国跨文化交际学起步较晚。北京外国语大学著名语言学家胡文仲教授于 20 世纪 80 年代初期开始从事跨文化交际学的研究，先后出版了《跨文化交际学概论》与《跨文化与语言交际》等多部专著。目前，跨文化交际学已发展成为一门集人类学、语言学、心理学、传播学、社会学、宗教学等于一体的综合性学科。

根据教育部公布的 2018 年来华留学统计数据，2018 年，共有 50600 名韩国留学生在华学习，占全体在华外国留学生总人数 392185 人的 10.3%，即每十名在华学习的外国留学生中，就有一人是韩国留学生。

中韩两国虽然地缘相近、人缘相亲、文缘相亲，但有关研究表明，中韩两国在语言、文化、组群以及价值观认同等方面却存在明显的文化差异。同时，造成中韩跨文化交际文化冲突的原因主要有跨文化交际意识、语言障碍、对异域文化的成见、民族中心主义、交际风格等方面。

本文旨在通过整理、归纳、分析韩国留学生性格特征，以及这些民族性格特征影响其汉语学习的常态化正面表现和负面表现，从跨文化交际学角度出发，浅析对韩汉语教学策略，以期为教授韩国留学生的高校和一线教师提供一定的借鉴，共同努力将对韩汉语教学实施得更好，取得更佳的对韩汉语教学的效果。

2　韩国留学生的民族性格特征

2.1　重"礼"、好"面"

韩国在历史上从汉文化吸收了大量的传统思想道德观念，特别是对儒家礼仪文化的继承，至今这些传统思想仍然影响着韩国人的思维与言行。在人际交往中，人们注重礼仪，有不少固定的语言表达方式，由此建立起和谐、稳定的人际关系。另外，韩民族意识结构基本特色中有相对于内涵，更重视外形的内容，导致他们非常好面子，避免直接的批评，习惯控制自己的情绪来掩饰真实的感受，保护和谐和保全面子比阐明意思更重要。

2.2 敏感、团结

历史上长期在文化和政治上依附于他国的弱势地位，以及地缘上的不利和曾经苦难的历史，使韩民族对外持谨慎、警惕的态度，同时也造就了其人民敏感、自尊和刚烈的特征。积极表现就是民族自尊和爱国主义情怀，所以韩国人更明白团结的重要性。最好的例子是在 1997 年亚洲金融危机中，韩国全国上下"捐金"帮助国家走出困境，展现出强大的团结向上的凝聚力。消极表现就是过于敏感，容易钻牛角尖，在维护民族自尊时做出一些过激行为。例如 2001 年，时任日本首相小泉纯一郎参拜靖国神社，20 名韩国青年集体砍下自己的手指寄往日本驻韩国大使馆，以示强烈抗议。

2.3 性急、善良

朝鲜半岛地理上被大国包围，历史上每次外国军队登陆仁川，都意味着朝鲜半岛命运的彻底转变，因此韩国人都有"半岛情结"，即面对同样的事情，韩国人的危机感、不安感和焦虑感要严重得多。在韩国，人们最常使用的口头语就是"快点快点"，其偏急性格也是举世闻名的。韩国人吃饭快，更换手机频率快，网速也是世界第一。有统计显示，韩国人在一分钟内走的步子都比欧洲人至少多 15 步。另外，战乱纷争造就了他们喜欢"凡事马上办"的急性子，同时干就务求毕其功于一役，但也会由于时间紧迫，出现考虑问题偏激片面的情况。

根据韩国统计厅数据，2015 年全国人口中有近 44% 的人有宗教信仰。在信教群体中，近 63% 的人信奉基督教（天主教），35.3% 的人信奉佛教，两项相加人数占全国信教人数的 98.3%。

2.4 坚韧、顽强

历史上长期受压迫以及特殊的地理位置，造就了韩民族坚韧顽强的性格特征。韩国凭借着坚韧顽强的民族精神，摆脱了殖民统治，完成了经济复苏，造就了"汉江奇迹"。学习是一种艰苦的脑力劳动，需要具有锲而不舍的钻研精神和坚韧不拔的顽强意志。

2.5 严谨、认真

受儒家思想的影响，韩民族历来尊师重教，立身扬名观念深入人心，教育普及和发达程度居世界前列。在韩国，分数和成绩是判断学识水平的标准，其社会道德规范有相当部分是建立在这一基础之上的，因此绝大部分的韩国人在学生时代就养成了严谨认真、一丝不苟的学习态度。

3 韩国留学生汉语学习常态化表现

3.1 负面表现

首先，由于韩国语繁复的礼貌用语以及敬语句尾变化等原因，韩国留学生常常给人说话只说了半截，未说完整的印象。他们在课堂上不习惯当众表达观点，"笑眯眯"并不意味着他们已经掌握了学习要点，他们更习惯课后单独请教老师，否则会认为是给老师添麻烦，也会让自己没面子。

其次，韩国留学生，特别是初级阶段的学生喜欢在韩国人数多的班级学习。此外，在课堂上若遇到自己不会的问题，不少韩国留学生不是想办法如何解决问题，第一反应是找韩国朋友帮忙，如果这个韩国朋友不会，那么这个韩国朋友会再问自己其他的韩国朋友。韩国留学生这种天然的团结使得教师有时感到难以开展对韩汉语教学活动。教师说多了，特别是口语课，其敏感的民族性格特征就会表现出来，不敢再在课堂上开口说话。

最后，韩国留学生"性急"的性格特征导致有些学生缺乏长远的学习规划，迫切希望能在短时间内提高汉语水平，表现出急躁的竞争心理。有些韩国学生来华留学只是为了通过 HSK 考试找工作。这种急于求成的学习心态使得一部分韩国留学生汉语基础不牢固，对于如何找到提高汉语水平的"捷径"十分感兴趣，热衷于课后参加各类汉语补习班，作为课后汉语学习的补充手段。

3.2 正面表现

首先，韩国留学生在汉语学习过程中表现出顽强坚韧的学习精神，通过自己的不懈努力，绝大多数人在多元文化班上的成绩往往处于领先地位，课堂表现比较好，赢得老师的喜爱和同学们的尊重。

其次，善良的民族性格特征使得韩国留学生乐于助人，在多元文化班上易被同学接受，易于交到外国朋友，有利于其使用汉语进行跨文化交流，对汉语学习产生正面影响。

最后，韩国留学生学习态度认真，往往是一字不落地抄写老师的板书，有时还认为老师说得太多，写得太少，他们在学习方面的刻苦精神和细致作风是其他国家学生无法比拟的。

4　对韩来华留学生汉语教学策略

第一，教师多站在跨文化交际角度，因势利导实施汉语教学。韩国留学生受民族性格特征影响，存在过分谨慎、好面子、缺乏自信的缺点，在课堂上有时候表现为忧心忡忡，怕出错而导致不敢大胆发言，担心受到老师的批评和同学的取笑。同时，韩国留学生对学习的认真态度和对所学知识求全的心理又使他们一旦达不到预期目标，就会出现急躁、焦虑情绪，心理蒙受挫折。在多元文化班里，学生文化背景不同，课堂言语交际属于跨文化交际。来自不同文化圈的学生不仅共同学习汉语，也因为各自性格和文化上的差异，产生强烈的文化碰撞，互相影响达到积极的互补效果。教师此时若能因势利导，往往能够取得良好的教学效果。例如西方国家的留学生一般都性格外向活泼，勇于表达，在课堂上显得思维活跃，是在轻松的人际交往中学习汉语的，他们乐于与老师交谈和探讨问题。实践表明，教师可以在分组讨论或者口语教学分组中将西方留学生和韩国留学生编为同组，西方留学生不怕出错，积极发言，这种学习态度会潜移默化地影响韩国留学生，使其性格也逐渐变得开朗起来。在这种文化碰撞中，再加上老师的鼓励，将大大激发韩国留学生的学习热情，同时也会使他们的学习弱项即汉语交际能力得到进一步锻炼与提高。

第二，紧密围绕汉语专业课堂教学，适度增加文化教学内容，将文化活动融入汉语课堂教学，使韩国留学生尽快消除文化障碍。教师应适度开展课堂与文化活动相结合的尝试，根据汉语教学安排，给学生分组布置以探索中国传统文化为主题的教学任务，让学生寻找自己感兴趣的中国传统文化内容，作为切入点进行组别介绍。笔者在平时教学之余，曾面向韩国留学生做过深度访谈,在调研中发现韩国留学生其实非常羡慕中国人,他们认为中国虽然有长达五千年的历史且从未中断过,但人们却好似并未受到太多传统文化的束缚,特别是如今很多人通过在抖音等 App 上表现自己的生活日常,不惧怕将个人生活的方方面面展现给外人,活得既潇洒又漂亮,不会过多在意别人的看法,只是一心过好自己的生活,这在"儒家无处不在"的韩国是难以想象的。韩国留学生彼此感兴趣和关心的角度比较一致,可以由他们自己参与课堂教学的设计,教师在课堂教学过程中予以必要的纠错,引导学生进行深入探讨,将以教师为主的汉语课堂教学模式转变为以学生为主的汉语课堂教学模式。同时根据课型需要,从听说读写四方面强化学生汉语能力,这种形式能够进一步增加汉语课堂对韩国留学生的吸引力,增加韩国留学生对汉语课堂的关注程度,提高其汉语学习的参与度和积极性。

第三,韩国留学生扎堆儿现象较为普遍,集体主义导向较为严重,在进行面向整班学生均为韩国留学生的课堂教学时,可给学生集体回答问题的机会,即让学生编组学习,齐声回答问题。一是根据老师规定的每组人数,让韩国留学生自行结对,这时大部分韩国留学生会更加倾向于和自己平时较为熟知的同学组队,这样组员之间的沟通会比较顺畅。二是按照项目兴趣分组,例如老师请学生归纳、总结中西方跨文化交际中出现的各种情况并找出其原因,学生可根据自己的兴趣,从中选定其中一个方面的内容进行分组讨论。三是随机抽签分组。这种分组方式很好理解,老师会让学生报数,然后让报出共同数字的学生分为一组。更细致的老师甚至会创建一个 EXCEL 表格,按照完全随机的数字对班内的同学进行分组,尽可能地保证分组的随机性和公平性。每个人都喜欢做自己喜欢并且有能力完成的事情,因此建议按照组员擅长的不同方面分配任务。比如 A 同学擅长写文章,那么就把报告撰写的任务交给 A 同学;B 同学擅长查找资料,那么他就负责这一块;C 同学情商高、人脉较广,可以负责小组内部组员之间的沟通和对接其他资源。韩国留学生以上述编组方式来进行汉语学习,可以减少单个提问对学生造成的压迫感,并消除学生不喜欢抢答或无人作答导致的课堂尴尬气氛,同时也可使学生在轻松、团结、和谐的气氛中进行汉语交际能力的培养。

第四,充分利用汉文化环境,有意识地为韩国留学生创造课堂教学之外"第二课堂"的学习环境,促进其跨文化交际能力的培养。韩国留学生来到中国学习,处在汉文化圈的环境中,会受到多方面的正面影响,学校和教师应充分利用这一有利条件,为学生创造更多更好的"第二课堂"学习交流的机会。例如鼓励韩国留学生积极参加各种课外活动,结识更多的中国朋友和外国友人,学校选派责任心强、熟悉跨文化交际的教师或者辅导员带领他们前往名胜古迹、博物馆、具有当地鲜明文化特色的地点进行参访,同时为他们组织多种形式的文化探访活动。实践证明,在老师、中国同学和其他各国学生的正面影响之下,尤其是在中国人热情好客、开朗性格的感染之下,不少韩国留学生都改变了过去腼腆内向的性格,不仅在汉语知识的储备上有了很大的进步,而且绝大多数同学都能克服跨文化障碍,有效处理跨文化冲突,大方、流利地使用汉语与中国人和外国友人进行跨文化交际,韩国留学生就在这样生动活泼、自然轻松的"第二课堂"学习中锻炼了汉语表达能力,同时个性也逐渐变得开朗幽默起来。不仅如此,韩国留学生还在汉语习得进步的同时,接触、吸收了汉语所承载的中国文化,真正做到融入中国文化中去。事实上,第二语言的学习,本身就包括两部分,一是单纯的语言学习,二是了解和知晓目的语的社会语言行为模式,即得体的言语行为,这里就包含跨文化交际的内容。

第五,针对韩国"急性子"的半岛民族性格特征,应积极向韩国留学生传授中国文化中独特的"慢"文化,使其主动而为实现跨文化交际。例如中国人宴宾送客口头语是"慢用""慢走",做事是"不着急、慢慢来"。汉语词汇当中更有"慢工出细活""话到嘴边留三分"以及"来日方长"等表达方式,都显出以"慢"为贵的价值观。在此基础之上,可向韩国留学生解释汉语学习"一口吃不成胖子",绝对不可能一蹴而就,要经常告诫他们若想学好汉语,必须把汉语基础打牢靠,学习汉语就像盖房子一样,如果地基打得不牢固,汉语学习仅仅能够学到皮毛,学不到精髓。

同时,中国人追求"大智若愚"的境界,中国人不乏聪明智慧之士。韩国人有以貌取人的倾向,而中国人乐于随意地穿着,这与韩国人一本正经穿西装打领带的做法形成了鲜明的对比。韩国人的急性子导致其执着于自己的主张,不愿意听取别人的意见或建议。此外,急性子的韩国人所思所想都写在脸上,不会控制表情。要告诉韩国留学生,中国人不信任随意率性发火,蛮横提出要求,不管三七二十一先铺开摊子再说的人,因为中国人在外人面前懂得控制情绪。相对于韩国的"忙"，中国人更倾向于从容不迫，但实际上也并非悠闲无事。中国人认为"忙"是因为分不清事情的轻重缓急，中国人讲究区分主次缓急，一定要做的事情拼了命都要做好，但要泰然自若地去做。

5 结束语

一个民族的性格特征受各种因素的制约和影响，是在长期的社会环境、生活实践和文化传统的相互作用下形成的。了解其民族性格有助于帮助我们以文化为载体促进对外汉语教学研究。分析韩国学生民族性格特征有利于我们更清楚地了解他们。韩国留学生团结友爱、学习认真、严于律己，但同时存在好面子、爱急、敏感、依赖性较强等性格特征带来的负面影响，在对韩汉语教学时应引起注意，既要对其不良的学习行为加以纠正和引导，帮助他们克服跨文交际中的障碍，同时也对我们调查和改进对外汉语教学方法，提高教学质量大有裨益。

参考文献

[1] 胡文仲：《跨文化交际学概论》，外语教学与研究出版社，2009。
[2] 〔韩〕卢吉明：《韩国民族宗教史》，中国社会科学出版社，2009。
[3] 张英：《论对外汉语文化教学》，《汉语学习》1994 年第 2 期。
[4] 林汝常：《冲突文化在外语课堂中的反映》，《汉语教学与研究》1994 年第 3 期。
[5] 毕继万：《"礼貌"的文化性格特征研究》，《世界汉语教学》1996 年。
[6] 刘佳琦：《韩国留学生跨文化认同调查研究——以辽宁师范大学韩国留学生为例》，2019。
[7] 范笛：《中韩跨文化交际中文化冲突案例研究与应对策略》，2018。
[8] 〔韩〕金泰吉、崔万成：《韩国人的意识形态——试论其问题的解决方案》，《当代韩国》1996 年第 3 期。
[9] http://kosis.kr/search/search.do#.
[10] http://www.360doc.com/content/13/0405/09/7841665_276188192.shtml.
[11] 吕玉兰：《对外汉语课堂言语交际的特性分析》，《首都外语论坛》，中央编译出版社，2007。
[12] 2019 年 11 月 8 日，与首都师范大学国际文化学院汉语速成系中 B 班韩国学生梁允瑛进行深度访谈。

论全球化背景下汉语国际教育的民族性与当代性

宫天然

(首都师范大学国际文化学院　北京　100089)

摘　要：本文论述了我国汉语国际教育的发展历史，并借鉴国际二语习得发展的历史经验，以及当前研究的热点，表明了语言学习应置于新的历史和社会发展进程中，特别是在全球化背景下，在更加复杂的社会环境和认同建构中，具有与时俱进的现实意义。通过对语言学界有关"跨文化与汉语国际教育"的探讨，以及跨学科角度对"跨文化与汉语国际教育"的观点，本文认为应对全球化带来的同质化，我们更应坚守汉语国际教育的民族性；同时，面对全球化，国际汉语教育应展现我国当今的伟大成就，强调我国在人类命运共同体构建中发挥的伟大作用。

关键词：全球化　汉语国际教育　认同　当代性

我国的对外汉语教学事业始于20世纪50年代，历经了初创阶段（1950~1961）、巩固阶段（1962~1966）、恢复阶段（1972~1977）。1978年北京语言大学吕必松院长第一次提出要把对外汉语教学作为一门学科研究。20世纪80年代，我国确立了对外汉语教学学科，并历经了建构学科理论框架阶段（20世纪80年代）、加强学科理论研究阶段（20世纪90年代）。而进入21世纪，我国进入了汉语加快走向世界时期。1985年我国开始设立汉语国际教育（teaching Chinese to speakers of other languages，下文简称TCSOL）本科专业，2007年开始试点TCSOL硕士专业学位，随后有20多所高校陆续设置博士专业学位。[1]

进入 21 世纪的 20 年，我国经济飞速发展，国家形象显著提升，对外汉语专业从 1950 年建立清华大学"东欧交换生中国语文专修班"、20 世纪 80 年代设立对外汉语教学本科专业、2007 年设立汉语国际教育专业硕士，到现今全球各地掀起汉语学习热潮，可以说，我国的汉语国际教育走过了蓬勃发展的 70 年。

对外汉语学科成立之初，在汉语教学法上以结构法为主，到 20 世纪 80~90 年代发展为结构与功能文化相结合。近年来，汉语作为第二语言或外语的教育发生了从对外汉语到汉语国际教育的新转向。伴随着国家实施"走出去"战略、"一带一路"倡议的新时代，在全球化的背景下有了新的转向。

走过 70 年，国际汉语教育应立足当前高度全球化的形势，服务于当下我国的发展战略。

1 当今全球化背景下语言学习的社会学转向

二语习得在历史上共分三个阶段。第一个阶段是初期（20 世纪 40~50 年代），标志性事件有三件：第二次世界大战后美国人对外语学习和教学的兴趣陡增、美国结构主义语言学的建立及行为主义的发展。这三件事共同奠定了二语习得学科的基础。第二个阶段是 20 世纪 60~70 年代，产生了语际语（interlanguage）和创造性构建（creative construction）这两个重要概念。研究者提出了外语学习的五种假设，奠定了二语习得学科的理论基础。至此，二语习得首次从应用语言学脱离，成为一个学科。第三个阶段是 20 世纪 80 年代及以后。Ellis 等人提出了二语习得研究必须回答的主要问题和目前二语习得研究的各种角度。在众多的二语习得理论中，Gasss 的 IIO 理论模式最能覆盖二语习得研究的主要问题，是二语习得研究舞台上的主角。[2]《二语习得研究的社会学转向》是爱丁堡大学出版的应用语言学系列教材之一。该书作者认为未来将更多地从社会学角度进行跨学科的研究，许多 IIO 研究者会继续现在的研究角度，不理睬跨学科的研究方法，但更多的研究者可能会借用其他学科的理论框架，如社会文化/活动理论。未来的二语习得，尤其是和 IIO 中直接相关的研究中，将有一种把语用语言学、社会语用学和输入—交际—认知—输出联系起来的研究，有更多的 IIO 研究者在研究学习者语言发展的同时认真地研究学习者个人生活经历，研究宏观社会因素对外语课堂教学、学习者语言形式的发展和学习者身份的面子的作用。

《认同与语言学习：对话的延伸》一书是加拿大教育学者 Bonny Norton 2000 年出版的学术专著《认同与语言学习：性别、种族和教育改变》的第二版。[3] 作者讨论了其研究发现对二语习得理论的启示，并且分析了社会交流中的权力关系对于理解学生学习经历的意义。后结构主义理论认为认同是矛盾的、不断斗争的并随时间不断变化的。认同的后结构主义理论和 Bourdieu 的说话的权力概念对二语习得理论具有重要贡献，指出二语学习不是通过辛苦努力和投入就可以获得的简单技能，而是一种掺杂学习者认同的复杂社会实践。最后，作者借鉴 Lave & Wenger 的"情境学习"（situated learning）概念，强调应该把语言学习的概念扩展至一种社会实践。[3] 该书的第二版《认同与语言学习：对话的延伸》将认同和语言学习研究置于新的历史和社会发展进程中，特别是在全球化背景下，在更加复杂的社会环境和认同建构中，具有与时俱进的现实意义。[3]

2016 年，来自社会语言学、心理语言学、话语分析等学科的 15 位顶级专家组成了 DFG（The Douglas Fir Group）。DFG 以跨学科的视域，发布了立足当今世界全球化、多语现实的语言学习理论框架。

这 15 位顶级语言学家构建的基于多语言世界的语言学习跨学科框架，目的是更清晰地阐述基于多语言全球化的当今社会，语言学习宏观、中观和微观层面之间的相互关系。此框架并不只是简单罗列了语言学习的方法，它将学习者所处的社会环境和学习因素视为语言构建和表现过程中不可或缺的一部分。DFG 着重强调意识形态结构对语言学习的影响，并将意识形态结构视为该框架中社会因素的宏观合集。语言学习身份认同（语言权力及学习者能动性）用来描述语言学习的中观层面，而互动及社会行动则表现了语言学习的微观层面。此框架对二语习得的突破性在于超越了语言教育只关注语言本身的局限性，而从跨学科的视域，强调了意识形态对语言习得各个层面的全面影响，也显现了人们逐步意识到语言学习身份认同对个体的关键性。此框架代表了当今语言习得领域的社会学转向。

2 语言学界对"跨文化与汉语国际教育"的探讨

2019年1月10日,世界汉语教学编辑部举办汉语国际教育知识体系的特色与构建研讨会,邀请语言学领域15位专家学者围绕"如何提升汉语国际教育学科体系、学术体系、话语体系建设水平""如何增强汉语国际教育学科的学术原创能力""汉语国际教育知识体系的主要特色是什么"等问题进行了深入探讨。该论坛总结了汉语国际教育学科发展至今的理论研究和实践探索的成果,提出了总体设计、教材编写、课堂教学、测试或评估的对外汉语教学四环节观;区分"知识文化"和"交际文化";形成了汉语综合教学法,建立科学的HSK汉语测试体系,提出了实践性原则。并明确了汉语国际教育是一个交叉学科,内容主要涵盖了中国语言文学、语言学、教育学、文化学等学科领域。

中华民族有着深厚的、绵延几千年的文化传统,其内容十分丰富。在语言教学中应该体现出来的文化内容当然是多方面的,比如文化产品、文化习俗等,但我们认为,最应该体现出的是"上层文化"。具体说来,就是蕴含在语言中的中华民族的哲学理念、思维惯式等。这才是我们中华文化的"脊髓"。[4]

陆建明在论坛上提出:"古今中外,任何外语教学从来而且必然伴随着文化教育,学生在接受一种外语教学的同时,会不知不觉地接受浸润于语言教学中的该语言所属的民族和国家的文化"。他认为硬文化是"指看得见、摸得着的文化,主要包括一个国家的人文地理、历史、风俗习惯和文化技艺等",软文化主要是指"一个国家、一个民族的理念、精神、价值观、道德观以及思维方式等"。硬文化要传播,更主要的是要传播软文化。而我们现在,硬文化没有怎么抓好,譬如怎么讲好当代中国的故事,就没怎么做好;软文化可以说基本上没有注意抓。我们现在所抓的是一些低层次的文化技艺。

3　跨学科角度对"跨文化与汉语国际教育"的观点

2019年11月13日，首都师范大学跨文化教育研究院举办了"跨文化+"交叉学科高峰论坛。来自语言学、教育学、传播学的学者们对"跨文化+汉语国际教育"提出了跨学科的共识。学者们认为汉语是世界第二大语言，我国国力强盛，汉语对世界具有长久影响力，并在人类命运共同体中发生作用。汉语国际教育的跨文化传播立足于民族性的同时，还应具有现代性。"越是民族的越是世界的"的传统文化观已不符合现今的时代特色。

谈到跨文化传播的内容，有学者认为跨文化传播的内容既要具有风骨神韵，又需符合现在的审美框架，才能被国际理解与认可。如何筛选出既具有我国传统文化精髓又符合国际环境的传播内容，应精选并加以改造。我们应该以平和、融合的态度去拥抱世界，去传播中华文化。

也有学者提出了在汉语国际教学中总是强调中国文化是一个不同的文化是否合适的问题。中国的现代文化在哪里是一个很重要的问题。汉语国际文化教学是不同文化体之间的对话。要让外国人看到中国文化的现代性、适应性，创造出和其他文化有不同的地方，但是中国文化也和其他文化有千丝万缕的联系。还有学者认为由于技术的发展、人口的流动、信息的传播等，今天的这个时代的共同性越来越大于差异性，如何在共同的基础上做好汉语国际教育也是值得思考的问题。黑格尔说，"思想的洪流离开源头越远越汹涌澎湃"。只有先进的文化才有生命力。我们国家拥有先进文化和古代文化，我们自然是用先进文化来引领，而不是用古代文化，现代文化就包含现代性这个问题。

4　全球化背景下汉语国际教育的民族性与当代性

1999年联合国发布的《人类发展报告》表明全球化正在以三个明显的方式改变着这个世界：空间在缩小、时间在缩短、疆界在消失。当今国际政治学家们有三派观点：其一，美国的消费文化正在使其他文化同质化；

其二，文化的异质化正在进一步被加强；其三，认为文化同质化和异质化同时发生。"语言是文化的载体，文化是语言的管轨。"全球化时代的语言文化教学需要正视四个层面的现实：全球现实、国家现实、社会现实和个人现实。

汉语国际教育知识体系的构建必须体现其作为国家和民族的一项伟大事业的价值需求，立足于解决汉语国际教育目前面临的重大现实问题，比如新时代对汉语国际教育提出的新要求、中国走向世界的汉语表达、"一带一路"倡议对汉语国际教育提出的新任务。"一带一路"是一项造福沿线各国人民的大事业，也是一种国际合作新模式，包括沿线各国的政策沟通、设施联通、贸易畅通、资金融通、民心相通等重要内容。"一带一路"沿线各国语言各异，文化不同，经济发展水平也有差别，这既形成了优势互补、合作共赢的基础，也给实现"五通"带来了很大挑战。[5] "一带一路"倡议不仅为对外汉语教育带来了大量汉语学习者，也掀起了外国人和外国来华留学生学习汉语言文化的热潮。中国国家形象随着"一带一路"倡议的实施日益鲜明，需要中国语言及文化作为传播的基石，这也是在"一带一路"背景下中国特色大国外交赋予汉语国际教育的使命和责任。[6] 汉语国际教育在受到"一带一路"互联互通的文化传播新模式影响的同时，也应注重纯语言教学和文化输出，创新教学方式、完善教学体系，结合具体教学环境强化国际汉语教学，培养全面发展的国际性教育人才，从而推动汉语国际教育朝着更全球化、更综合性的方向发展，而这也正是"一带一路"视域下汉语国际教育面临的机遇与挑战。[6]

汉语国际教育蕴含的交叉学科属性，让我们看到了世界上不同文化、历史、语言等方方面面带来的异质性。美国人类学家 H. Goodenough 指出，语言是学习文化的主要工具，人在学习和运用语言的过程中获得整个文化。文化身份重构是语言学习的必然结果，任何文化都是在与"他文化"的比较中定位自己、认识自己，最后才能形成自己的身份认同的。在全球化背景下汉语国际教育不应只是简单的文化知识的传输和文化技能的培养，更应处在汉语学习者的立场，把汉语国际教育看作学习者汉语身份构建的关键，最终目标是培养学生具有全球文化意识。

应对全球化带来的同质化，我们更应坚守汉语国际教育的民族性，中国是全球至关重要的一个文化中心，中华民族有着几千年的优秀文化传统，汉语自然承载了我国丰富的历史文化特色，以及中华民族引以为傲的哲学思想。汉语国际教育理应强调我国文化的民族性，为汉语学习者构建基于中国文化的汉语身份认同，使其更好地理解中国文化。

同时，面对全球化，国际汉语教育应展现我国当今的伟大成就，强调我国在人类命运共同体构建中发挥的伟大作用。汉语国际教育的当代性，应把为汉语学习者构建汉语学习认同与构建全球化认同放在同等重要的位置，为全人类文化的繁荣和发展做贡献。

参考文献

［1］文秋芳：《从英语国际教育到汉语国际教育：反思与建议》，《世界汉语教学》2019年第3期。

［2］马冬梅：《介绍〈二语习得研究的社会学转向〉》，《外语教学与研究》2005年第6期。

［3］王景云：《〈认同与语言学习：对话的延伸〉评介》，《外语教学理论与实践》2015年第3期。

［4］刘利、赵金铭、李宇明、刘珣、陈绂、曹秀玲、徐正考、崔希亮、鲁健骥、贾益民、吴应辉、李泉、陆俭明：《汉语国际教育知识体系的特色与构建——"汉语国际教育知识体系的特色与构建研讨会"观点汇辑》，《世界汉语教学》2019年第2期。

［5］周谷平、阚阅：《为"一带一路"建设提供人才支撑》，《人民日报》2016年。

［6］于海勇：《"一带一路"视域下汉语国际教育新思考》，《开封教育学院学报》2019年第5期。

［7］B. Kumaravadivelu：《文化全球化与语言教育》，北京语言大学出版社，2017。

中国古代诗文教学的跨文化审美探究

胡秀春

(首都师范大学国际文化学院　北京　100089)

摘　要：来自不同文化背景的外国学生在对中国古代诗文进行跨文化审美的过程中不可避免地存在一定的问题，如跨文化主体缺乏审美意识，审美过程出现不符合主旨的偏误等。出现这些问题主要是由于跨文化审美主体受到自身特有的思维定势和审美客体的异文化特性的影响。为了有效进行中国古代诗文的跨文化审美教学，需要注意以下几个方面：引导学生了解中国古代文人的审美趣味、品味文学经典的声韵之美，对古代诗词的美好意境进行深入浅出的阐释与解读，引领学生体悟穿越时空、跨越国界的中国古人的人文情怀。

关键词：中国古代诗文　跨文化　审美

1　引言

随着来华留学生汉语水平的提升和学习需求的变化，中国古代文学已成为面向留学生开设的重要课程之一。正如哈佛大学东亚系教授宇文所安所说："你如果问我：'在美国，你的哪本书最重要？'那我可以毫不犹豫地告诉你，是《中国古代文学作品选》……我的这本作品选被列入了著名的诺顿（Norton）系列，这是一个得到权威机构认可的标准的教材系列，凡是在校大学生，只要学习中国文学，都要读它。"[1]可见，中国古代文学经典是学汉语的美国学生必读必修的课程，这同样适用于来中国学习的留学生。宇文所安是一位深爱中国古典文学的汉学家，是为唐诗而生的美国人。在他看来，中国古代诗文充满着可以被整个人类接受的对人的关注与尊重，体现着生活与写作的完美结合，那些名垂千古的文人并不是带有神性光环的高高在上者，而是一个个能与现代人进行平等对话的鲜活形象。古代文学作品如此充分如此优美地再现着中国文人的欢欣忧伤、迷惘困惑、豪迈豁达等种种情愫，具有强烈的审美属性，因此，在给留学生教授这门课程时，以审美为中心进行阐释尤为关键，这就使跨文化审美教学不可避免地成为最值得关注的层面。

2 中国古代诗文跨文化审美中存在的问题

2.1 跨文化主体缺乏审美意识

中国古代诗文是兼具可感性、想象性、主观性、情感性、社会性的美的文本，需要审美主体在进行欣赏活动时充分发挥想象力，去超越文本，获得个性化的审美体验，即审美过程中跨文化主体本身必须具备较强的审美意识。具有不同文化背景的各国留学生因个体差异，有的明显缺乏对文学作品的欣赏和感悟能力。这部分留学生原本就对自己母语国的优秀文学作品不感兴趣，也不会欣赏，一旦置身于跨文化语境中，就更加无所适从。例如，当有的学生接触到孟浩然的田园诗《过故人庄》时，完全读不出任何美感。像"绿树村边合，青山郭外斜"这样的名句，在他们面前只是简简单单的声音文字的堆砌，完全呈现不出中国古代农村的典型田园风光。他们根本无法从字里行间读出这是什么样的季节、什么样的村、枝条是什么样的伸展形状、诗人是什么样的心情、意象和意境妙在哪里，等等。然而，像"绿树村边合，青山郭外斜"这样一种既有具体规定性又极富弹性的文本形象，在中国古代文学作品中比比皆是，这就要求审美主体根据自己的审美经验、审美情趣和审美视角去想象和感悟。

文学审美本质上是一种自我欣赏、一种内模仿，正如美学大师宗白华先生所指出的，审美"是要在主观心理方面具有条件和准备的"。[2]审美主体只有将自己的感觉注入对象，通过联想和想象对客体进行移情，才能进行审美。这就需要主体发挥主观能动性。对作品的审美深度跟主体是否具有较强的审美能力有关。具备文学鉴赏能力的人更善于从客体身上感受出美的形式与意味。各国留学生由于本身学业背景、知识储备、文学素养以及对异文化语境的适应性的差异，在面对审美对象时往往会出现缺乏想象力和审美能力的一系列相关问题。因此，对跨文化主体审美意识的培养是进行文学经典审美活动的前提。

2.2 出现不符合主旨的审美偏误

由于中外文化背景的差异，留学生对中国古代文学作品的观察角度与解读方向往往比较新颖，但同时也较易对经典有所误读，从而产生审美偏误。这种偏误包括有意误读与无意误读两类。

有意误读是有意识地将作品想要表达的意思解读为另一种，好像是在同古人开玩笑，这无疑也被认为是一种审美态度。例如，有日本学者在解读陶渊明的作品时，基于先立后证的预设评价，把陶渊明阐释为极其世俗的、背信弃义、攀附权贵的文人形象，完全颠覆了中国人心目中那个傲世独立、崇尚自然与自由的田园诗祖的经典形象。此类误读的根本原因是审美主体以他者视域为立足点对中国古代经典进行错误解读的结果。

对古代经典的跨文化审美偏误更多的是一种无意误读现象。由于作品和审美主体各自被封闭在根源于特有社会文化的不同的诠释中心，作品中的审美内涵就很难通过语码的顺利转换进行接受和理解。因此，不同文化背景的审美主体会不自觉地改变作品的初始意义，曲解文本的主旨，误读经典所传达和暗示的美的形式和美的意味，甚至使自我的主体意识超越于作者的创作初衷。例如，中国古代神话传说中的精卫填海、愚公移山等故事，体现的是锲而不舍、百折不挠的民族精神，是凝聚着特定文化含义的文化符号，但是由于留学生的观察角度、想象方式是植根于自身本土文化语境的，有些学生便会觉得这些故事很可笑，里面的人物很傻。这种基于文化视角不同而产生的审美感受的形态变异等同于美国现代人文学家奥尔德里奇所谓的"外观变形"。[3]"外观变形"的现象在文学审美中并不少见，无意而随意的误读，使同一个文本形象呈现出迥异的外观形态。

3 影响跨文化审美的不利因素

3.1 审美主体的独立思维定势

文学审美活动是一个独特而复杂的心理过程，审美主体的思维定势会在这个过程中产生积极的或消极的影响。心理学家认为，思维定势是知觉活动的一种准备状态，是基于个体原有经验的具备一定方向性的知觉形态，在审美活动中促使主体产生审美的指向性和规定性。审美主体的先有经验、情绪、修养、人格等种种因素都会影响审美定势的产生及作用力。积极、适度的定势效应会提高审美效率，使审美活动进行得更为顺利，使主体对审美对象的感受更为深刻，更易获得丰富的美感，而过度的主观偏颇性则形成消极定势，会阻碍审美欣赏的正常开展。也就是说，主体在审美实践中达成一定的积极定势后，审美理解力和精确性就会大大增强。反之，消极定势会使主体在审美过程中局限于顽固的偏颇性，出现审美过程的公式化和概念化。在跨文化场域内进行文学审美活动时，主体往往会不自觉地从本土视角出发，对异质文化套用先入为主的概念和公式去理解和接受，使文学审美过程出现类型化、简单化的趋势。这样就会使跨文化审美既丢失了跨文化的交互特征，也丢失了文学审美的美学属性。

来自五湖四海的留学生受到各母语国独有的文化背景的影响，有着自身独立的思维定势，当他们面临一定的审美任务时，作用于大脑皮层的无意识定势效应就会迅速建构起一个优势兴奋中心，对审美欣赏活动进行制约，使审美知觉产生某种倾向性。跨文化主体对中国古代诗文的审美，是其在与中国古代文化相遇碰撞时所产生的意义关联和重组，是两种视界的交互作用和融合。主体与中国古代文人的跨时空对话往往是从自身的特定视界出发的，所以在相互的融合过程中生发的实际意义会不可避免地发生某种变异。

3.2 审美客体的异文化特性

作为审美客体的任何一个民族的文学作品都是特定身份的形象符号的象征，涉及性别、阶级、阶层、地域、民族等方面，它在异文化语境中如何被理解和解读都会不可避免地受到审美主体自身文化系统的过滤与屏蔽。在跨文化语境中的自我主体与他者客体的沟通关系往往会呈现出一种选择性、创造性的文化过滤现象，即主体会根据自身的文化传统、审美习惯和现实语境对客体的源信息进行选择、改造与重构，达成一定程度的形态和内涵的变异。

作为审美客体的中国古代诗文具有无限的辐射力，这既为主体提供了超越文本源文化背景的自由的审美想象空间，同时也使异文化的特性凸显出来，形成阻碍跨文化审美的一道屏障。中国古代诗文不是着力于外在感官型的审美，而是更注重内在精神的审美，如中国古代文学传统所崇尚的是中和中庸之美，这对于跨文化语境中的审美主体来说无疑是异质的。由于审美主体自身的文化先结构在背后起着过滤作用，制约了主体的接受屏幕与期待视野，这便使审美活动出现一定的文化折扣。主体往往会依照自身文化框架去解读另一种文化，同质因素被吸收，异质因素遭到屏蔽和过滤，形成意义转换与生成的多样化形态。可见，客体的异文化特性往往会成为影响跨文化审美的主要不利因素。

4　如何进行中国古代诗文的跨文化审美教学

4.1　了解古代文人的审美趣味

诗经、楚辞、诸子文、唐诗、宋词等优秀文学作品无一不具有美的内容与美的形式，蕴含着中华民族的精神与审美情趣。对这些作品的跨文化审美，要求主体自身必须具备一定的汉语言功底和审美能力。作为汉语教师，运用美的形象、美的因素，从作品的社会历史背景和美学风格两个方面着手，引导留学生了解中国古代文人的审美趣味，可有效地进行审美教学。

中国古代社会的政治、经济、文化等因素影响着文人的审美心理及审美趣味，每个时代所崇尚的美学风格也因之而异彩纷呈，如悲情美、含蓄美、阴柔美、豪放美等不同的美学风尚符合不同时代文人的审美心理习惯。例如，在引导学生欣赏《白雪歌送武判官归京》一诗的写景叙事中所体现出来的美学情韵时，就有必要将盛唐气象作一简要的介绍，使审美主体对盛唐时代文士的豪侠之气与审美趣味有一定的了解，从而深化其对作品的审美接受。陶渊明的《饮酒》一诗，"采菊东篱下，悠然见南山"，看似通俗浅白，实则意韵深远、富含哲思，体现着中国古代文人特有的"天人合一"的思维模式和价值观念。要想让留学生品读出这首短短的五言小诗的内涵美，只有介绍清楚东晋时代的社会习气与文学风尚才会更为切实。

4.2　品味文学经典的声韵之美

语言文字的声色情意是主体情感与文本世界相感而成的产物，是反映主体内心欲求的形式情绪，因此，对中国文学的跨文化审美离不开"唇吻遒会"的音声之助。如王维的《鸟鸣涧》"人闲桂花落，夜静春山空"，李白的《送孟浩然之广陵》"孤帆远影碧空尽，唯见长江天际流"，杜甫的《登高》"无边落木萧萧下，不尽长江滚滚来"等流传千年的名篇名句，都是无比的鲜活生动、富有魅力，这样的声韵之美只有通过反复的吟咏讽诵，才能深切地体察和品味到。因为对唇舌的直觉刺激可以使主体得到筋肉的兴奋，促进主体对作品文字、声音、意蕴和情感的理解与审美认知，使其沉潜于美的境界，进而获得精神上的完满与自足体验。在这种特殊氛围之中，跨文化主体对异文化语境的适应和接受得到了强化，由欣赏而动情，由动情而移情，从而得到情感的陶冶和熏陶。

因此，在古代作品的跨文化审美教学中，结合留学生的个性和兴趣，运用古典作品中美的音律的强烈感染性来进行教学，可以愉悦心情，震撼情感，涤荡灵魂。正如马尔库塞所认为的，文学审美的实质是改造人的内在心理结构，包括感觉、情感、判断和认知。审美主体在诵读诗文、玩味声韵的过程中，不是在扮演被动的角色，而是如同在内心结识了一位文友，在进行着双向的对话和互动。这样的文学交流活动不再是从发送者到接受者的单向度流程。借助古代诗文的音律声韵之美来进行跨文化审美教学可以达到潜移默化、润物细无声的功效。

4.3　解读古代诗词的意境

意境是中国古代诗词的最高审美范畴，古代文人在创作与欣赏中鲜明地体现出对意境的审美追求。南朝的刘勰、唐代的司空图、宋代的严羽、清代的王夫之、近代的王国维等名家也都从不同角度、不同层次阐释过意境。意境具有情景交融、虚实相生的美学特征，使情成体，化无形为有形。对作品意境进行创造性的阐释，重构审美语境，使审美主体体验到无穷的韵味，是主体达成审美的关键环节。中国古代的诗词是具有召唤结构的文本，它的意义的不确定域和空白赋予主体重构审美语境的权利。解读诗词意境便是一种跨文化的同化过程，通过从作品到自我的移情和共情，使跨文化主体沉浸式地去感悟由现实外在世界、作品内容与古代文人的心灵世界所共同组建的丰富充实的独特生命体，使审美活动达到理想状态。

杜甫的《春望》是古代诗歌作品的经典之作，也是意境审美的典型范例。"国破山河在，城春草木深。感时花溅泪，恨别鸟惊心。"诗人将情感投射在景物上，"一切景语，皆情语也"。[4]文本以极富感染力的形象召唤着审美主体，激发出主体的直觉与想象，推动着主体在跨文化语境中积极寻找、参与和创建文本意义的构成，使主体产生豁然贯通胸臆的强烈美感体验，在跨文化的阐释空间合理构建出最具有中国古代文学特色的审美意境。苏轼的《念奴娇·赤壁怀古》是如此的激昂慷慨，"大江东去，浪淘尽、千古风流人物"，审美主体只有结合自身的生命体悟"跨"到与中国古人的超时空对话状态中，才能重构意境，深得宋词妙处。孟浩然的《春晓》："春眠不觉晓，处处闻啼鸟。夜来风雨声，花落知多少。"这样如同信手拈来的亲切自然的古诗意境在文学经典中随处可见，主体需要通过重构语境，才能获得共性的跨文化的审美享受。张若虚的《春江花月夜》如画般地呈现出一幅幅美得不能再美的江景，在绝美的自然之中展现出诗人感受世界的方式、对生活的热爱、对宇宙和人生意义的追索，这样一种神秘而又亲切的诗歌意境是可以穿越千年，切合当代跨文化语境中的审美主体的心态的。因为当下社会，人的异化、生态环境恶化等各种问题已经日益成为困扰全球的共同的时代性命题，而探索、解读和领略中国古代诗词的意象、意蕴、意境的美的历程恰恰能够回应、介入这些具有时代典型特征的命题，与跨文化主体的期待视野相融合，使审美主体在理解品味中得到艺术美的感受，久而久之便沉淀为主体内心深层的审美结构。因此，意境是文学经典跨文化审美最重要的载体和抓手。

4.4 体悟穿越时空的人文情怀

跨文化审美中最易引起共鸣、形成本土话语与域外话语良性互动的观照对象是穿越时空的人文情怀。它是不同文化场彼此思考的共性,有利于消解民族文化间的陌生感。例如,美国、德国、日本、韩国、哈萨克斯坦等不同文化背景的审美主体都不约而同地从杜甫的诗歌中读到了宽容的人性、社会良知和仁者襟怀,像"朱门酒肉臭,路有冻死骨"这样的名句已经深深地烙在各国学习者的心灵深处,他们从文人身上返观到了自我的深层人文情怀。由此可见,杜诗的人文价值在跨文化场域内被理解和推崇,从民族走向了世界。东晋诗人陶渊明不与世俗同流合污,躬耕田园,保持了高尚节操,这种抵制异化、追求高洁的人文情怀也是超越国界、绵亘古今的,体现出跨文化的共通性。这一类作品更有利于教师开展审美教学,提升跨文化文学审美的质量。同时,一些吟咏日常生活,歌咏亲情、爱情、友情的诗篇,如孟郊的《游子吟》、率真朴实的汉乐府等,抒写了人类诚挚珍贵的情感,闪耀着穿越时空的人性美的光辉,涤荡着审美主体的情感与心灵。

对美好事物、美好情感的期待,对美的逝去的失落、遗憾和恐惧情绪都是全人类共通的,如读到刘希夷的《代悲白头翁》"今年花落颜色改,明年花开复谁在""年年岁岁花相似,岁岁年年人不同",不同文化背景下的审美主体,尤其是女性,更容易产生一种代入式的审美理解。这样的作品就是适用于跨文化审美教学的极具人文情怀的经典。另外,陈子昂的《登幽州台歌》"前不见古人,后不见来者",崔颢的《黄鹤楼》"黄鹤一去不复返,白云千载空悠悠",饱含着历史的沧桑感,王羲之的《兰亭集序》既有对山水自然美的激赏,也有对生命易逝的感伤,像这样普天下皆有的共通情怀极易引起留学生的共鸣,在跨文化交流中具有超越国界的审美意蕴。

因此,中国的古代经典作品不论是批判式的还是悲悯式的,只要能体现跨时空的人文情怀,就更适用于教学。

参考文献

［1］张宏生:《"对传统加以再创造,同时又不让它失真"——访哈佛大学东亚语言与文明系斯蒂芬·欧文教授》,《文学遗产》1998年第1期,第114页。

［2］宗白华:《意境》,北京大学出版社,1987,第220页。

［3］参见〔美〕V.C.奥尔德里奇《艺术哲学》,中国社会科学出版社,1986。

［4］王国维:《人间词话》,中国人民大学出版社,2011,第24页。

基于美国中小学教育特点的汉语课堂管理策略

李启洁

(首都师范大学国际文化学院 北京 100089)

摘 要：对于汉语教师和志愿者来说，在美国中小学工作的第一年所面临的困难往往远超他们的预想。因为美国的中小学教育具有很强的个性化，不但与汉语教师熟悉的中式教育大相径庭，而且美国不同的州、不同的学区、不同学校之间也有很多差别。本文通过梳理美国教育史及介绍目前的政策，归纳出美国中小学教育的一般性特点及其对汉语教学的影响，并提出汉语课堂管理面临的问题及建议。

关键词：美国中小学教育 课堂管理 汉语教学

1 引言

随着中国的对外开放进一步深化，中国文化传播和汉语教学推广进一步发展。美国越来越多的中小学开设了汉语课，由于汉语项目的迅速扩大，很多中小学邀请汉办公派教师及志愿者（以下统称汉办教师）来补充师资的不足。但是由于美国教育在理念和体制上都与中国教育有很大差别，在美国中小学从事外语教学对于汉办教师来说是一个巨大的挑战。汉办教师必须对美国的教育理念和体制有深入的了解，才能成为一个称职的对外汉语教师。

2 美国教育的目标和特点

2.1 每所学校都体现了个性化的教育理念

美国教育的最突出特点是个性化,任何一所美国学校首先是服务于其所在的地区、城市、社区,这一点是历史形成的。美国的学校最早是由社区的居民建立的,其财政也是由当地居民支持的,学校的课程设置集中体现了社区居民最迫切的需求。上述特点甚至在今天也依旧是美国公立学校办学理念的基础。

具体说来,每所学校的课程设置、教学计划、课外活动都是独特的。这正是美国价值观念的体现,每个人都有追求成功的权利,社会为每个人实现这个目标提供平台。美国公立教育体制建立于六个前提之上.

2.1.1 第一个基本原则:向全体公众开放

最大限度地为公众提供教育机会。美国教育系统认可的标准化考试有 SAT、ACT、TOEFL、GRE 和 GMAT,这些考试的成绩可能会影响学生升学,但这只是美国大学决定录取学生的各种因素之一。

从小学到中学,甚至包括一些高等院校,美国努力为所有的学生提供同等的教育机会,即使是对学习动机不强、学习能力不足、身体或智力上有残疾、母语非英语的学生也不例外。当然这并不等于所有学生都具有同等的机会进入哈佛、斯坦福这样竞争激烈的名校。实际进入这些名校的学生只占少数,其他多数的学生虽然进不了名校,但也有充分的机会上大学。

教育向全体公众开放,意味着汉语教师要面对的学生来自不同经济背景的家庭。此外,这些学生的学习汉语目的也不同。教师不能假设所有的学生都有相同的动机,教师要去发现和探索如何设计课程才能激发学生的学习兴趣,满足学生的需求。

2.1.2 第二个基本原则:在全社会范围内普及读写能力

美国所有的州都立法规定每个青少年都必须接受教育到规定的年龄(大部分州要求到16岁,小部分州要求到17岁或18岁)。虽然目前在美国百分之百普及读写能力的目标尚未实现，可能永远也实现不了，但这依旧是既定目标。对于汉语教师来说，这就意味着可能有的学习汉语的小学生，其英语读写水平还不过关，教师在教授汉语时要充分注意到这对汉语学习可能产生的负面影响。

2.1.3　第三个基本原则：地方自治

美国教育部对各个学校并不具有行政管理权限。州教育厅可以对中小学（无论是公立的还是私立的）的课程设置施加一定的影响，但真正对学校教育起指导作用的是当地的民间机构，公立中小学主要是由教育理事会或校董会管理。理事会或校董会成员是由公众选举出来代表当地社区的。理事会和校董会的职责是聘用管理人员、监督课程设置、考核教师。一个学区的管辖范围一般不会大于一个城市或者一个县。每个州都会有很多学区，例如爱荷华州就有500多个学区。

一个学区的教育质量可能对当地产生巨大的影响。运转良好的学区、干净的校舍、毕业生良好的升学机会都会成为当地房产升值的重要原因，从而也保证了当地稳定的税收增长和学校良好运转。反之一个学区如果运转不良也会造成该地区发展相对滞后，甚至造成人口减少，从而缺乏充足的税收支持教育。

很少有一个国家的教育体系像美国这样采取分散管理的模式，这个特点也令很多汉语教师难以理解。通常比如像教材选择、课外活动、组织参加国家级别的考试之类的提案都必须由教师本人或教师的主管向校董会提出申请。另外，汉语教师也必须理解由于外语教学项目是由地方财政支持的，所以如果教师不积极寻求地方上的支持，汉语项目随时可能被砍掉。

2.1.4　第四个基本原则：家长参与学生教育的理念

学校希望家长能熟悉学校的环境和老师，与孩子谈论学校的生活，与老师讨论如何在学业发展及社会交际能力培养上帮助孩子。

学校通常会在开学前举行"返校之夜"活动，目的是让家长认识老师、了解课程。学校还会在一个学年内不断给家长发送印刷品，更新网上信息，使家长了解学校举办的各种活动。定期的家长与老师的会面给家长提供了与老师直接对话的机会。家长通常会帮助学生完成作业和老师布置的其他任务,被邀请参加学校组织的各种体育比赛、文艺演出。在学校组织学生外出活动时,家长甚至会被学校要求对学生进行陪护或从事志愿者的工作。

对于汉办教师来说,这可能与他们对家长的角色认定有很大的差别,他们习惯地认为学校教育完全是学校和老师的工作,他们不理解为什么家长在其中会扮演这么重要和主动的角色。

2.1.5 第五个基本原则:产出型学习

美国教育的第五个基本原则是对于知识和知识获得理论的假设。该假设认为人类目前对与世界的认知是有限的、不完全的。学者们仍然在努力地用创造性的方式突破学术前沿,以期进一步修正人类对于世界的认知。故而学习不是对书本上的知识进行记忆的过程。学习是教师引导学生进行探索、试验、分析和综合的过程。理想的教学状态是学生通过学习获得了分析与综合的能力,并将此种能力运用到自主的研究与探索中去。美国的这种教育理念可以定义为产出型学习。而世界上其他很多国家则是把教育看成一个输入的过程。

美国的教育理念体现了个性化和平等的思想,也就是"质疑权威"的科学精神。在美国的各级教育中学生质疑老师,甚至挑战老师都是受到鼓励的,这通常被看作学生思辨思维能力发展的表现。在一些国家,比如中国,学生的这种行为反而会被看成不尊重老师,甚至是不尊重传统。刚入职的汉办教师在面对来自学生、家长及校方的挑战时,需要得到指导和帮助。有效的交流能够使学生、家长和校方更支持汉语教学。对一名汉办教师来说,要适当而又热情地回答学生的提问,鼓励产出性学习,而不是一味地灌输。

2.1.6 第六个基本原则:教育的终极目标是培养全面发展的人才

一些学生可能在某方面学有所长,但所有的学生都应当具备全面的基础知识。通过普及教育,他们应当具备数学、英语、人文学科、科学知识,以及一定的外语知识。某些学科可能与学生的兴趣并不一致,可能与他们未来从事的职业关系不大,但学生依旧必须完成这些科目的学习。

全面发展还意味着参加学校的各种课外活动。美国学校一再向学生们强调尽量参加俱乐部活动、体育运动、社区活动,这对他们将来考大学、找工作都是有积极意义的。所以汉办教师一定要想办法让汉语教学融入学校活动之中，使汉语教学成为学校培养学生全面发展的有机组成部分，这样才能促进汉语教学项目的发展。

2.2 美国学校当前面临的问题

由于美国学校向全民开放，且由公民的税收来支持，对于教育的理念出现了各种各样的争论。冲突来自不同的文化标准，主要有以下这些。

（1）中小学是否允许学生在校期间进行宗教祈祷。

（2）一些包含亵渎宗教的内容、性内容、成人内容、暴力内容的书籍能否进入学校。

（3）一些有宗教性质的节日标志是否能够在学校出现，比如圣诞节、复活节。

（4）如何教学生人类的起源，是应当教学生人类是从低等动物进化而来，还是教他们神创造了人类。

（5）应当如何教授美国历史，特别是历史上非白种人和妇女的地位应当如何描绘。

（6）怎样设立一个相对合理的标准，使贫困地区的学校也能具有与富裕地区大致相似的设施与教育机会。

（7）是否需要为接收英语非母语的学生制定一个入学的英语水平要求。

（8）如何平衡普及教育与特色教育的关系，使学生在掌握必学的知识之外，在某些领域也能够得到发展。

（9）是否允许中学女生参加传统的男子体育运动项目，例如，美式足球、摔跤。

（10）如何平衡特殊教育与融入学校主流教育之间的关系，也就是说如何既为有学习障碍、身体残疾、英语水平不足的学生提供帮助，又尽量使他们能够参与正常的教学及学校活动。

（11）性教育是否要包括同性恋、变性等方面的政策。

美国的教育体制使学校获得自主权，可以自行决定教学大纲和课程以适应当地教育的需求，但同时也给了那些敢于发声的少数居民坚持自己教育理念的机会，有可能造成学校陷入教育原则争论之中，还有可能导致一些学校的教学标准低于一般标准。由于上面的这些社会问题未能解决，学校经常成为公众攻击的靶子，而且不断被迫修改课程以应对新出现的问题。学校被迫去面对价值与伦理问题、种族问题、环境问题、世界和平问题、性教育问题、健康问题。而这些问题在其他国家更多地是由家庭、宗教组织、政党及社会团体来面对的。作为汉语教师，有必要在入职的初期就开始全面了解自己任职的学校在这些问题上的态度和规定。

3　成功的汉语课堂管理

对于汉语教师来说，无论是教授哪个年级的学生，课堂管理技巧都十分重要，老师要保证学生能在一个积极的环境中进行学习。下面这几点原则在长期的外语课堂教学中被很多老师证明是有效的。

（1）了解学校及学生的文化背景。

（2）熟悉学校对于教学管理、校园场所及设施的规定及纪律方面的规定。

（3）营造一个真实的语言学习环境。

汉语老师在制定课程目标时要清楚学校外语教学项目的目标，也要对教学效果有一个合理的预期。老师既要向学生明确教学目标，又要让学生清楚地了解老师对学生的要求。

3.1　如何建立课堂管理规章

在学期之初，老师应当与学生沟通，让所有的学生都能了解汉语课的特殊要求。大多数的美国学校都会要求老师在开学第一天发给每位学生一张表，表上要列出老师对这门课的主要教学内容、对学生的要求、学生的责任。为了让课堂规定顺利实施，汉办教师应当对如何在自己的课堂中营造积极的学习环境有一个清楚的概念。为了做好这项工作，汉办教师应当去观摩一下其他汉语课堂，如果无法做到这一点，至少应当去观摩其他外语教学的课堂。观摩能够帮助老师理解美国学校的课堂教学和管理上的特点。例如，在明尼苏达州工作的汉办教师第一年往往不能独立承担课堂教学，他们首先要做的就是花一个学期的时间听其他教师的课，然后从第二个学期开始辅助当地的教师进行课堂教学。这能够帮助他们熟悉课堂教学的程序和要求，有助于他们营造积极的语言学习环境。还有一点要注意，一旦建立起了课堂管理规章，教师在执行过程中一定要始终保持一致，以免造成不必要的麻烦。

3.2 如何营造良好的汉语学习环境

营造一个适合学生年龄而又能激发学生学习兴趣的学习氛围并非易事。一个好的学习氛围要能够体现教师的教学方法，教师在实施的时候要充满自信和热情，而且也要让学生们充满同样的热情参与学习。

教师应当在铃声响过之后立刻开始向学生发出开始上课的提示，比如用汉语说："上课了"或者"早上好"，让学生明确知道这个信号代表着应当停止其他活动，集中精力，开始上汉语课。教师要在整个教学过程始终保持热情和活力，一个善于启发学生的老师是有感染力的，能激发学生的学习兴趣。如果连老师都精神不振又怎么能期望学生喜欢学习呢？老师所展示出来的对教学的真正热情对学生形成积极的学习态度具有示范作用。

只有老师准备充分才能使学生进入学习状态。老师要对当天的教学内容充分准备，上课之前要把当天的教学目标展示在黑板、网页或者液晶显示屏上，这既是老师的教学目标也是学生的学习任务。上课前老师还要做好教学计划，准备好上课需要的各种材料，为学生做出表率。如果老师在教学过程中找不到教学材料，就会打乱教学秩序，学生的注意力就会出现偏移。所以老师一定要提前做好准备，教学过程中要让学生专注于学习任务，减少学生出现不当表现的机会。

除了在思想上进行准备，老师还有体力上的付出。课堂教学也是对教师体力的极大挑战，如果教室的空间许可，老师应该尽量保持在整个教室范围内走动，以监督学生是否专注于学习任务。如果老师随时都能看到学生任何动作，那想要在老师眼皮底下搞小动作就很困难了。

如果老师需要站在教室前面，那就要学会用目光来驾驭整个课堂。老师要训练自己的目光，好像是在路上开车时要随时注意车辆和路况，驾驭课堂也要学会运用余光，有经验的教师不用转头就能把每个学生的表现都看在眼里。如果老师看不到所有的学生，就需要调整老师的位置或者调整学生的座位。老师不要总是低头看讲义，要与学生保持目光交流，这会让学生感到老师很自信，备课充分。为了营造这种课堂气氛老师要尽少坐，如果不得不坐，也要坐在学生中间。

此外，老师讲话方式也十分重要。当老师讲话时一定要向面全班讲话，而不是只对某个学生讲话。向某个学生提问时也一定要这个学生面向全班回答。老师的声音一定要能让全班听到而不影响隔壁的班级，如果老师的声音太轻柔，会让学生失去兴趣，但也决不能向学生喊叫。老师可以用平静克制的语气向学生表达自己的愤怒，这是引起学生注意的一种积极方式。

如何激发学生的学习兴趣是教育艺术。要求学生在心中默默回答老师的提问，这能使学生对学习的每个步骤都有参与意识。当学生走神的时候老师可以用先提问再点叫的方式来引起学生注意。这样是为了让每个学生都能体验到学习的成就感，而不是让学生难堪。

例如：

老师："同学们，香港在什么地方？"（老师用余光发现 Suzie 开始做代数作业）

老师："Suzie，请到地图前来指出香港在哪儿。"

Suzie 未能回答老师的问题。

老师："Wayne，你能不能把香港在哪儿指给 Suzie 看？"

鼓励学生之间互相帮助，营造协作的学习环境。对学生的点叫是随机的，而不是一行一行地顺序点叫，这样做会让全体学生都专注于学习。

更重要的一点是老师要把握住课堂的节奏。明尼苏达州的汉办教师在进行了五周的教学之后，要进行教学反思，找出需要调整的地方。比如有些活动并不需要花十分钟，因为学生并不需要这种操练。而另一些活动则显然需要更多的时间。老师一定要有灵活性，要理解不同的学生有不同的学习方式，为同一教学目标准备多种多样的活动。比如一位小学汉语老师的课上教 K 班的学生用汉语数"一"到"五"，她就设计了三种活动：让孩子在纸上描出自己的手印、把手印剪下来、边唱边跳边数数，让孩子们一边做这些活动一边从一数到五。活动设计既符合六岁孩子的心理和生理特点，又提供了多样的学习方式。

3.3 如何掌控课堂

汉语教师要培养起一系列的控制课堂技巧，这些技巧与老师的教学融为一体,当老师暗示一个马上就要违反课堂纪律的学生时,一个外行人可能根本无法觉察。首先,老师会使用声音信号或者肢体语言,让可能会违反纪律的学生明白老师已经发现他(她)了。例如一位老师注意到一个学生正打算在桌子下面剥开糖纸,为了不引起其他学生的注意,老师会摇摇头,并清清嗓子,让那个学生明白自己做得不对,同时又尽量不引起全班的注意。如果老师的这些暗示没起作用,老师可以用目光注视这个学生,老师用目光注视对学生会产生巨大的作用。

如果上面这两个办法都不能奏效,那就试试所谓的"近距离影响"。一个教学得法的老师能够做到一边继续进行教学,一边走近违反纪律的学生并站在他(她)身边。通常老师用这种方法足以使违反纪律的学生感到不安,从而停止小动作。如果还需要采取更进一步的行动,那么老师可以对分散学生注意力的事情表示兴趣。例如:一个学生偷偷地向其他同学炫耀他(她)的新手机,那么老师可以先夸夸新手机,然后问学生是否可以用这个新手机给他(她)的家长打个电话,告诉他们的儿子(女儿)上课玩手机不注意听讲。老师在说这些话的时候要面带笑容,并保持幽默,让学生自己去猜老师到底是不是认真的。这就又给了学生一个机会去自动纠正自己的错误。

3.4　如何面对学生违反纪律的行为

如果上面的方法都不奏效,那么老师就得采取果断的措施来纠正经常违反纪律的学生了。老师把学生叫到教室外谈话,可以在下课后、自由活动时间或者是第一节课前或者最后一节课后与学生单独谈话。关键是要避开其他学生,单独面对违纪的学生,保护学生自尊心。

例如有一群女孩子总是在汉语课上聊天,虽然老师用了各种暗示的方法提醒她们,但收效不大。老师在放学后把这几个女孩叫到教室里来,让她们坐在自己的座位上,并直接告诉她们为什么在放学后把她们留下来:"我把你们留下来,是因为你们在第五节课上的表现让我很担忧。因为你们大声地聊天,我不得不三次中断课程。别的学生无法学习,我也教不下去了,因为你们的声音让我们听不见了。你们这样说话违反了我们的课堂规定,这种情况不能再继续下去了,我们今天必须一起找一个解决办法。你们觉得我们能解决这个问题吗?"

老师与学生用平等协商的语气谈话，但态度很坚决。老师把问题描述得十分清楚，明确表达这种行为不能再被容忍下去了，最后老师提议与学生一起努力来解决这个问题，让学生感到平等与友善。结果师生都同意把这群孩子的座位调开，使她们无法再在课上聊天。

需要注意的是，如果老师打算用严厉的手段来纠正学生的行为，以后一定要找一个机会重建师生间的融洽关系。永远要记住老师是成人，而学生们还是未成年人，老师有责任营造一个积极的学习氛围激励他们学习。你的学生会不断试探你的底线，面对学生老师既不要武断也不要刻薄。你和学生都会犯错误，但老师是成人并且对于正向引导学生自律负有重大的责任。要记住虽然作为一个汉语老师你只是教授一门课，但你也是在教育一群年轻人，学生们应当从老师这里得到正向的引导而不是没有理由的惩罚。对于纪律，老师要态度积极、始终如一和理性。

3.5　如何正确与家长交流

汉办教师面临的另一个挑战是与学生家长或者监护人交流，这方面的问题变得越来越司空见惯了。在教师上第一堂课之前就要把与家长交流的基调定好。让家长了解如何配合教师才能营造一个积极的学习环境。大部分家长都希望自己的孩子在学校表现优秀，教师要告诉家长教师的要求和对家长的希望。另外，如果教师在开学之初就通知了家长如何配合教师，这就是把家长也作为教育团队的一员来看待了，那么如果孩子出现了行为问题或是学习上的严重问题，可以按下面的几步来处理。

假设家长与教师都希望孩子表现优秀，那么就要安排与家长的会面，共同探讨解决问题的积极办法。首先要尊重家长对孩子的关心，感谢家长在繁忙的工作中挤出时间来与教师会面。注意请家长可能会让一些家长产生恐惧心理，有的家长可能会回避与老师会面，有的家长可能被激怒，有的家长可能一味地回护孩子。对此老师要有心理准备。谈话时老师要避免给孩子扣帽子，而应当专注于孩子行为上的问题。例如如果孩子不完成作业，要把留作业的记录给家长看。而不是跟家长说："迈克这个孩子很懒，经常不写作业。"永远要把家长作为你的同盟，与家长共同探讨解决问题的办法。

4 结论

研究者发现成功的汉语教学项目都是对当地社区的文化有深入的了解,并且与学校的文化融为一体。汉办老师需要花时间熟悉当地学校的情况和学生的需求,才能保证汉语教学项目长期稳定的发展。汉语教师不只是单纯教授汉语,他们每天面对的学生是易受环境影响的未成年人,他们作为教师对学生的成长也负有重大的责任。

参考文献

[1] Emmer, E., Evertson, C. M., Clements, B. S., and Worsham, M. E. 2002. *Classroom Management for Secondary Teachers*. 6th ed. Boston: Allyn & Bacon.

[2] Kohls, L. R. 2001. *Survival Kit for Overseas Living for Americans Planning to Live and Work Abroad*. Boston: Intercultural Press.

[3] Kohls, L. R. 2001; Kohls, L. R. & Knight, J. M. 1994. *Developing Intercultural Awareness*. Intercultural Press: Boston.

[4] Kiebard, H. M. 1986. *The Struggle for the American Curriculum 1893–1958*. Boston: Routledge.

[5] Labaree, D. 2004. *The Trouble with Ed Schools*. New Haven: Yale UP.

[6] Moore, S. J., Walton A. R. & Lambert, R. D. 1992. *Introducing Chinese into High Schools: The Dodge Initiative*. Washington DC: NFLC.

跨文化教育背景下海外少儿汉语教材《进步》评析

马思宇　张晓涵

(首都师范大学国际文化学院　北京　100089)
(École Jeannine Manuel　英国)

摘　要：本文从主题编排、词汇与语言点的呈现、练习活动等三个方面来探讨英国少儿汉语教材《进步》的本土化特点。在主题编排上，《进步》体现了中学生社会化与成长发展的顺序，更加注重话题间的关联性。在词汇和语言点编排上，改变了目标词汇的呈现方式，注重引导学生对词语"义类"的重视，尤为注重"英—汉"之间的语言结构差异、语言表达习惯差异。在练习的设计上，不仅数量多，形式多，更注重活动的交际性以及语言技能的整合训练。

关键词：海外汉语教学　主题编排　语言点呈现　活动设计

1　引言

近年来，在探讨汉语教材未来发展方向时，努力实现汉语教材本土化成为学界的共识。而目前国内的教材本土化研究尚在起步阶段，对本土化界定、本土化原则等方面的讨论居多，对具体教材的个案研究尚不充分，主要集中在三方面：对通用型教材与本土化教材的对比；对"一版多本"教材中"一版"与"多本"的比较；对不同国家出版的国别教材的对比。现有研究多针对成人汉语教材，对少儿汉语教材的关注不足，更缺乏针对面向同一国家标准、考试体系的中外少儿汉语教材编写的对比研究，而后一类研究更有助于我们了解中外教师在教材编写上的差异。本文以英国面向 Key Stage 3（7~9 年级，即 11~14 岁）的少儿汉语教材《进步》为分析对象，该教材由长期在英国任教的中国教师，精通汉语的英国学者共同编写，以英国国家语言课程大纲为指导，完全可以跟英国 GCSE 汉语考试大纲和教材衔接为一体。通过分析该教材的本土化特色，兼与国内基于同样"课标"与考试大纲编写的少儿汉语教材进行部分比较，旨在讨论作为本土少儿汉语教材，《进步》有哪些方面的特色，该教材如何体现课标的要求与少儿学习特点。

2 英国中学教育环境与 Key Stage 3 阶段学习者特点

教育环境包括国家或地区的教育政策、教学组织结构、测试制度以及课程体制等基本框架。基于欧洲多国家、多民族、多元文化的交流需求。英国"主张面向行动（任务）的外语教学理念，强调使用者在语言使用过程中发展自己的综合能力，尤其是运用语言交际的能力同时重视作为社会人的学习者所拥有并运用的认知力、情商和意志力"（《欧洲理事会文化合作教育委员会》）。基于上述理念，英国国家课程标准（The National Curriculum）提出了外语教学的四点"关键概念"（语言能力、语言知识、创造力、跨文化理解能力）和"关键过程"（培养语言学习策略、培养语言技能）。英国 Key Stage 3 阶段外语教学目标可归纳为三方面：一是外语教学首先关注作为语言学习主体的"人"，语言学习的目的是为了促进人的发展，将人从孤立中解脱出来、激发学习者的好奇心并学习新的思考方式，以此加深对世界和多元文化的理解；二是语言学习以学生为中心，要努力让学生表达想法和思想并给其提供机会；三是重视语言的实际运用，强调真实语料的运用和不同语体的平衡发展，特别重视口语的流利度与针对不同目的的写作能力培养。

学习者特点是教材编写重要考虑因素。在任何情况下，教和学的过程中最重要的元素是学习者理解发展阶段的不同特征对小学和初中的语言教师而言是至关重要的。根据皮亚杰和加拿大教育家基兰·伊根对个体心理和发展层次的划分，Key Stage 3 的学习者处于形式运算阶段和浪漫层次。在该阶段，孩子能够运用逻辑和推理解决各类问题，包括一些既非来自自己的直接经验、也没有具体所指对象的抽象的问题。他们会为极限的事物着迷，也会被与他们不同的经历所吸引。Key Stage 3 的学习者的特点还包括：在内容偏好上，他们非常关注学校和同龄人，他们渴望了解新鲜事物和文化，希望知道目的语文化中的同龄人在做什么，以及这些同龄人在日常生活中所用的词汇。他们渴望探索真实世界的极限，想要了解母语文化和其他文化中的"奇怪事物"，喜欢比较和对比，并乐意抓住机会体验新学的语言和目的语文化。在对待学习的态度上，这一时期的学习者渴望学有所成，希望学习能够获得肯定并具有一定的自我评定能力。在学习方式上，他们喜欢搜集各类事物，如明信片，等等，并且经常从自己选择的话题进行学习研究中体验到乐趣。喜欢创造新事物并炫耀自己，喜欢走出课堂进行采访，在真实的场景中使用语言，例如问路、指路或回绝信息。

3 《进步》教材的特色

限于篇幅，我们将探讨主题编排、词汇与语法的呈现与编排、练习设计等三方面特色。

3.1 主题的编排

精心设计的主题融合了激发学生解读意义的三个要素：情感、相关性和语境模式，能够激发学习者的话题兴趣，而话题兴趣又能促进学习和理解。《进步》两册共 10 个单元主题，在主题范围上与《快乐汉语》基本一致，都包含了出行、服务与交易、个人信息、未来计划与工作等，符合 GCSE 对测试一般性话题的规定。但在不同单元主题间、同一单元内话题间的编排上，较之《快乐汉语》，《进步》呈现出两个特点：一是两册书的主题有意识地遵循了中学生社会化与成长发展的顺序，基本按照"个人—群体—社会"的顺序螺旋展开。第一册依次为：关于个人、家与个人、爱好、学校生活、食品与饮料；第二册依次为：假期、关于个人、家庭与家人、购物、旅行。我们发现，《进步》的主题关联性更加清晰，也清晰呈现出学生社会化与成长发展的逻辑链条。

二是在单元内话题的编排上，《进步》注重话题间的关联性，话题涉及的应用场景更丰富且更贴合当下的社会生活，体现了对语料真实与实际运用能力培养的重视。以第二册"购物"单元主题为例，四个话题分别为"购买水果蔬菜""购买衣物""购买文具图书""网上购物"——涵盖了大众日常购物的需求（购买水果蔬菜、衣物），又体现了中学生群体特殊的购物需求（购买文具）。其提供的超市、百货商店、互联网三个日常购物场景，既具有一般社会生活的普遍性与代表性，又体现了当下的网络购物新趋势，符合中学生渴望了解新鲜事物和文化、渴望解决各类问题的心理发展需求，容易激发学习兴趣进而创造学习的条件。除了上述利用横向关联方式铺展话题外，《进步》单元内话题间关联性的另一个体现是单元内话题的纵向层级递进。即前一话题为后一话题提供基础和准备，后一话题铺开、延伸前一话题内容。如第二册第三单元"你家在哪里？"中三篇课文，课文一介绍家附近的公共设施，如图书馆、火车站等。课文二利用上述公共设施来学习方位表达，课文三利用课文一、二的内容来谈周末的计划，如在哪里见面等。

综上，《进步》在话题内容编排上的一个突出特色是注重关联性，包括与学习者社会化与成长发展的过程相关联、与实际社会生活相关联，以及话题之间的关联（又分为单元主题间、单元内话题间）。关联作为一种最容易、最经常建构的意义，在语言教学中发挥着重要作用。脑产生的连接和联系越多，就会卷入越多的神经区域，信息也就会用神经的方式交织得越紧密。而信息的交织为学习的发生提供了条件。这种关联性也为学习者在加工和练习新信息和技巧过程中不断进行迁移提供了有利条件，这些都对促进语言学习过程中意义的产生起到了积极的促进作用。但同时我们也发现，《进步》的单元主题与课文话题大多采用短语式的呈现方式（如"西安游""买东西"），这在一定程度上削弱了由内容、语言和文化目标建立起来的"大概念"，如果采用任务形式的方式出现，应更有利于激发学习者的兴趣与学习动机。

3.2　词汇、语法的呈现与编排

作为少儿汉语教材，《进步》与成人汉语教材的一个显著差异在于其内容的编排方式。目前成人汉语教材大多采用"生词表—课文—语言点讲解—练习—汉字"的编排方式，教材主体部分是课文以及相应的语法学习内容，练习往往置于"生词表""课文""语法讲解"板块之后出现，用于对上述所学内容的巩固、强化、应用与拓展，这一编排方式一定程度上体现了汉语教学一直以来"分要素"的教学传统。国内编写的一些少儿汉语教材基本沿用了上述做法。《进步》更加注重"关键过程"（语言技能）的培养，将要素的教学融入到技能培养中。因此在《进步》中，没有严格的"语言要素"板块（语法采用"小贴士"的形式随文而出），而是以"练习"的形式来呈现学习内容（词汇、语法甚至课文等）。

在"词汇"编排上，《进步》有三个突出特点：一是注重对教学词汇的分类分层。根据词汇出现方式与重要程度将教学词汇分为核心词汇、语法词汇和补充词汇。核心词汇通常在练习一中呈现，是本课的学习重点。语法词汇在语法注释中随文出现，用于理解和复习语言点。补充词汇在练习中出现，用于拓展所学内容的广度。二是改变了目标词汇的呈现方式。《进步》看不到生词表，目标词汇往往通过第一题的图片练习呈现。图片展示出所要学习的生词，图片用数字标号，下面有汉语与拼音（有时配以英文注释），学生需要通过做练习的方式来完成一个小任务，以此来达到学习生词的目的。三是注重引导学生对词语"义类"的重视。单元小结的词汇表按照义类对单元中的所有词汇进行了归纳与梳理。如教材第一册第二单元《家》中的生词按照"Family（家人）、Pets（宠物）、Birthday（生日）"三类进行分类，其中名词还给出了相应的量词搭配。对于正处于逻辑思维形成与发展阶段的青少年来说，这样的词汇归纳方式非常便于学生查找使用和归类记忆，符合青少年的认知发展规律与学习需求。

没有生词表，只有各种练习的生词学习方式是否适应英国汉语教学呢？根据笔者之一在英国的教学经验，英国的外语课堂要求有趣味性，能够激发学生的学习兴趣，让每一个学生都参与课堂当中。因此，在每节课开始的时候，教师会做一些热身活动或者复习引出本节课的课题，然后在白板上明确今天的学习目标，一般来说目标分为：（1）我必须做到；（2）我努力去做到。在讲解生词的时候，教师一般通过多样化的活动引起学生的积极性，中学生更喜欢有竞争性的活动，小比赛可以以个人或者小组为单位进行，比赛会引起全班的兴趣。因此，教材中生词呈现方式及生词练习的设计是适于这类教学方式的。同时，《进步》的设计方式也与少儿汉语学习特点有关。有别于成人语言学习动机强的特点，少儿汉语学习者的动机往往较弱，且更愿意在活动中进行学习，简言之，成人的语言学习往往是"学后用"，少儿的语言学习需要"用中学"，因此在少儿汉语教材中，练习与活动应当占据更大比例，也承担着与成人教材不同的教学功能。

在语法设置上，以往教材语法讲解呈现方式大致分为两类，第一类是板块化呈现，常见的是在"课文"后设置"语法学习"板块集中讲解语法知识。有的教材还会在这一部分设置语法专项练习。第二类是教材中不出现语法讲解内容，在教师用书或练习册中设置语法讲解内容。后者的做法可以看作对以往第二语言教学花费了大量时间用于讲解第二语言如何通过语法组织起来，而不是创造真实条件来促进语言的习得问题而在教材编写上做出的改进，在少儿二语教材编写上是一个进步。但课本中完全取消语法知识介绍也会给学习者在课堂学习、课后自我复习时带来不便。《进步》对语法的处理采用了一种折中的做法，在保留语法讲解板块的同时，将其变成简短且浅显实用的语言小知识和语法小贴士。语言小知识主要介绍汉语中的一些常见语言现象和语言常识，帮助学生理解汉语。语法小贴士则紧贴本课的练习，用英文解释并举例，简洁实用，浅显易懂，能够就近解决学习中的关键语法问题。这种语法讲解设计具有两个特点：一是这些小贴士的安插，绝不是散乱、随意的，而是依循教学大纲和教学目标设定，依照一定的逻辑展开的，这就兼顾了语法教学的系统性问题；二是在语法介绍时尤为注重英—汉之间的语言结构差异、语言表达习惯差异，这既是本土编写者多年汉语教学经验的总结，也抓住了英国少年汉语学习者喜欢比较和对比的认知特点。

3.3 练习设计

英国中学的外语学习往往在大量课堂互动中进行听说读写的练习，这既是英国 Key Stage 3 阶段外语教学的要求，也体现了促进协商互动的语言教学原则。《进步》的练习活动不仅体现在数量多，形式多，更重要的是编者十分注重活动的交际性以及语言技能的整合训练。

活动的交际性体现之一是练习活动能否促进学习者与同伴意义协商与沟通，因为这样才能更好地促进学习者参与自身的语言发展进程，并形成他们自身的学习路径。从这个角度说，教材中合作类的活动更能够促进人际活动的互动，体现交际性。我们以单元话题"我的家"考察《进步》中的合作类活动，发现在只依据练习的题目表述进行判断的情况下，《进步》在整个单元三篇课文 23 个练习题目中有五篇题目明确要求小组或两人合作完成，占总练习的 22%。而国内编写的一些教材往往缺少以小组之间的合作或其他富含趣味性实践性的练习形式。这些设计体现了《进步》更加贴合英国 Key Stage 3 阶段外语教学大纲中将人从孤立中解脱出来、激发学习者的好奇心并学习新的思考方式、努力让学生表达想法和思想并给其提供机会的外语教学要求。

在语言技能练习设计方面，《进步》的练习覆盖了听说读写四项语言技能。陈庆江统计显示，《进步》中读写练习的比例与听说保持基本相当，甚至有些单元的读写练习比例高于听说练习，打破了传统重听说、轻读写的教材编写模式，试图使学生的听、说、读、写四种技能协调发展。相比对语言技能的覆盖，《进步》中练习的多样性特别是对语言技能的整合更值得我们重视。如在听力训练中，有听录音并重复听到的词语、听录音并把你听到的词语的编号写下来、按照听到词语的顺序把词语排序、根据听到的内容完成表格等。在阅读训练上，有词语的中文和英文配对、读后回答、阅读并用英文复述、阅读并判断、阅读并选择正确答案、阅读并排序、阅读并完成表格、阅读并翻译等多种活动。在写作训练上，设计了用英文给图片贴标签、设计海报/短信/计划、填空以完成句子或段落等活动。此外，一些如同学调查、同学采访、角色扮演等活动更是很好地整合了多种语言技能。相较而言，国内编写的一些教材中阅读与写作类练习匮乏，且语言技能的训练方式相对固定单一，呈现出鲜明的分技能训练的编写思路。对整合语言技能的重视在近 20 年来的欧美外语教学中逐渐形成共识，这源于欧美认为分技能语言教学不足以满足整体功能性技能的培养需要，因为各项语言技能实质上是相互关联、相辅相成的，将他们分割成简便易行的小模块违背了语言和语言使用平行发展、相互作用的本质的认识。但汉语教学界长期以来对初级阶段是否进行读写训练是有分歧的，我国汉语教学界曾经长期为先语后文还是语文并进，以及认写分流还是认写同步纠结；当前大多数学校在初级阶段不设写作课就是上述分歧的表现之一。

4　结语

汉语教材本土化问题已经成为制约海外汉语教学效果的瓶颈性问题。如何使教材符合教学对象的国别特征、年龄特征、所在国外语教学理念等问题是我们无法回避的基础性问题。通过对《进步》教材的分析，我们认为少儿汉语教材的编写有以下四个方面需要注意。

首先，教材编写要对使用对象的年龄、心理特点有充分的认识。不同年龄段、不同文化背景下的学习者有不同的认知方式和特点，一套教材应该尽可能有更清晰的使用对象，适用范围不宜过宽。

其次，教材编写要考虑到学习者不同的认知特点会导致学习方式、获得新知识的方式有所不同，在教材的内容编排和活动设计中要充分考虑各种知识获得方式，如视觉、听觉、动觉等学习方式。

再次，教材编写要符合所在国的语言教学理念与教学实际。以欧洲为例，在重视语言使用的共同指导思想下，教材应重视练习活动的交际性，要在师生之间、生生之间构建运用语言进行有意义的交际活动。何为有意义？一个重要的方面是交际的双方为了获得信息而进行的交际。因此，我们要特别重视交际性活动的编写。

最后，教材编写要将文化教学有效地与语言教学相结合，让学生通过语言学习去了解目的语文化，并通过目的语文化促进学生的语言学习。在《进步》中，文化通过随文附注的"小贴士"和每单元的最后一课体现出来。这些设计使得汉语教材不再局限于学生语言能力的培养，更是为其打开了一扇了解当代中国社会的窗口。

参考文献

[1] 陆俭明：《汉语教学的新变化、新问题、新任务、新意识》，《华文教学与研究》2008年第3期。

[2] 赵金铭：《对外汉语教材创新略论》，《世界汉语教学》1997年第2期。

[3] 于海阔、李如龙：《关于汉语国际教育国别化教材几个问题的探析》，《民族教育研究》2012年第6期。

[4] 张新生、李明芳：《汉语国际教育的终极目标与本土化》，《语言战略研究》

2018 年第 3 期。
[5] 狄国伟：《国际汉语教材本土化：问题、成因及实现策略》，《课程·教材·教法》2013 年第 5 期。
[6] 吴应辉：《关于国际汉语教学"本土化"与"普适性"教材的理论探讨》，《语言文字应用》2013 年第 3 期。
[7] 周小兵、陈楠：《"一版多本"与海外教材的本土化研究》，《世界汉语教学》2013 年第 2 期。
[8] 董淑慧：《汉语教材编写的本土化特征——基于〈汉语教科书（1954）〉与通用性教材、"一本多版"的比较》，《海外华文教育》2014 年第 1 期。
[9] 周小兵：《汉语教材需要本土化吗》，《国际汉语教学研究》2014 年第 1 期。
[10] 陈庆江：《略评国别化汉语教材〈进步〉》，《世界汉语教学学会通讯》2013 年第 2 期。
[11] 罗青松：《试论定向汉语教材编写的环境文化因素》，《语言文字应用》2005 年第 4 期。
[12] 欧洲理事会文化合作教育委员会：《欧洲理事会文化合作教育委员会欧洲语言共同参考框架：学习、教学、评估》，外语教学与研究出版社，2008。
[13] 曾海燕：《英国中学国别化汉语教材编写研究》，硕士学位论文，北京语言大学，2009。
[14] 柯顿等：《美国中小学外语课堂教学指南》，外语教学与研究出版社，2013。
[15] Jensen E. 2005 Teaching with the Brain in Mind, 2nd Edition, Association for Supervision & Curriculum Development.
[16] Schiefele U, Krapp A. 1996 Topic interest and free recall of expository text，《Learning and Individual Differences》第 2 期。
[17] Boscolo P, Mason L. 2003 Topic Knowledge, Text Coherence, and Interest: How They Interact in Learning From Instructional Texts，《The Journal of Experimental Education》第 2 期。
[18] 李晓琪：《汉语教材编写的两个问题》，《华文教学与研究》2016 年第 3 期。
[19] D. A. Sousa：《有特殊需要的脑与学习》，中国轻工业出版社，2005。
[20] Wiggins G, Mctighe J. 2005 Understanding by Design, Expanded 2nd Edition, Association for Supervision & Curriculum Development.
[21] 梁维颂：《〈快乐汉语〉与〈英国初中标准中文〉对比研究》，硕士学位论文，河北大学，2016。
[22] 常春凤：《国别汉语教材〈进步〉的编写特色及适用性研究》，硕士学位论文，北京外国语大学，2017。
[23] Krashen S D, Terrell T D. 1983 The Natural Approach: Language Acquisition in the Classroom. The Alemany Press.
[24] 库玛：《超越教学法：语言教学的宏观策略》，北京大学出版社，2013。
[25] 兰雅文：《〈快乐汉语（英语版）〉教材评析》，《教育现代化》2016 年第

25期。
[26] Swaffar, J., K. Arens, and M. Morgan. 1982 Teacher classroom practices: Redefining method as task hierarchy,《Modern Language Journal》第1期。
[27] 宗世海:《我国汉语教学模式的历史、现状和改革方向》,《华文教学与研究》2016年第1期。

跨文化意识下俄罗斯本土汉语教材研究

马晓辉

(首都师范大学国际文化学院　北京　100089)

摘　要：本文在对俄罗斯汉语教材的出版现状进行简单描述后，以初、高级汉语教材《汉语入门》和《实用汉语教科书》为例，对俄罗斯本土汉语教材特点进行了详细考察，总结了各自的特点，并从跨文化角度针对俄罗斯汉语教材的编写提出了一些建议。

关键词：教材　俄罗斯　《汉语入门》　《实用汉语教科书》

1　引言

随着"汉语热"在全球范围内持续升温，据国家汉办粗略估算，全球除中国（含港澳台）之外，学习使用汉语的人数已超过一亿。截至2018年全球154个国家（地区）共建立548所孔子学院和1193个孔子课堂。其中，俄罗斯有17所孔子学院、5个孔子课堂，遍布17个城市。俄罗斯联邦教育科学监督局副局长安佐尔·穆扎耶夫在今日俄罗斯国际通讯社举行的圆桌会议上表示，从2019年开始，中文将被纳入俄罗斯国家统一考试的外语科目中，数百名俄罗斯中学生将参加这一中文科目考试。俄罗斯媒体预测，汉语成为统考选项后，将吸引一大批原先计划选择其他语种的考生。因此不管是俄罗斯人民对中华文化兴趣不断提升，还是俄罗斯将汉语纳入国家考试使学生更加重视汉语，抑或中俄双方全面合作战略地位的提升对俄罗斯汉语人才迫切需求的原因，无不彰显着汉语已成为俄罗斯"未来语言"的重要地位。汉语在俄罗斯的普及使汉语有着巨大的潜力与需求，汉语成为俄罗斯国家统一考试外语科目,其地位愈发重要,也使得俄罗斯中小学更看重汉语教学。

教材作为课堂教学组成的三大基本要素之一(教师、学生、教材),是课堂教学的重要依据,要想完成教学计划,实现教学目标,更有效地进行汉语教学,编写使用具有较强针对性的国别化汉语教材十分必要。

2 俄罗斯汉语教材的出版现状

俄罗斯对教材的管理规定是非常严格的,俄教育部有一份《俄罗斯中小学教材清单》,教材要进入这个清单,必须通过重重审核,编写者必须是专业人士,教材要求是成套的,教材的整体设计首先要符合俄罗斯的教育体制、学时安排。目前,《教材清单》中包含 1000 多种出版物。现阶段流行的俄罗斯汉语教材种类比较少,根据出版地不同分为:在中国出版的汉语教材《新实用汉语课本(俄文版)》《汉语会话 301 句(俄文版)》《汉语教程(俄文版)》《当代中文(俄语版)》《汉语入门》《汉语新目标》《汉语新起点》等系列教材,适用于俄罗斯中小学的:《跟我学汉语(Учитесь у меня китайскому языку)》(俄语版)《汉语乐园》《汉语新起点(第一册)》《快乐汉语》(俄语版)。

在俄罗斯汉语教材的出版主要集中在几个大型的出版社,它们分别是"Муравей""АСТ""Каро""Вече""Цитадель""Наука"。这些出版社的教材发行量很大,质量最好。

(1)《汉语入门》(《Начальный курс китайского языка》),蚂蚁("Муравей")出版社,2006 年出版,作者是 Т. П. Задоенко、Хуан Шуин。4 次修订出版。

(2)《基础汉语》(《Основый китайского языка》),科学("Наука")出版社,1993 年出版,作者是 Т. П. Задоенко、Хуан Шуин。这本书旨在帮助学生加强对"声母、韵母、声调"的掌握,配有大量的发音示意图表。

(3)《实用汉语教科书》(《Практический курс китайского языка》),东方—西方("Восток-Запад")出版社,2006 年出版,作者是 А. Ф. Кондрашевский、М. В. Румянцева、М. Г. Фролова。该书是从北京语

言大学出版社出版的《汉语实用课本》翻译而来的,已经连续九次出版,可见其在俄罗斯受欢迎的程度。

(4)《实用汉语新编》(《Учебник китайского языка: Новый практический курс》),东方文学("Восточная литература")出版社,2004年出版,作者是 А. М. Карапетьянц、Тань Аошуан。该书旨在帮助学生发展和提高交际能力,并配有光盘以提高教学效果。

(5)《商务交际汉语》(《Китайский язык для делового общения》),蚂蚁("Муравей")出版社,2002年出版,作者是 А. Ф. Кондрашевский、Г. Я. Дашевская。这本书对学习外贸用语的学生很有帮助,书中列举了商务交际案例。

(6)《汉俄汉字教学词典》(《Китайско-русский ученый словарь иероглифов》),东方—西方("Восток-Запад")出版社,2006年出版,作者是 Ван Луся、С. Л. Старостина。这本书包含大量的汉字俄文注释,并配有图片,利于学生直观、形象地记忆汉字。

与面向英语国家发行的汉语教材相比,俄罗斯的对外汉语教材种类还是比较短缺的。

3 对俄罗斯现行初、高级汉语教材《汉语入门》《实用汉语教科书》的考察

一般说来,我们在教学过程中选择教材时应遵循以下标准:教科书中材料的系统性,包括语音、语法、词汇和文化交际知识;主题和教科书中使用的词汇的现实性;在语言环境以外的教学中,使用本教科书的可能性;是否有足够的加固所学知识的练习(课后练习),包括在课堂上做的和在家里独立完成的练习;具备优质和完整的录音及视频材料。

目前在俄罗斯最受欢迎的汉语教材主要有东方—西方出版社出版的《实用汉语教科书》(《Практический курс китайского языка》)和蚂蚁出版社出版的《汉语入门》(《Начальный курс китайского языка》),其中由俄罗斯著名汉学家 А. Ф. Кондрашефский 根据1981年刘珣等编写的《新实用汉语课本》改编而成的《实用汉语教科书(俄文版)》在俄罗斯的使用范围最广,在俄罗斯的高校作为正式教材普遍使用。本文试图通过对这两套受

到俄罗斯本土欢迎的教材的分析,探索俄罗斯本土教材特色,找出各自的优缺点,以期为对俄汉语教材的编写提供一些参考意见。

3.1　初级汉语教材《汉语入门》

《汉语入门》(《Начальный курс китайского языка》)由蚂蚁("Муравей")出版社于 2006 年出版,作者是 Т. П. Задоенко、ХуанШуин,因为很受欢迎,已多次印刷出版。《汉语入门》主要有两个特点。

第一个特点是,由于各种原因,近年来在俄罗斯的大学汉语教学已脱离了三四十年前形成的严格风格。随着对汉语教学要求的降低,出现了大量迅速掌握汉语的"实用课本"。而《汉语入门》不同于其他的教科书,教材的编写使用旨在恢复莫斯科大学亚非学院所形成的传统汉语教学方法,这种方法在过去几十年的实践中已证明具有不容置疑的优势。

第二个特点是,该教科书的编写既秉持了亚非学院 25 年前出版的教科书的原则,同时又完全符合现代化的要求。"词汇—语法注释"部分的内容非常丰富,不仅针对学生对语言现象的记忆,而且主要针对他们对语言的理解。由于汉字是掌握汉语最大的难点之一,"汉字"部分的重点在于分析汉字的结构特征(主要音意字)。该部分还包括了"书法"一项,目的是帮助学生掌握写汉字的笔顺。"关于汉字的更多信息"这一部分旨在扩大学生对这个神秘又复杂领域的认识。

《汉语入门》的第三册在结构上跟前面的部分没有太大的区别:每一课(总共 10 课)包括语法、汉字、课文、生词表、语言点和练习。前面两册探讨了与简单句的词法和句法有关的语法现象,第三册"语法"部分的重点在词序变化和复合句的句法上。"汉字"部分跟以前一样分析汉字结构及其内涵逻辑。由于学习者已经有较多的写汉字的经验,在"书法"部分中仅提供常见的部首,没有详细介绍笔画。在"语言点"部分中不仅关注语言现实,而且也关注修辞的一些问题——口语和书面语之间的区别等。跟直译相比,文学翻译可以有多种方法。在"附录"部分的译文中,作者并没有真正想要原封不动地复制翻译原文。因此,对使用教科书的学生来说,将他们自己的翻译同"附录"的翻译进行比较是有益的。

3.2 中高级汉语教材《实用汉语教科书》

《实用汉语教科书》（《Практический курс китайского языка》）由东方—西方（"Восток-Запад"）出版社于2006年出版。作者是А. Ф. Кондрашевский、М. В. Румянцева、М. Г. Фролова。该书从北京语言大学出版社出版的《汉语实用课本》改编翻译而来，已经连续出版九次，可见其在俄罗斯受欢迎的程度。这是一本针对语言及非语言专业大学的低年级学生、中学汉语学习者以及非学历自学者的初级基础汉语教材。

本套书的文本有设置周密及首尾贯彻的单一故事情节线索的特点，其中有三个主角：刚开始学汉语的俄罗斯学生玛莎、安德烈以及他们的朋友中国同学丁云。第一册的内容主要围绕着玛莎和安德烈在自己的国家刚开始学汉语的故事，那时候刚刚认识丁云。第二册讲的是玛莎和安德烈来到中国留学的故事。用现代口语的文本格式描述了俄罗斯和中国社会日常生活及社会许多现实，这使得学生除了语言知识之外，还能掌握必要有用的词汇和区域地理概念。

意识到学习者有共同的学习汉语动机需求，作者专设了《你知道吗?》文化专栏，简单地介绍中国社会的一些现象以及关于中国和汉语的综合信息。专栏的主题跟课文内容或副课文内容有关，专栏设置的任务是让学生学会用俄语介绍当前的主题，而且也给出了相应的汉语翻译。这使得学生在所学科目中不仅能够很容易地识别汉语中的关键词，而且还能随着时间的推移在自己的话语中自信地使用关键词。

在课程设计中，作者考虑到了所有课题的工作量比例：词汇、标准短语、语法、文本量、各种练习、翻译练习，等等。值得注意的是，教师可以根据课堂的性质和课时数只使用主课文和相关的练习（基本学习模式）或再补充所有相关的补充材料和相关的练习（深入的学习模式）。当然，学习、巩固知识和语言技能最好采用第二种模式，因为这是一种更加全面和更有成效的方式。为了监督语言习得的效果，本教材提供了附录部分，其中包括俄汉翻译练习、繁体字的课文阅读、成语和绕口令、汉字部首表、汉语音节与拼音对照表以及俄语对照表（第二册），也包括录音和参考答案。

除了课文中的生词之外，生词表还提供专有名词（包括地名）、补充词语，补充词语有助于完成课中的所有练习。所学的词汇在词典按照字母顺序排列（分别为第一册和第二册）。每一册还提供主题词典。主题词典是按照出现顺序排列的汉语词汇主题列表（附有俄语翻译）。主题词典主要目的是向学习者展示根据不同的话题要掌握的词汇，促进学生的语言记忆，以利于他们在不一样的环境中说出学过的词语。课文后的注释提供复杂句子的讲解、语法的讲解，提供关于一些词汇特殊用法的讲解和翻译，也提供一些事实性的信息。在注释部分所列出的汉语句子中附有俄语翻译。从第13课开始每一节课都有一个阅读和理解陌生单词和词组的练习。双音节的或多音节的词组是用已经认识的汉字组成的，但是组合不同，这种练习首先能锻炼记忆力，巩固对各个汉字的读音和意义的了解，其次能让学生掌握词形和词组的结构，形成对词义结构的认识，这种技能对学生在每一个学习阶段都有用处。一开始做这种练习需要老师的辅导。随着时间的推移，学生可以用词典检查自己理解的准确性。

前12课作者注意使学习者了解汉语语言结构、音节和声调，并且注重音节的标准发音。学习汉语发音的同时学习者开始学习基本的汉语口语词汇和短语。学会基本发音之后从第13课开始在课程中引入旨在提高和巩固发音能力的练习，包括语调。

情景练习使学生能够根据所确定的交际任务最有效地应用语言和语法知识。替换练习的目的在于丰富学生的词汇储备，通过学过的内容培养学生的语言能力。每一节课后面有笔顺表格，其中包括专有名词和补充词汇的汉字笔顺。《实用汉字手册》是《实用汉语教科书》的副教材，在手册里详细分析了中国汉字的历史和结构，共有两册。第一册按照课文顺序详细介绍50课中的每一个汉字。第二册是字帖，学生可以临摹从而练习汉字的构件、部首以掌握汉字的写法。每一节课的字帖部分后面有一组练习，练习需要老师来监督。这组练习由听写、阅读练习、生词理解以及汉译俄和俄译汉的练习组成。翻译作为一种独立的语言活动，在教材中以俄汉互译练习的形式出现。翻译练习被视为加固和监督口头和书面语知识和技能的主要方法之一。从第八课开始有翻译练习。教材后面提供复习练习。俄译汉的大部分句子建议在教师监督下以书面形式完成。

大部分文本内容都有录音，包括课文、语音练习、替换练习、交际练习对话、副课文、语法练习、课文后的问题、成语和绕口令。录音的目的首先是给学生提供规范的音频材料。录音也可以作为参考答案，学生在听录音过程中可以检查自己做的练习是否正确。因此，不断使用录音不仅可以有效地提高教学质量，也可以创造语言环境，而语言环境对掌握语言是最主要的条件之一，所以不断使用录音可以说是必须的。如果教室条件允许的话在课堂建议使用录音，这样可以加固学过的内容，激活语言能力，也可以把录音当作初步的听力材料，跟着广播员读，凭听力翻译句子，凭听力写拼音或汉字、词汇或词组。

4 俄罗斯汉语教材存在的问题

通过对上面两套教材的分析，我们发现随着学习汉语人数的增加，汉语教材变得更复杂，并开始涉及汉语学习的方方面面。在教材里我们不仅可以看到语法或口语的内容，而且还有关于历史和文学即文化方面的内容。课文内容的复杂性日益提高，虽然这会让学生更深入地了解汉语本身，但不能解决所有的问题。在中国我们会按照听说读写把汉语教材分成很多类，有语法教材、口语教材、阅读教材、写作教材等。而在俄罗斯，大部分编者把这四个方面的内容都纳入一本教材中，这就使得学生更难掌握语言知识。俄罗斯教材的作者更看重的是语法讲解，这一点不太符合现在的情况，因为很多俄罗斯学生将来想做贸易，要提高汉语口语能力，所以俄罗斯学生需要汉语口语类以及经贸汉语类的教材。目前俄罗斯的教材大部分或是俄罗斯作者自己编写的，或是跟中国作者合作的，或是把中国的教材翻译成俄文的，但被改编翻译的教材存在很多问题，因为这样的教材是为欧美学生编写的，而他们的语言和思维方式跟俄罗斯学生截然不同，因此，找到适合俄罗斯学生的教材是一个亟待解决的问题。

除此之外，目前俄罗斯中学汉语教材还存在着如下问题：很难选择合适的汉语教材，缺乏符合现代要求的汉语教辅资料（课本、习题集、听力、视频材料和教师用书等）；各年级间缺乏同系列的教材；对于2~11年级的学生缺乏统一的汉语学习大纲，等等。

5　跨文化意识下俄罗斯本土汉语教材编写的启示

没有对中国文化深刻的了解和多方面的知识，没有对这个民族的民族特点、生活方式、世界观、习俗和传统的了解，只是把汉语作为文化交流的工具是不可能研究好汉语并加以运用的。因此只有综合了两方面的知识——汉语和中国文化，才能保障有效的和有益的交往。掌握语言携带者的世界观和行为，这样学习者才能与另一种语言文化的代表（包括汉语）形成认知上的情感和行为的相似，意识到不同文化之间存在的差异是学习者具有语言—文化能力必不可少的一部分。因此，发展学生的个性有助于在其掌握另一种语言活动时善于逻辑化地、形象地、独立地思考。有助于用所研究的语言参加到各文化间的交流，发展自己的能力，同样理解并表达出更多的意见。

因此汉语课文应该作为一种管理和自我管理的体系，其设计方向是发展学生的个性。在设计新课本的模式上，要考虑到个性化，保障学生学习自我运动的成功性；"一些学习难题的追踪"使得材料能上下连接，懂得一定国家的"语感"反射；发展、教育和社会化任务的结合。

一套好的国别化教材应该体现汉语自身的特点，同时也要考虑到目的语国家学生的特点进行有针对性的编排。俄罗斯学生还是需要新的能够反映中国文化和民族特点的教材。为了保持并且提高俄罗斯学习者对汉语的兴趣，我们要全力以赴去编写各种汉语教材。

（1）俄罗斯作者要努力自己去编写教材而不是翻译中国的教材。俄罗斯人能更好地了解俄罗斯人的思维方式，编写出来的教材可以使俄罗斯学生更有效地掌握教材内容。现在已经有俄罗斯汉学家开始着手做这方面的工作。

（2）作者也要注意教材编写的原则，充分尊重俄罗斯汉语教学大纲。编写教材时要考虑到国家的特点、民族特点、文化和学习环境，不能忽视学习者的年龄和学生的身份。

（3）中俄合作进行国别化教材的编写。编写国别化的教材是比较耗时耗力的工作，需要中俄双方的长期合作。应该组织精通两国语言的教师组成编委会，进行全面的调研，深入教学第一线，针对俄罗斯学生的喜好和需求做详尽的调查，唯此才可以编写出符合俄罗斯国情的国别化教材。两国的出版社也要合作，这样可以互相吸取经验，更快地应对出版业发生的变化。

参考文献

［1］狄国伟：《国际汉语教材本土化：问题、成因及实现侧率》，《课程·教材·教法》2013年第5期，第36~47页。

［2］李晓亮：《对外汉语教材的几个问题》，《世界汉语教学》1996年第4期，第25~32页。

［3］崔钰：《俄罗斯汉语教材问题研究》，《黑河学院学报》2011年第2期，第62~64页。

［4］李君：《论我国对俄汉语教材编写取得的经验及存在的问题》，《语文学刊》（外语教育教学）2016年第5期，第117~118页。

［5］李逸津：《俄罗斯汉语教学与汉学研究的发端》，《天津师范大学学报》（社会科学版）2004年第4期，第60~64页。

［6］于海阔、李如龙：《关于汉语国际教育国别化教材几个问题的探析》，《民族教育研究》2012年第23期，第91~97页。

跨文化视域下的阅读课教学研究

申慧淑

（首都师范大学国际文化学院　北京　100089）

摘　要：语篇中蕴含的文化内容能够帮助学习者增强跨文化意识，构建文化图式，而跨文化理解能力缺失会影响汉语学习者阅读能力的提高和发展。在对外汉语阅读课堂中，教师要依据文化因素的种类采取不同策略，如采取"发现"与"对比"的维度，或采取混合式慕课课堂。同时应将碎片化的语义文化因素整合为系统，便于学生储存和掌握。

关键词：跨文化　汉语阅读　语义文化因素　语构　语用

1　引言

阅读是以接受能力为主、强调理解的一项语言技能，准确地理解文章的大意与作者的意图是阅读的首要目的。与母语阅读不同，外语阅读课的主要任务还是语言知识的积累，应使学生通过大量的输入逐步成长为熟练的阅读者。很多研究结果都显示，词汇量不足是留学生阅读汉语材料时的主要问题。

相比于具有共同文化认知特点的词汇，具有汉民族独特文化含义或背景的词汇或词组、惯用语、成语更会阻碍学生的深入理解。学生对文化的理解主要局限于显性文化或大写的文化，如饮食习惯、生活习惯等方面。对外汉语阅读教材中，不乏一些具有中国历史或传统文化知识为背景的材料，还有一些文学作品中选取的段落，这些本是有利于学生接触汉文化的内容。但这些文化因素减缓了学生的阅读速度,成为学生理解的障碍。因此教师必须善于引导学生发现词汇中的文化因素,通过多种途径加快学生理解的速度,并加深理解的深度。只有这样,阅读课堂才能实现真正的快速大量输入。

陈光磊和吕蔚将文化因素划分为语义文化、语构文化和语用文化三个层面,我们参考其分类及各层面下属类别的设置,以刘颂浩等编的《中级汉语阅读》的语篇材料为例,对教材中的文化因素教学进行探讨。

2　文化因素的三种类型与理解难点

2.1　语义文化因素

语义文化指语言的语义系统所包含的文化内容和体现的文化心理。一些文化词,也就是包含了某民族特有文化内涵的一类词,如汉语中"龙"和"狐狸"所代表的文化涵义与英语中大相径庭。有些复合词如"东道主""枕边人"等所蕴含的意义在其他语言中也难找到完全相应的词。有些词随着时代的发展又有了新的涵义,如"大妈"。此外,汉语的成语、典故、惯用语、谚语、歇后语也具有鲜明的民族特色和深厚的文化渊源。有些词与中国特有的国情或民族传统有关,如"单独招生""文人"等。我们参考已有的研究,又进行了适当的修改与增加,将语义文化因素分为六大类 37 个子项。

表 1　语义文化因素分类及其示例

总类	子类项目	示例
特有物质	饮食、服饰	昙花、雨花石、胡琴
特有涵义	动植物、自然类象征用语、颜色、数字、称呼、人名等	鲁迅、长袍、铜元、韩信、干部、仙儿、重头戏、庄稼人、绿叶配红花
中国国情概况	政治、经济、教育、政策、法律、地理(名胜古迹、生存环境等)、民族、人口等	金銮殿、教研室、青藏公路、江南、便宜坊、单独招生

续表

总类	子类项目	示例
民族特征	历史（朝代、人物等）、风俗习惯（婚俗与葬俗、传统节日等）、文化传统（艺术、文学、民间传说等）、生活及生产、宗教哲学、发明等	武术套路、文人、打道回府、喊嗓子、生旦净末丑、水浒、望闻问切、财神、相声
心理特点、观念	社会价值观、人生价值观、伦理价值观、自然观、消费观、婚姻观、民族性格等	中国人喜欢围观 古代文人爱书如命 大丈夫能屈能伸 境界 批评人要含蓄
文字及应用特征	四字词语、俗语、歇后语、惯用语、引用与典故、方言、流行语、诗词等	词不达意、不是东西、松了口气、像煮开了水的饺子锅、心向往之而实不能至、脸不是脸鼻子不是鼻子

特有物质文化用语反映的是中国物质文化方面的内容，一般来说以图片展示学生能够较快理解。特有涵义词汇和涉及国情的词汇，教材上有解释，人名、地名如"鲁迅、便宜坊"等无须多解释，但"文人、干部"等词汇看似简单，其实词汇所隐含的历史文化涵义较复杂，需要更多元的教学手段。心理特点类文化因素则更多地体现了中国文化的深层内容，精神、制度、理念等方面的文化是高级阶段语义文化因素的重点内容，也是教学中的难点。文字及应用特征里包含四字词语、俗语、歇后语、惯用语、引用与典故、方言、流行语、诗词等，在教学中都会占用大量的时间。

2.2 教材中的语构文化因素

王魁京认为不同民族思维方式对语法的制约，主要体现在不同语言的语法的差异和句法结构的差异上。他认为："一个民族语言的语法，实际是民族思维活动型式的凝结，是从长期的民族历史上积淀下来的。"但通过对学生的教学与调查，我们认为语法的差异和句法结构的差异并不是造成学生阅读障碍的主要因素。有教学经验的教师对此都深有体会。申小龙也曾就语言结构、意识形态和思维模式之间的关系进行了阐述，尤其对汉语结构与汉民族思维特点作了比较详尽的概括和说明，认为汉民族思维主要有整体思维、具象思维和辩证思维等。其中的一些子项目对于理解学生阅读障碍有一定启发意义。如"以具体词表示抽象概念"、缩略词、悖义结构等等。另外，我们认为一些非常规但合法的构式，数量虽不多，但应引起注意。我们可将教材中反映不同思维的语构文化项目分为三大类。

表2　不同思维的语构文化项目与实例

语构思维与特殊构式	项目	示例
整体性思维	意合（省略、缩略词）	起承转合，工农兵，春游
具象性思维	量词反映事物的形象和类属 以具体词表示抽象概念	一口咬定 波浪、高压、靠山、门儿、土壤、尘埃
辩证思维	悖义结构 正反词	有个高下之分、拼个你输我赢、说话不知进退、逆来顺受、受生物钟左右
特殊构式	旁格宾语动宾结构	等门、吃大份、写黑板、跑新闻

以具体词表达抽象概念与一些特殊构式是学生理解的难点，但同时也是进行趣味教学的良好契机，学生可以通过对此类词汇的学习，深入了解中国社会文化情境。而悖义结构与正反词则为学生提供了较为省力的扩展词汇的方法，一般来说学生可轻松地掌握。

2.3　语篇中的语用文化因素及其理解

语用文化是指使用语言的文化规约，即语言运用同社会情境和人际关系相联接起来所必须遵循的规则。语用系统中体现出的文化因素所涉及的范围较广，它可以指社交应酬方面所体现的文化规约，如招呼与道别、致谢与致歉、邀请与拒绝、对恭维和赞扬的反应、谦辞与敬语、委婉与禁忌等；也可以指姓名称呼、亲属称谓、社交称谓等系统中所包含的文化内容；当然也可以包括修辞系统中体现的文化内容。阅读课程中的语用文化因素主要涉及修辞功能。

中高级阶段学习者在语言水平上的提高，不仅体现在词汇量的多少，语言结构的正确性、得体性，还要具有理解和欣赏汉语表达效果的能力。中高级教材中的文章大量呈现出汉语言丰富的修辞手法。阅读教材中书面语的比重加大，课文多采用叙述体，少有对话体。在选文上也有不少经典文学作品，因此不可避免地包含了丰富的修辞手法，这就直接导致学生理解上的偏差甚至是完全无法理解。其中借代和双关的修辞手法，如没有对中国历史、社会、思想传统方面的了解，则完全不能理解，是难点，比喻则理解得快一些。夸张或反语的修辞手法，学生常以常规思维去理解，不能体会其中的讽刺、反讽等深意。

表3　语用文化因素项目与示例

语用文化因素项目	示例
比喻	生活还算甜蜜，但也时常掀起小波浪/他看出她脸上的每条皱纹里都埋伏有风暴/云游/装东西时秋风扫落叶/泼冷水/埋头书山题海当中/看完什么书嘴里就是什么味
借代	豆腐块/庄稼人/金銮殿/挥笔泼墨/吃鸭蛋/柴米油盐味的谈话和交流/书上满是公式，没有一个然而和所以/一把手/面朝黄土背朝天
夸张	只有天知道/记者听了，不禁"伸长了脖子，瞪大了眼睛"/他挣的那两个钱全丢到酒罐子里去了/醉心于时装/这种书别扭，它老瞪着我。不老老实实地当本书，瞪人干嘛呀？
对偶	里三层外三层/心向往之而实不能至/穷忍着、富耐着、睡不着眯着
双关	层次高/一位朋友给了我一本《相对论原理》，我跟它相对了两个多钟头

3　语篇阅读中以混合式慕课教学方式建立文化图式

当整段语篇都涉及典故、古代故事的时候，我们认为有必要将基于慕课的混合式教学理念引进对外汉语阅读课堂，合理整合线上线下教学内容，实现高效学习。因为这里包含的内容往往较有深意，学生需要时间理解和吸收。

我们以《中级汉语阅读》里的几篇材料为例。第六课第七篇的内容是韩信的故事。在课前，我们首先让学生看相关图片、短视频，让学生熟悉故事发生的背景与韩信的人生经历，并通过提前给出的ppt让学生自主学习"侮辱""怯懦""胯""钻"等几个重点词。然后，给出思考题："如果有人侮辱你，你怎么办？韩信的故事给了你什么启示？"上课时，学生读文章做题都会非常顺畅，此时就可以留出时间讨论之前布置的思考题。教师在对大家的发言进行评价后，给学生布置书面作业，在课后以50字左右的篇幅将自己的观点写下来。可鼓励学生主动思考并联系自己的母语文化进行观念比较。课后通过类似语境的重复与再现，让学生多体会，多感悟。

第四课第七篇中一段阅读材料涉及"围观"这一现象。讨论中国文化中"围观"现象的形成原因，并启发学生对比自己母语文化中的观念。阅读篇章之前，可以让学生回答，如果路上发生交通事故或遇上两人打架，会怎么做。用问题导入，学生主动思考并联系自己的母语文化进行文化现象比较。其次，给出几种不同观点．如有些观点认为自古中国的文化当中就有一种不鼓励个性和自我思考，而是强调听师长、听领导的话的思维习惯或惯性（如儒家的君臣、父子、夫妻的上下关系纲常教育），而始终没有很好地培养起自我独立思考和看问题的思想和性格。最终导致了中国民众有了较严重的从众和围观的心理效应。还有观点认为，中国人自古以来有以家族为单位、维护小集团利益的思维，家家建高高的围墙，事不关己，轻易不出手。阅读材料后，做练习题。第三步为巩固阶段，将与"围观"相关的词汇汇集在一起，形成语义场，如"看热闹、里三层外三层、伸长了脖子、起哄、劝说"，等等，利用这些词汇分析与评价作者的观点，并对可能形成这一现象的原因进行讨论。这些思维方式等深层文化导致的障碍，只有通过多种手段，才能引导学生进行深入理解。

4 以"发现"与"对比"维度增强理解

认知语言学的对比理念对阅读课的深度理解具有重要意义。这种对比不仅是简单的形式对比，而且是语义或概念内容的对比。其目的是更全面准确地理解语言形式与概念内涵的内在联系。两种语言的对比可以从以下几个方面进行，以培养语言意识，进而增强语言、文化敏感性。

第一，通过语素意义的对比，增加洞察性学习。在阅读课中教师应进一步激发学习者的学习动力，增强自主学习能力，促进学习者更深刻地认识各自的语言特点及其文化特性。同时，也尽可能减少机械性学习。我们以惯用语为例，有时候两种语言的惯用语相似，可以利用母语知识来记忆。例如 Out of sight、out of mind，与"眼不见，心不烦"基本对应，体现了人类心理上的某种共同性。韩国语中与"眼、心"相关的惯用语有"眼不见，心渐远"，指的是人与人（通常是恋人关系）之间不经常见面来往，情感也会变得淡漠。虽表达的涵义与语境不同，但如果教师利用中英文中的用法与韩国语罗列出来进行比较，学生就能领悟得快一些，减少记忆的负担。如"目不识丁"，在韩国语中有非常相似的表达方式，"镰刀放在眼前却不识ㄴ"，"ㄴ"是韩国语的第二个辅音，在这里表示"非常基础的"之含义。

第二，在一种语言中存在，但在另一种语言中不存在的表达方式，即不对等的表达方式往往就是学习的难点和容易出错的地方。大多数有学习英语经历的学习者都觉得英语惯用语中最难记的是动词惯用短语，如"get up、put up"等。困难的原因是它们形式相近，义项较多，差别又很难找到理据性。如"毛孩子"这个词，是对自己看不起或者看上去不成熟的人的称呼。我们可让不同文化背景的学生思考在自己的母语里对此类人有没有特定称呼，如韩国学生总结出在韩国语中会表达为"额头的血都没干的家伙"，似乎与"毛孩子"语义上无重叠之处，但还有一种表达方式为"鼻子下都没长毛的小子"，因有同样的语素"毛"，学生更容易进行比较和记忆。

当然教师不可能掌握所有外语，因此教师的职责是引导学生"发现"。只有在课堂上引导学生思考，学生才会逐渐产生对比的意识，从而培养其文化敏感性。

5 以语义联想、评价、总结等联系方式整合为系统性输入

有些教材中一个单元的设计，语篇之间无话题上的联系，单元之间也无内在连续性，因此带有文化因素的词汇，在语篇中散布在不同段落，学生不太容易整合这些内容。这些词汇的碎片化给学生造成长期记忆的困难，因此在教学中，需要阶段性地引导学生，使之形成体系，便于记忆和掌握。

研究证明，无论是学习母语还是第二语言，学习者组织和储存词汇的方式都会随着语言水平的提高而改变，按形式储存的方式会逐步让位给按意义储存的方式。因此，着重于语义联系的总结归纳，有助于学习者储存和记忆。

在英语中，mind 和 heart 构成的概念隐喻典型地反映出二元对立的思维特征，即 mind 构成的隐喻主要是思维活动方面的，heart 构成的隐喻主要是

情感方面的。二者分工明确。但在汉语中，情感与心智活动是交织在一起的，如心事、心思、心想和心算；心口如一；心手不相应、心想事成；眼不见，心不烦；劳心者治人，劳力者治于人。在中国古代哲学中，"心"可以掌管一切心理、情感和思维等活动，体现出整体思维方式。虽同处于东亚，韩国语中有一种表达方式叫"我的头脑能够理解，可我的心无法接受"。把头脑作为理性思维的特征，而心作为情感表达的媒介，更接近于英语的分类。如经过若干单元的教学后，教师引导学生总结与"心、头"相关的表达方式，就有利于学生深度理解与掌握。

英汉两种语言中，身体部位词汇构成的隐喻非常丰富，仔细比较各自的隐喻表达式，对深入认识两种语言体现的思维方式具有积极的启发意义。教材中与人体器官相关的词语有：鼻青脸肿、伸长了脖子瞪大了眼睛、摸不着头脑、心手不相应、大手大脚、被捏住了脖子提起的鸭子、胯下之辱、手痒、一把手、耳目一新、皱一皱眉摇一摇头、脸不是脸鼻子不是鼻子、硬着头皮，等等。如果碰到什么就教什么，学生很难独自总结这些身体部位所象征的隐含意义，学习将是零碎的、毫无联系的。定期令学生总结归纳，由教师指导其领悟这些表达方式，有助于学生对所学知识的整合。

6 结语

语篇阅读的过程实质上就是学习者以语篇为媒介与世界各国优秀文化进行对话和思想碰撞的过程，是学习者与作者之间的跨文化交流，也是学习者建构文化图式的过程。学习者在语篇阅读中获取的文化信息能够增进其对异文化的认识和理解、对母语文化的鉴赏和对自身跨文化交际行为的反思。跨文化理解能力与交际既是汉语教学追求的最高目标，更应该作为汉语教学的理念，深度融入汉语教学的各个环节当中。

参考文献

［1］陈光磊：《关于对外汉语课中的文化教学问题》，《语言文字应用》1997年第1期，第23~26页。

［2］吕蔚、杨燕燕：《对外汉语高级阶段文化因素研究》，《华南师范大学学报》

（社会科学版）2014 年第 4 期，第 136~141 页。
[3] 王魁京：《第二语言学习中的跨文化现象研究》，《文化与交际》（胡文仲主编），外语教学与研究出版社，1994。
[4] 申小龙：《语言与文化的现代思考》，河南人民出版社，2000。
[5] 杨桂华、赵智云：《培养跨文化能力的大学英语阅读教学实践研究》，《外语界》2018 年第 3 期，第 24~29 页。
[6] 陈建文、刘正光：《跨文化交际能力培养应该融于语言教学各环节》，《外语学刊》2016 年第 6 期，第 116~120 页。
[7] 颜静兰：《外语教学中的跨文化教育实践与思考》，《外语界》2018 年第 3 期，第 18~23 页。
[8] 陈贤纯：《外语阅读教学与心理学》，北京语言大学出版社，1998。

对汉语选修课"修辞学"的跨文化思考

涛 亚

(首都师范大学国际文化学院 北京 100089)

摘 要：对外汉语高年级选修课"修辞学"具有跨文化教学属性，因此在课程内容方面，要多选择一些留学生在阅读和写作中需要的修辞格，做到从学习者的视角进行取舍和表述，并且安排中外修辞格的跨文化对比；在教学过程中，应帮助留学生了解修辞格中的中国文化特色和文化现象，多进行跨文化的修辞格的横向比较，并在修辞语料上尽量选择多样化的文化载体。

关键词：对外汉语 修辞学 跨文化

1 引言

在讲授某校的高年级汉语选修课"修辞学"的时候，笔者发现，和比喻、排比、拟人等常见的在本国语言中也使用的修辞手法相比，留学生对那些在以前中低年级的汉语学习中没有接触过的、蕴含中国文化符号和文化意象较多的双关、顶真等修辞手法更感兴趣，还发现修辞方法中所涉及的中国文化色彩是非常吸引留学生的地方，比如"对偶"这种修辞方式中大量的与中国文化相关的内容。与此相关的就是，那些承载了更多中国文化元素的修辞格恰恰也是学生最难掌握的，他们在理解和运用这类修辞格时遇到的问题也是最多的。笔者在教学中曾尝试让留学生进行中外修辞方法的对比，感觉到无论是形式上还是内容上产生很大差异的因素都和文化相关，由此可见，跨文化问题是修辞学课程不能回避的一个重要问题。对此，笔者试图从课程内容的选取和教学过程的设计两个方面，就对外汉语修辞学课程的教学进行跨文化视野的观照。

2　对课程内容的跨文化观照

2.1　修辞学课程的跨文化特点

外语教学具有跨文化的特点。从语言学习与提高外语交际能力的角度来看，母语与外语、第一外语与第二外语、母语文化与外语文化间的过分差异形成了一条鸿沟，是阻碍学习者提高外语交际能力的重要因素之一。因此，如何运用跨文化知识和技巧来有效进行跨文化交际成为学界日益关注的课题。对外汉语教学本身就是一场汉语言文化传播学习的跨文化活动，对外汉语"修辞学"课程的教学同样如此。董明指出"汉语有重视修辞的传统，其修辞方法丰富多彩且巧妙多变。这些方法的产生，大多由来已久，有其特定的历史文化背景，同民族心理因素息息相通，汉语修辞不仅渗透着前人运用汉语、汉字的宝贵经验，凝聚着民族智慧，而且体现着民族固有的文化与美学追求。因此，对外汉语教学不能不讲修辞，而讲修辞又不能不涉及有关的民族文化"。

对于汉语修辞与中国文化的关系，谭汝为从"汉语修辞在汉文化中的地位和作用""汉文化对汉语修辞的影响和制约作用"和"汉语语汇的修辞特征"三个方面进行了阐释；王德春则明确提出了对外汉语修辞教学中文化概念的三个层次，即一般的文化、交际的文化和语言体系本身蕴涵的文化因素。通过这些学者的论述，我们可以清楚地看到对外汉语修辞学教学的跨文化的特点。

基于修辞学教学在对外汉语教学中的重要地位，陈汝东提出建立以修辞为纲的对外汉语教学理念，提出建立对外汉语修辞学教学体系、编写系统的对外汉语修辞学教材。其中所说的修辞既包括积极修辞也包括消极修辞。本文所探讨的修辞指的是消极修辞，即修辞格。

由此可见，修辞格的教学是对外汉语教学中的重要一环，但在大部分对外汉语教材中修辞格并没有系统性地呈现，只是较为随意地渗透在教材里面。新 HSK 考试大纲也未明确规定相应等级水平应该掌握修辞格，但考试中却频繁出现相关的考题。因此修辞学选修课的开设就变得非常有必要了。对外汉语的修辞学课程一般在高年级开设，高年级的留学生一般都已具有相当的语言实践经验，对修辞的认识也比较容易逐渐由感性过渡到理性，因此在这一阶段开设汉语修辞学选修课比较合适，可以帮助学生理解和领会汉语丰富多彩的修辞方法。笔者在教学中发现，越是汉语水平高的学生，对修辞课越感兴趣，因为他们能感觉到修辞学课程可以切实提升他们的汉语写作和阅读能力，使用汉语修辞格在书面表达上能起到润色作用，能够使语言表达更准确、更生动、更得体。一些学生有志于今后在汉语上进一步深造并进行专门的研究，对于他们而言，修辞学选修课可以将修辞手法及运用原则等作为教学内容，直接展开较为系统的修辞格教学。

2.2　选择修辞格作为教学内容的跨文化问题

作为修辞学当中最有特色的一部分内容，修辞格教学在对外汉语修辞学教学中应被首先关注。在修辞格的选择即对于修辞学选修课程内容的选择上，文化问题应该是首先要考虑的因素。汉语中最常用、最有代表性的修辞格当然应该首先被选择，但是同时也要考虑学生的学习需要。李泉在《文化内容呈现方式和呈现心态》一文中提出："文化内容的呈现方式，包括文化内容的选择、表述和解说，其中是很有讲究的。因为对文化内容的阐释和表述是否准确和恰当，不仅直接影响学习者的认知和理解，也影响教学效果和学习效果，乃至学习者的情感态度……要考虑教材跨文化教学的属性，注意从学习者的视角来衡量内容取舍和表述方式。"

高年级汉语修辞学课程在对所教授的汉语修辞方法的筛选上也应该注意这一点。可以选择一些学生在用汉语阅读和表达时常会用到的修辞表达方式，如比喻、排比、双关等，即留学生确实需要学习的修辞手法，在体会修辞格使用方法的同时，进行修辞方法跨文化的比较和思考。对于那些留学生平时很少遇到以及使用概率极低的冷僻的修辞手法，在教学内容中应当尽量减少或者避免。而对于"对偶"这种虽然在留学生的母语中极少出现，但是非常能代表中国文化传统，并且能够体现中国传统思维方式的修辞格，还是应该作为教学内容的重要部分。笔者在教学实践中发现，对偶是留学生非常感兴趣的修辞格，虽然学生很难在学完之后进行得体的输出，独立完成对偶句，但是这并不影响他们的浓厚兴趣，这里面的原因就是文化的吸引力。对偶是中国语言文化系统中的重要文化元素，既体现在高雅文化中，也体现在民俗文化中。这种修辞方式既可以引导学生通过大量对偶句体会汉语的修辞之美，也可以使其了解中国语言和文化的博大精深。

同时，由于这门课程是高年级的选修课，课时有限，因此对修辞格的选择就更要注意从学习者的视角来衡量和取舍教学内容。可以考虑制定对外汉语修辞学教学课程教学大纲，以便做到循序渐进、合理有效地进行修辞学教学。各校可以根据教学时长自由选择，课时短的选择其中学生最需要的修辞格进行教学，课时长的可以更为系统地学习。以笔者所承担的修辞学课程教学内容为例，课时为六周，每周两课时，课程设计为六个单元，每个单元包括1~3种常见的汉语修辞方法，包括比喻、拟人、排比、对偶、通感、双关等，属于课时较短的教学。

2.3 修辞方法的跨文化对比

课程内容的设计既要有修辞格的讲解介绍，也要有学生对修辞方法的使用练习，以便使学生了解各种修辞方法的妙处，从而培养学生提高汉语修辞水平的兴趣。在练习中，学生可以对比汉语和本国语修辞文化的异同。Kaplan在《跨文化教育的文化思维模式》一文中，对不同文化背景学生撰写的英语二语作文进行了对比研究，发现不同文化背景的学生使用不同的修辞模式。Kaplan指出，写作与文化直接相连，每一种语言和文化都有其独特的修辞传统。上述理论使我们可以清楚地看到对外汉语修辞学课程的跨文化属性。基于上述理论，在教学内容的安排上，教师既要进行中外文化元素、文化意象的教学，也要安排时间进行中外修辞文化的对比，这是由对外汉语修辞学课程的跨文化属性决定的。

对外汉语修辞学教学中的文化概念分三个层次，即一般的文化、交际的文化和语言体系本身蕴涵的文化因素。其中，对修辞学课程教学而言，修辞格本身所蕴含的文化因素的教学应该既是学生学习难点，也是教学重点。

3　对教学过程的跨文化观照

3.1　教学过程的跨文化特点

语言与思维、文化关系密切。由于认知模式的相似性，不同的语言中存在相似的修辞格。例如，在所有的语言中都有比喻，这是因为认知过程中，从一个认知域可以投射到另一个认知域，这是人类基本的思维方式之一。另外，由于民族文化的差异性，不同语言中修辞格的具体表现也会存在差异。如，汉语中说"胆小如鼠"，而英语则说"胆小如兔"。汉语中说"像狐狸一样狡猾"，韩语中则说"像乌龟一样有智慧"，意大利语中说"像兔子一样有智慧"，等等。又如，在讲到使用比喻应该注意感情色彩时，笔者让学生体会下面这个句子的感情色彩，"头上乌鸦乱飞，地上乌龟乱爬"（形容敌军的飞机和坦克），前一句借喻所用喻体的感情色彩学生都明白，他们知道乌鸦在汉语中负面的文化色彩。但是第二句中乌龟代表的负面文化色彩是韩国学生、日本学生没想到的，因为在韩语中乌龟没有负面文化色彩，可以用来比喻诚实勤恳的人。另外，在日语中，乌龟也没有负面文化色彩，是长寿的象征，给老人送礼物时也可以用乌龟的形象。

任何一种语言都有其特有的修辞格表达方式和习惯，汉语中的修辞格有着鲜明的中华民族文化色彩，而留学生对这些修辞格的表达习惯并不熟悉，缺乏相关的文化认知和熏陶，因此在听说读写各方面都会遇到修辞格的障碍，特别是在输出时常常会出现偏误。

因此，在修辞课的教学中，教师可以较为深入地给学生解释各类修辞现象所反映的中国文化特色或赖以产生的文化背景，并进行适当的文化比较，将修辞学教学与文化知识教学结合起来。在修辞学教学的具体过程中，教师可借鉴汉外修辞对比研究的成果。石慧敏的《浅谈比喻与民族差异——中英日比喻及对外汉语教学》是这方面较有代表性的成果，该论文探讨了各民族心理状态、价值观念、思维方式的不同以及地理条件和自然环境、社会文化环境的差异造成的比喻这种修辞格差异的情况，对教学有指导作用。但是，这样的成果并不多。如果没有现成的研究成果，教师可以启发学生自己进行对比，找出本国文化和中国文化中某种修辞格的异同，既可以体会汉语修辞格的使用方法，也可以进行跨文化的比较和思考，引导学生思考造成差异的自然与社会文化因素。可以通过深入浅出的讲解，让学生在语言材料的对比中获得对汉语修辞意义与汉语修辞方法的感知，从而帮助留学生在跨文化交际过程中正确使用修辞方法。在这一过程中，教师应引导学生进行文化差异的对比，如果出现修辞不得体的情况，要及时加以纠正。

3.2 课堂语料选择方面的跨文化问题

教师可以选择多样化的文化载体中的修辞语料，如文学作品、广告、牌匾、楹联等，既可以使用文本中语料，也可以使用多媒体广告语料。广告语言中经常会采用一定的修辞手法，在课堂上赏析这些修辞手法，既可以加深学生对修辞方法的理解，也可以增强课堂的趣味性。广告的本土化特点决定了其修辞语料在体现本国文化特别是现当代文化方面的深度和广度。在教学过程中，文本语料和广告语料可以各占一部分。文本语料采用中国古代和现当代名人名篇名句中的修辞手法，让留学生充分感受到中国语言和文化的精妙之处。广告语料则可以既有中国的，也有外国的，这是出于修辞学教学跨文化特点的需要。不同国家的广告中所使用的修辞格中的文化内涵不同，跨国公司在不同国家广告的本土化设计也可以体现修辞方法的跨文化特点。

另外，在对外汉语的修辞学教学中，笔者发现当学生在学习了一种修辞手法并欣赏了汉语文学和广告作品中的例子之后，如果老师要求他们在本国语言中寻找相对应的修辞格例子时，学生通常难以很快做到这一点。如果要求学生课下进行准备，上课时学生通常都能找到不少例子。这就提示教师，如果要取得较好的修辞格跨文化对比的教学效果，需要学生课前进行准备，才能在课堂上进行有效的修辞文化对比和交流，这也是修辞学课程跨文化特点决定的。

3.3 教学方法、练习方法上要注意的跨文化问题

在对外汉语教学中，要尽量少讲宽泛、纯粹的修辞格知识，多讲各种载体中运用修辞格表情达意的妙处，从中体会中国语言文化的精妙之处。少做修辞知识历史纵向介绍分析，多做修辞效果横向比较，即跨文化的修

辞方法横向比较。由于各国留学生文化素养和文化判断力不同，要求他们完全掌握中国人的语言习惯、熟练使用所学修辞方法的难度较大，所以设计这方面的较为系统的练习成为当务之急。因为修辞学选修课主要是针对留学生集中进行修辞格方面的教学，而这方面公开出版的教材几乎找不到，因此笔者使用自编教材。在使用自编教材过程中，笔者注意到介绍汉语修辞格的教材数量很多，帮助留学生进行修辞格输出训练的习题则比较缺乏，而在练习中进行跨文化的修辞方法比较的练习则更少。

对于留学生来说，进行汉语修辞格的得体输出确实存在难度。针对这种情况，教师只要安排足够数量的有针对性的练习，采用足够多样的教学方式，可以激发留学生使用所学修辞格的积极性，帮助他们跨越文化的鸿沟，在理解和输出中文修辞格方面有更好的表现。

另外，每次的课后作业可以让学生收集文本和多媒体广告中汉语修辞格的用法，并进行本国语言和汉语修辞手法的跨文化对比，然后进行课堂分享和讨论，帮助学生真正理解掌握并正确得体地运用课上所学修辞方法。

4　结语

总之，对外汉语修辞学的教学本身具有跨文化教学的属性，旨在帮助来自不同文化背景的留学生通过这门课程了解并体会汉语各种修辞格中沉淀的中国文化的底蕴，跨越不同文化间的鸿沟，掌握运用中文修辞格表情达意的交际技能。考虑到以上属性和特点，在教学内容上，就要根据留学生的需要进行选择和取舍，并且安排中外修辞格的跨文化对比。在教学过程中，应该给予留学生了解修辞中的中国文化特色和文化现象并进行适当文化比较的机会，多进行跨文化修辞格的横向比较，并在修辞语料的选择上尽量选择多样化的文化载体。

参考文献

[1] 涛亚：《对外汉语高年级选修课"修辞学"课程设计与教学方式初探》，《汉语教学与研究论丛》2018年第二辑。

[2] 李泉：《文化内容呈现方式与呈现心态》，《世界汉语教学》2011年第3期。

[3] 刘光婷：《对外汉语修辞教学内容及策略探究》，《汉语文教学》2014 年第 4 期。

[4] 秦惠兰：《对外汉语修辞教学的理念和实践》，《华文教学与研究》2010 年第 1 期。

[5] 徐国珍、施麒麟：《对外汉语修辞教学研究述评》，《云南师范大学学报》（对外汉语教学与研究版）2009 年第 1 期。

[6] 白乐桑、张丽：《新理念对汉语教学的启示与推动——处于抉择关头的汉语教学》，《欧洲语言共同参考框架》，《世界汉语教学》2008 年第 3 期。

[7] 石慧敏：《浅谈比喻与民族差异——中英日比喻及对外汉语教学》，《上海师范大学学报》1997 年第 1 期。

[8] 陈汝东：《简论以修辞为纲的对外汉语教学理念》，《云南师范大学学报》2004 年第 2 期。

[9] 王德春：《中国修辞学会对外汉语教学研讨会（绍兴）》讲稿，2004 年。

[10] 董明：《对外汉语教学与汉文化》，《北京师范大学学报》（社会科学版）1992 年第 6 期。

[11] 谭汝为：《修辞文化与对外汉语教学》，《绍兴文理学院学报》（哲学社会科学版）2004 年第 2 期。

高级汉语词汇教学中的文化因素

卫 斓

(首都师范大学国际文化学院　北京　100089)

摘　要：汉语学习者进入高级汉语学习阶段后，词汇的学习更为重要。在他们学习词汇的过程中会出现各种各样的问题，这些偏误中大部分是由他们对所学词语的掌握不够准确造成的。因此本文从词语隐含的文化含义及词语使用语义背景两个角度阐述在高级汉语词汇教学中进行词语的文化因素教学的重要性。

关键词：文化　词汇教学　高级汉语

1　引言

随着对外汉语教学的发展，学习汉语的学生数量持续增加，与此同时，汉语学习者的汉语水平也持续提高，进入高级阶段汉语学习的学习者数量逐年增加，这就为高级阶段汉语教学提出了很多新的研究课题。

经过初中级阶段的汉语学习，汉语学习者已基本掌握了汉语的基本语法和词汇，而进入高级阶段的学习后，语法已经不是他们的主要学习目标，而词汇、语篇学习则成为学习的重点，高级阶段汉语教学的主要任务也从语法教学转为词汇教学和语篇教学。

关于词汇教学以及汉语学习者词语使用的情况，有很多研究者做过这方面的研究。邓恩明就指出我们以往的教学"偏重在语言结构的正确性上而忽视了语言结构的语用意义"，他提出在教材编写中要注意介绍中国人的语用规则，找出中外语言的语用差异，进行有针对性的教学。[1]杨翼考察并分析了高级阶段汉语学习者在理解和表达上的问题,解释了在高级阶段汉语教学中语用分析的作用,她认为在高级阶段汉语教学中需要重视词语内在的感情色彩、词语使用的预设、背景等信息。[2]张亚茹通过对三年级留学生作业中出现的成语使用偏误进行分析,发现学生使用成语出现偏误的主要原因,是不清楚成语的意义限制与搭配、成语意义对成语所在句子的句意完整性要求、成语的使用语境、语法功能、成语的褒贬色彩。[3]赵瑾通过调查发现学生使用词语的语用失误,她认为文化因素是留学生词语运用与理解失误的深层原因,因为词语的文化内涵是"每个民族文化特征的体现,更是跨文化学习词语的焦点"。[4]陆俭明指出:"一个新的词语,对于外国留学生来说,光告诉他们表示什么意义,这还是不够的,还得告诉他们使用这个词语的语义背景,也就是说,还得告诉他们在什么场合使用这个词语,这样外国留学生才会用好这个词语。"[5]他认为对留学生的词语教学要准确、透彻地讲解词语意义,注重讲解词语的用法,要结合课文内容进行讲解,要向学生讲清楚词语使用的语义背景。[6]由此可见,在汉语学习过程中,尤其是高级阶段的汉语学习中,学生一直存在词语使用和理解上的偏误,出现偏误的主要原因是学生只了解了词语的表层含义,对其深层的文化因素、语义背景等知识了解不深入造成的,而在高级阶段汉语教材中出现的词汇往往含有更多的文化因素和语义背景,如果在词汇教学中不加以重视,就有可能使学习者在使用过程中出现各种各样的问题。

2 高级汉语学习者词汇偏误分析

与初中级阶段不同,高级汉语词汇教学中涉及的词语相对比较正式,书面语居多,尤其是出现了大量的成语。因此,高级汉语词汇的学习存在的一个问题是,这些词语对于汉语学习者而言很陌生,而且由于书面语词汇居多,因此在学习者日常生活中听到或看到这些词语的几率不如初中级阶段学到的词语高,这就使得他们除了课堂环境外,对所学词语没有很多有效的输入,无法通过较多的输入习得所学词语,加之教师在教学过程中没有太多关注学生词语使用中可能存在的问题,因此学生学习高级汉语词汇时,出现很多使用上的偏误。例如:

（1）时间久了以后，我明明知道对她的一切。

（2）他为了升职，千方百计地努力。

（3）爸爸一旦给某人提供一次礼物，就会给他们无穷尽的东西。这真是让我非常惭愧。比如说亲戚们去海外工作的话，我爸把雨伞、鞋、乳液一概给他们。如果我亲眼看这个情况，简直哑口无言。

（4）一个女生的家庭很穷，父母是吸毒者。受到这样的熏陶，她无疑有很少的机会过美好的生活。

例（1）是由于学生只了解了"明明"是明显的意思，但是并不知道"明明"使用的特殊的语境条件，即很明显是这样的，但是事实确实相反的，说话人会感到迷惑或气愤。但是学生往往忽视了"明明"背后所需要的条件。例（2）的"千方百计"的确是想了很多办法，但是其语义中隐含的条件是想很多办法做什么，因此在具体使用中需要有具体的动作、具体的时间，这些都是隐含在该词语表面意义之外的含义。例（3）也是同样，"哑口无言"应该是某人感到理亏、知道自己错了以后一句话也说不出来，而不能在任何时候使用。例（4）中学生把"熏陶"和"影响"相混，而没有意识到"熏陶"实际上是一种逐渐影响的过程，而且"熏陶"多是褒义，在上述语境并不合适。

在高级汉语教学中，这类错误随处可见，实际上都是由于学生在学习高级汉语词汇过程中，虽然对词语的意思有了初步的了解，但是却不了解这些词语背后蕴含的文化意义，不了解这些词语使用所需的语义背景，从而出现了上述错误。高级阶段汉语教材中出现的词语不像初中级汉语词汇那么常见，很多词语的使用频率偏低，意义更加抽象，汉语学习者习得这样的词汇时，习惯于用翻译的方法，在其母语中寻找意义相对应的词语在头脑中加以解释，但是高级阶段很多词语的含义很抽象，含有更多词汇字面意义之上的隐含义，这些意义都或多或少地反映了中国特定的心理或文化，使得学生很难在母语中找到完全对应的词，于是，他们很容易用其母语中的词语意义代替汉语词语的意义，从而造成理解和使用错误。因此，对学生进行高级汉语词汇教学时，不仅要告诉学生这些词语在句中充当的句法成分、这些词语的搭配信息及其意义，教给他们词语中所蕴含的文化意义以及这些词语使用时的语义背景是更为重要的一环。

3 高级汉语词汇教学中的文化含义

每一种语言中的词汇本身也是文化的产物和组成部分,维特根斯坦曾说"语言是如此深刻地嵌在一个背景的框架上,这个框架就是作为语境的文化"。[7]

高级汉语词汇中很多词语都含有文化意义,这主要体现在三个方面。首先,体现在词语,尤其是成语的来源上。众所周知,成语由于其意义和结构的凝固性,汉语学习者理解和使用时常会因为意义理解不透彻而出现偏误。但是很多成语来自寓言故事或古典文献,介绍该词的来源,让学生在更好地理解词义的过程中也加深了他们对中国文化的理解和认知。对于词语的来源,教师可以提前布置预习作业,让学生自行查找词语的来源并在上课时进行介绍,这样,既可以帮助他们更好地理解词语的意义,又可以培养他们自主阅读的习惯。例如,教材中出现"滥竽充数",学生可以自主查找这个成语的意义,通过在课堂上对其他同学介绍,很容易通过故事理解其意义是"没有真正的才干,而混在行家里面充数,或拿不好的东西混在好的里面充数",同时对词义的记忆也更容易,在使用过程中出现错误的几率也较低。

其次,在汉语表达中,为了顺利达到交际目的,需要在交际过程中注意各种表达方式、语气的使用,如委婉的表达方式,以达到顺利交际的目的,这一点在词汇的教学中体现极为明显。这些得体的表达方式,有很大一部分是在词汇中加以体现的。因此,掌握了词的用法,也就使学生学会了某种表达方式,学会了在特定场合中的得体表达,这也是培养学生跨文化意识的一个重要方面。例如,"未免",学生极容易将它的用法与"难免、不免"相混淆,但是其实"未免"是用来委婉地表达否定的评价,教师通过对比让学生体会"未免"所表达的委婉语气,进而在特定的语境中加以练习以达到真正掌握词语的运用。由此可见,高级汉语教学阶段,要想让学习者表达更得体,更符合汉语母语使用者的习惯,在教学中需要说明词语的特殊表达效果。

再次,汉语一些词语的含义中渗透着文化含义,如果不指明,学生就有可能在使用中出现偏误。如前述例(4)中的"熏陶",如果不加以说明,

"熏陶"就是影响的意思,学生也是这样理解的,但是"熏陶"隐含的更深含义是慢慢渗透的影响,而且一般是积极的影响。这种文化含义深植于词义之中,也深植于每个母语者的头脑之中,但是对汉语学习者而言,他们的学习中缺少这样的输入,如果再不强化这一点,他们极容易将它等同于其他的词语,如"影响"。

在教学中可以通过词语的构成语素的意义对词语的深层意义进行讲解,有利于学生的理解和掌握。汉语词汇大多为双音节词语,很多词语的意义可以从语素的意义推知,即使是语义不够透明的词语,也可以从语素意义上找到词语意义与语素意义之间的些许联系。而从一个词语组成部分的意义,即语素意义,也可以看出该词语的意义理据,这其中也隐含着词语的由来,有助于学生更好地理解词语的意义,而不仅仅是依赖词典通过母语的对译词加以理解,从而提高了学生对汉语词语理解的准确度,为他们的准确使用奠定基础。

需要注意的是,高级阶段的汉语学习者虽然已经有了一定的语素意识,但是对语素意识的自觉使用还不习惯,因此在教学中,教师也应该有意识地提醒学生通过语素推知词语的含义,逐渐提高学生的语素意识。例如"面面相觑",其中的"面面"是包含两个以上人的参与,因此学生可以从中得到提示,这个词的主语不能是一个人,至少是两个人。再如"赌气"的含义很难解释,这个词语的语义透明度也不是很高,但是通过语素"赌",学生可以推知这个词跟"赌"的含义相关,是某个人因为生气而采取的一种含有"赌"的成分的行为,因此"赌气"的人有可能因此失败。另外,理解了这个含义,就不会将"赌"写成"堵"了,提高了学习者汉字书写的准确率,也有助于他们更准确地理解和使用这个词语。

另外,在高级汉语词汇中,很多语素有较强的构词能力,可以构成很多同结构、同语素义的不同词语,由此可以扩展学生的词汇量,同时通过语素帮助学生更深入地理解同素词之间的差异实际上就在于几个词中不同的语素之间的意义差别,例如学生学习"苦恼"时,极容易将"苦恼"与之前学过的"烦恼""痛苦"混淆而用错,如学生会说"爸爸生病了,我很苦恼。"我们可以从两个词的不同的语素入手,让学生理解"苦恼"的含义,即"苦恼"的事情不是一个简单的烦恼或是令人痛苦的事情,而是一个自己无法解决或不知如何解决的问题。

综上所述，汉语中的很多词语或者来源于寓言故事、古代典籍，或者词语本身含有某种特定的语气，可以进行更加得体的表达，或者词语含义中本身就具有一定的文化意义，而这种文化意义体现在词语的构成成分的意义上。这些文化含义都潜在地存在于词义之中，在教学中需要通过语境的设置，通过对构成某个词语的语素义的分析给学习者指明词语的隐含意义，否则学习者会因为对其含义理解的片面性而出现各种偏误。

4　高级汉语词汇教学中的词汇语义背景

除了词语本身的文化含义之外，每个词语的使用其实都是有特定的语境限制的，即词语的使用有其语义背景。这种特定的语义背景也反映着汉语母语者的使用习惯以及汉语词语中隐含的文化意义，指明词语使用的语义背景，可以在一定程度上给学习者指明某个词语使用的特殊语境以及使用限制，从而减少他们在使用中出现偏差。

我们在实际教学中发现，在高级阶段，学生更有自主使用自己所学词语的愿望，尽管我们认为已经把某个词的用法讲清楚了，然而，学生自主使用时却会出现各种偏误，这其中大部分属于对词语意义理解不够，对使用某个词语所需的语境了解不清所致。因此，在高级汉语词汇教学中，除了上述应该注意的词语中所蕴含的文化意义以及组成词语的语素义与词义的联系之外，词汇的语义背景应该成为高级汉语词汇教学的主要内容之一。

学生在学习成语时，语义背景知识可以帮助他们在了解成语含义的同时，了解到该词背后隐含的语义背景，从而更准确地使用。学生学习了"哑口无言"，了解该成语的意思是"一句话都说不出"之后，他们会出现以下句子："他汉语说得不好，所以每次去饭馆点菜时，他都哑口无言。"这是因为学生并没有完全掌握该成语的意思，没有了解到"哑口无言"应该是某人感到理亏、知道自己错了以后一句话也说不出来，因此，要使用"哑口无言"这个词，必须在这样的语境下才能使用。这个含义是汉语母语者不了解的，如果不把这一点讲清楚，学生就会出现上述偏误。因此在教学中，首先给学生的例句应该有明确的语境，让学生能够理解在这样的语义背景下人们常使用"哑口无言"。其次，教师应该明确使用"哑口无言"时的语境限制，即只有当某个人因为自己理亏或因为知道自己做错了而说不出话来时才能使用"哑口无言",并且设定明确的语境进行练习。再如"信手拈来",学生很容易明白其语义为"可以随手拿过来使用",但是这个成语多用来形容"写文章时词汇或材料丰富,不假思索就能写出来",其中隐含的"因为词汇或材料丰富"这一点学生很容易忽略,因此我们在教学中需要给他们设定类似的语境,同时给出该词使用的典型句式,帮助他们正确地理解和使用该词。

除了成语之外,很多汉语的词语都有这样的限制,例如"惟恐",学生知道"惟恐"有担心的意思,但是如果不给他们说明这个词语使用的语义背景,学生使用时就极有可能将"惟恐"等同于"担心"从而出现混淆,出现"我惟恐这次的成绩"这样的错误句子。如果在教学中说明"惟恐"使用的语义背景,即"说话人因为担心出现某个不好的结果而采取某种行为",同时将此背景具化为"惟恐"的使用格式,即"某人做了 A,惟恐出现 B 这样的结果",我们可以告诉学生它的含义是某人因为担心出现 B 这样的后果,所以做了 A 这件事,同时,在给定语境的情况下,引导学生通过例句学习其用法,并在此基础上,在特定语境下练习使用该词,这样就在很大程度上提高了学生使用的准确度。

语义背景除了可以提高学生对某个词语的准确度,还可以帮助学生区别意义相近的一组词,例如学生学到了"操心、发愁",因为意义相近,又比较抽象,很难用语言解释清楚它们和"担心"之间的区别,加上学生母语的翻译用的是同一个词,学生很容易用错,因此在讲解时,可以通过语义背景解释它们之间的区别,"操心"出现的语义背景是某人因为担心发生某事而具体采取很多措施,让自己很辛苦,因此"操心"是人的动作而不表达心理。"发愁"则是某人因为某事不知道该怎么办,是人的一种心理活动,而"担心"则真正是因为害怕某个结果的发生而产生的一种心理活动。这种语义背景的不同很容易帮助学生分清这些词义相近又很难解释的词语的区别,帮助他们正确使用。

语义背景知识还能帮助汉语学习者掌握一些汉语特有的,很难用语言解释清楚的词语的用法,例如"侥幸"的含义是"由于偶然的原因而得到成功或免去灾害",而"庆幸"则是"为事情意外地得到好的结局而感到高兴",两个词的解释差别不大,学生很容易将二者混淆起来,但是如果放在特定的环境中,二者含有的语义背景是不同的,当说话人用"侥幸"的时候,其语义背景是"因为幸运而避开了某种灾害或者不好的事情",而且这种事情避开的可能性极小,而且事情发生在说话的当时。而说话人用"庆幸"时则往往含有"很幸运我有这样好的结果",因此,说话时事情已经发生而说话人很幸运地得到了一个好的结果。我们可以设定某种特定的语境,例如"闯红灯"的情况,虽然知道闯红灯会受罚,但是觉得还有一定的避开的可能性,则为"抱着侥幸的心理闯了红灯"。但是如果真的避开了惩罚,则可以说"我很庆幸自己没受罚"。再如在某种灾害中生还的可能性很小,因此常常说"侥幸生还",但是之后生还的人则可以乐观地说"庆幸自己在这场灾难中有生还的机会"。这样,在清楚了两个词语的语义背景后,就能比较容易地了解两个词语的区别以及各自的使用条件。再如,"嫌",《现代汉语词典》上的解释是"厌恶,不满意",而学生查到的意思就是"不喜欢",于是很多学生会说出"他嫌洗澡"之类的句子,我们发现"嫌"的使用应该是"A 嫌 B …(C)",意思为"A 因为 C 这个原因而不喜欢 B",常常出现在需要说明某种之前提到的问题的原因时。可见,"嫌"并不是简单的"不喜欢",必须在特定的语义背景才能帮助学生正确使用。

综上所述,在高级阶段汉语词汇教学中,汉语学习者所接触的词汇多是使用频率不太高的词语,他们的学习过程中缺少这些词语的输入信息,因而输出时会产生各种各样的偏误,但是他们此阶段所学习到的生词则更多地含有各种文化因素,其中词语本身所带有的文化含义、成语中所包含的故事及其含义,都是学习者不容易从字面意义理解的,这些需要教师在教学过程中通过词语的本义、相关的故事以及词语中所包含的语素的意义等帮助学习者更好地理解这些词语真正的含义。在教学实践中,我们发现通过这样的方法,学习者可以更好地理解这些词语的含义。而讲清楚词语使用的语义背景,可以帮助学生正确理解和使用所学词语,减少使用偏误,也为教学起到事半功倍的作用。

参考文献

[1] 邓恩明:《语用学与对外汉语教学》,《世界汉语教学》1996 年第 3 期,第 85~87 页。

[2] 杨翼:《语用分析在高级汉语教学中的运用》,《世界汉语教学》1995 年第 3

期,第 76~80 页。
[3] 张亚茹:《试论高级阶段的成语教学》,《语言文字应用》2006 年第 1 期,第 119~125 页。
[4] 赵瑾:《外国学生词汇习得的语用失误调查与分析》,《语文学刊·外语教育教学》2013 年第 3 期,第 115~117 页。
[5] 陆俭明:《对外汉语教学一得——要重视交代词语或句法格式使用的语义背景》,《海外华文教育》2004 年第 4 期,第 10~11 页。
[6] 陆俭明:《词汇教学与词汇研究之管见》,《江苏大学学报》2007 年第 3 期,第 12~17 页。
[7] 赵忠江:《对外汉语"词的文化义"教学几个基本问题解析》,《理论界》2010 年第 4 期,第 170~173 页。

以学生需求为导向的"中国国情"教学内容改革的尝试

杨 桦

(首都师范大学国际文化学院　北京　100089)

摘　要："中国国情"课作为对外汉语教学体系中的文化类课程，其教学内容长期以来一直比较笼统宽泛，缺乏细节和针对性，数据更新不及时，因此教学效果不够理想。本文介绍了以学生需求为导向的"中国国情"课教学内容改革的尝试，认为从学生提交的反馈看，学生最想了解与经济、政治和社会相关的内容，而在文化、教育方面的兴趣则相对较小。教师以此为依据编选教学内容，应注意重点介绍现实状况，提高针对性，多介绍具体事例和细节，不回避学生问题，增强数据时效性。

关键词：中国国情　教学内容　留学生

1　引言

培养一名合格的外国留学生，不仅需要汉语知识和技能教学，也需要文化课程教学，其中"中国国情"课就是非常重要的一门。"中国国情"课有助于留学生了解中国的现状以及未来的发展方向，可以说是留学生了解中国的"一把钥匙"。[1]但长期以来，对留学生的"中国国情"课作为文化课程的一部分，往往被定位为向留学生传播中国文化，以及作为汉语教学的补充。[2]即便作为文化课程，"中国国情"课如何定位、到底要讲什么，也都比较模糊，仿佛国情是个筐，什么都可以往里装——如自然环境地理、人口、少数民族、社交方式、休闲生活、法律法规、对外政策、计划生育政策、传统节日、礼仪、宗教与文化、美食、历史名人和古代发明、茶叶和丝绸、艺术，等等，无所不包。[3]但教学内容庞杂，必然导致教学效果大打折扣。首先，上述很多内容在"中国文化""中国地理"等课程中均有介绍，重复学习会让学生感觉毫无收获。其次，由于企图面面俱到，内容拥挤，使得授课时间相应非常紧张。另外，文化类课程的教学内容涉及的词汇多、难度大，留学生理解起来非常困难。最重要的是，教师自身理解的"中国国情"授课内容，和留学生想要了解的内容存在一定距离和偏差，且相关教学内容往往更新不够及时，跟不上国情变化，因而使学生感觉学习这门课程的意义不大。早有研究者指出，现有相关教材存在诸如引用数据相对陈旧；教材从编辑、出版到教师实际在课上使用，国家的各项政策法规甚至政治架构都有更迭，而教材的相关内容却未能及时做出相应的调整、更新；中国各项事业近年来取得的最新成果未能体现；教材形式单一等缺点。[4]总结起来，这些缺点正是"中国国情"课教学内容与中国国情的现实脱节，也与学生实际需求脱节的体现。

笔者从接受"中国国情"课的教学任务开始，就尝试把教学内容确定为中国人认为在中国学习的外国人应该了解的中国基本情况。从这一基本立场出发，笔者从当前中国的人口、资源、经济和社会四个方面编选了教学内容。经过数年的教学实践，又添加了国际关系的相关内容。之所以增加国际关系，是因为在教学中发现学生对这方面内容很感兴趣。由此，笔者又想到可以在每个学期开始后不久，了解学生想要学习什么内容，以此为依据进行编选，安排本学期的教学内容，可能效果更好。因此，在2018年春季、秋季学期和2019年春季学期共3个学期，笔者对96名学生进行了课程内容征集活动。具体做法是，在第一次上课时布置作业，要求每个学生下次上课时（一周后）提交3个最想了解的中国国情方面的具体问题。由于考虑到开学伊始，学生可能对要求理解不清，提交题目质量可能不高这一情况，从2019春季学期开始，笔者把布置任务和提交反馈的时间整体推后一周，即第二次上课时提出要求，学生第三次上课时提交。收集好学生的问题后，教师根据学生提交的问题，整理选取学生关注度最高、最集中的内容，归纳为几大板块。最后查阅最新资料，确定具体教学内容，安排到本学期课堂教学之中。

这就是以学生需求为导向进行的"中国国情"课教学内容的改革尝试。教师以学生需求为导向设计教学内容，能切实了解学生关注的问题，有针对性地进行解释，从而最大程度地完成课程教学目标，使学生真正学有所得。

2　学生学习需求的量化分布

根据三个学期所得学生反馈，学生想要了解的中国国情方面的内容主要涉及经济、政治、社会、教育、文化等5个领域，其中有一些重叠或交叉的内容，经过归纳整理后，大致数量分布统计如下：

	2018年春季学期	2018年秋季学期	2019年春季学期	总计
经济	22	15	15	52
政治	23	33	13	69
社会	27	49	15	91
教育	4	2	3	9
文化	10	3	0	13
总计	86	102	46	234

从内容数量分布来看，社会、政治和经济是学生最关心的领域，数量明显超过教育和文化。尤其是社会，因为涵盖范围广泛，内容复杂，因此数量最多。在另外两个大数量的领域中，与政治有关的问题数量超过了经济，其中原因值得深入分析。

在内容上，与学生自身身份相关度似乎最高的教育，以及我们通常认为学生应该感兴趣的中国文化，所占份额反倒较少，这是值得我们在今后的教材编选和教学中需要特别注意的。

通过统计，我们可以从中了解留学生对中国国情的兴趣主要集中在哪些方面。"国情"和"文化"在概念和外延上多有重叠，广义上说几乎所有问题都可以纳入二者之中并互相兼容，但既然在留学生的培养课程体系中既有国情课，也有文化课和其他一些文化类课程，就要求我们将不同的课程区分开来，明确分工，从而在有限的课堂教学时间中突出重点，尽可能满足学生对了解中国国情的需求，同时又能全面介绍相关领域的主要问题。

3　学生学习需求分析

　　经济发展是吸引留学生来华学习汉语的最重要的因素，因此学生提出的经济方面的问题较多，大体上可以分为宏观问题和微观问题两个方面。宏观方面如"中国的经济发展速度和高速发展的原因""中国的经济现况""中国经济增长率"等问题比较容易找到答案，但也反映出学生提交反馈时可能态度不够重视等问题，因为类似问题很容易想出来，学生提出这类问题可能只是以此应付了事。微观方面就显得五花八门，可能是出于学生自己的兴趣，也可能与学生的个人经历有关，但都体现出学生认真思考的学习状态。如："一般公司里员工的平均工资情况。原因是，我大学毕业后要在中国工作，因此要知道平均工资情况""中国的经济如此发达因为很多原因。但老师没有提到政府的作用。中国政府有什么政策或者管理制度能够让中国的经济迅速发展""美国是中国的大出口国，现在中美贸易战中，如果美国不进口中国东西的话，中国有没有对策"等。微观层面的问题很难有现成的答案供搜索，又和学生的兴趣及未来的事业前途有较为紧密的关系，因此学生往往更感兴趣，更希望了解。另外，能提出这样的问题，也说明学生在留学中国学习汉语的同时，还积极关注与中国有关的方方面面的动态，不是浑浑噩噩混日子，这就更需要教师认真备课，为学生解答疑惑，满足学生的求知欲。

　　学生们提出的政治方面的问题体现出如下三个特点。第一是对中国特色社会主义制度不了解，如"中国特色社会主义是什么""中国国会议员一般做什么事，一年中有什么重要的国家会议""以前和现在的社会主义思想是怎么改变的"等。这样的问题每个学期都会有学生问到，显示出学生尽管有至少两年的汉语学习经历，但对中国的社会制度和政治制度仍旧非常陌生，获得相关知识的渠道单一，所得知识往往似是而非。第二是和学生自身的背景有关。英国学生关注"英国离开欧洲，中国和英国的贸易关系怎么改变"等。第三是和政治热点有关的，"一带一路"也是最近两个学期学生关注度比较高的内容。学生在政治方面提出的问题总量上超过了经济，笔者认为这可能是因为经济方面的问题比较容易找到答案，而政治方面的问题在教学中较少涉及,即使有涉及也往往停留在宏观和表层介绍。留学生在境外获得的经济方面的信息,和在中国国内获得的信息,一般不会有太大差异,即使有,也很容易得到合理的解释。加之经济方面的问题和生活息息相关,学生可以通过自身的体验来感受和求证。比较而言,政治方面的问题则不像经济方面一样容易有切身感受,学生希望得到中国人的介绍来进一步了解中国。这些带有个性化、时间性的问题很难以成品教材的形式进行介绍,教师从自己的角度出发编选教学材料也很难准确预估学生的兴趣点,必须根据学生关注点不断调整。

社会方面涉及较广,但学生的兴趣主要集中在计划生育政策和老龄化问题、环境污染治理、贫富差距和地区差异三个方面。其中计划生育政策因其鲜明的中国特色和近年来的变化而一直受到留学生的关注,老龄化问题、环境问题和贫富差距等问题可能是由于学生来中国后的切身感受所致。在学生所提的各类问题中,社会方面的问题最能体现出学生在中国生活的所见所闻和所思所想,尽管其中很多内容难以在时间有限的课堂教学中覆盖到,有些是否属于国情范畴也值得商榷,却是留学生教学和管理都应予以特别重视的。

留学生的绝大部分时间,包括学习和生活,都是在校园里度过的,但他们对教育的关注度明显较低,三个学期中学生提出的教育领域的问题一共只有 9 个,而且内容分散,涵盖教育条件、大学学费和奖学金、高考、HSK、小学教育政策、课外辅导、应试教育等问题。由此可见,学生对了解中国教育的兴趣不大。当然,也可能是学生对中国教育的兴趣多停留在同龄的中国学生的学习、考试和生活等方面,而这些问题可以通过留学生和中国学生的私人交往获得足够的、具体的信息来解答,因此留学生在课堂学习中对其需求不强。值得注意的是,学生从中国同学处得来的知识,有时会有片面化、表面化甚至偏差等问题,尽管不是教学重点,教师发现后也应根据实际情况做出相应补充和纠正。

文化方面问题同样也不多,究其原因,可能是由于教师对问题的覆盖范围做了限制,不建议学生提出诸如节日、礼仪之类可能在其他课上出现的内容。因此虽然仍有学生提出诸如少数民族、饮食文化等问题,但因为事先设定每个学生只能提 3 个问题,所以学生的兴趣就主要集中在更希望通过"中国国情"课获得的经济、政治等领域。

文化，作为一个国家、民族区别于其他国家、民族的主要标志之一，本身内涵极其丰富，又具有很大的不确定性。知识文化和交际文化、行为模式和思想观念、风俗习惯和内核本质等，似乎都可以作为文化课的教学内容，都有其作为教学内容的必要性。但正因如此，单纯的"中国文化"课教学容易变为简单的知识介绍，不易使所有学习者都有预期的收获。文化教学的内容怎样安排，是汉语教学界需要认真思考的问题。从我们获得的学生反馈看，学生对文化的兴趣要么停留在风俗习惯的表层上，如"食文化—人口多，各种各样的食文化，菜的类型什么的。为什么中国的食文化这么发达？"；要么过大，如"黄河文明的发展"，说明一部分学生很少思考中国文化和自己国家文化的根本差异所在，也很少认真思考"中国国情"课的开设目的。

4 以学生需求为导向的教学内容的调整和编选

对"中国国情"课而言，教学内容过时、引用数据陈旧、难以体现国家发展的最新状况，这些都是长期存在的问题。尤其是在各方面发展日新月异的今天，往往一年前的情况一年后就发生了巨大的改变，以前的内容就不再适用。一些主要的经济社会发展数据，更是年年都有变化，很难在教材中固定呈现。教师编选的教学材料要解决上述问题，不仅必须了解学生的兴趣，还必须随着时间推移和问题的变化随时调整修改材料中的相关内容，这样才能基本满足学生的需求。从留学生角度提出的问题正是教师了解学生兴趣的最可靠的来源，让教师以学生需求为导向确定教学内容，尽量在教学中回应学生的问题。这样做既可以满足学生的需要，提高课堂教学效果，也可以最大程度实现设置"中国国情"课的价值。

每学期"中国国情"课都是以教师事先准备的教学内容开始，以概况的形式向学生介绍中国的人口、资源、经济、社会和对外关系，这五个方面的内容是生活在今日中国的外国人需要进一步了解的中国国情，也是他们在学习、生活和今后的工作中需要注意的重要内容。同时，这些内容也向学生说明和限定了征集他们自己感兴趣问题的大致范围，给学生做出提示，也为学生留出思考和提出问题的时间。

在获得了学生提交的问题后，首先需要根据问题涉及的内容进行整理，结合实际教学时间等具体情况，设计教学内容的大致框架。这里需要注意的是，有关纯历史和传统文化等因素的问题，通常不在"中国国情"课的教学内容中体现。课程框架按学生问题分类整理，如"中国人工智能发展与未来，中国为什么促进人工智能发展""现在中国的资源问题和解决方法""现在的中国经济成长率下降的原因""假货销售以及模仿其他牌子问题""韩国的主要出口事业是半导体，中国的主要出口事业是什么"等问题看似涉及很多方面，但可以综合整理为"中国经济发展的现状和未来"；"中国的教育：中国的高考，中国的私营教育""中国孩子的课外教育：中国孩子上小学之前，父母是不是讲究孩子的课外教育""看来高考对学生带来很多压力，有没有计划改变上大学的方法""中国现在应试教育的方法有哪些"等问题，可以整理为"中国教育"；"中国国会议员一般做什么事，一年中有什么重要的国家会议""中国的社会主义方向是什么""社会主义和资本主义的区别""中国的政治结构：在政府里面不同的人扮演哪个角色，政治体制有什么改革，中国的决策过程有什么特点""以前和现在的社会主义思想是怎么改变的"等问题，可以整理为"中国政治制度"；"中国政府想保存少数民族的文化，那么政府为了保存少数民族的文化有什么政策""少数民族和汉族的关系是什么样的关系""在中国人看少数民族的观点怎么样""除了汉族，别的民族有什么特点"等问题，可以整理为"中国的少数民族"。这样分类整理后，按不同版块分别进行讲解，并在讲解中适时提示学生这是某某同学提出的问题，可以让学生明确感到自己的问题得到了教师的回应，使教学内容更有针对性，也能大大提高学生学习的积极性。

每一部分教学内容的编选安排都应以当前情况为主，一般不进行历史探究。如果历史对现状确实有重要影响，可以适当进行说明，比如"中国政治制度"部分中建党和建国的情况、"中国经济发展的现状和未来"部分中改革开放初期的情况等，但着眼点一定是历史对现实的影响，而不是单纯介绍历史。

既然教学内容是以学生需求为导向确定的，材料的选择就一定要尽量针对学生提出的问题，不能太过宽泛。如学生关注中国的贫富差距问题，不能只是简单地介绍基尼系数和扶贫政策，而是要介绍出现贫富差距的原因和具体的扶贫措施。同样，学生关注环境污染和治理问题，则需从污染成因、治理的难点等方面进行介绍，让学生了解当前情况。只有这样，才能让学生感觉到学习"中国国情"这门课是有切实收获的，了解的是今天他们生活的中国国情。

从三个学期收到的学生反馈来看，尽管不同的学生有着不同的兴趣，但还是可以大致分为几类。有些问题具有共性，而且在相当一段时期内不会有太大改变。比如对中国政治和社会制度的好奇、对经济发展的现状和未来的思考、对中国外交的兴趣等。这些问题的时效性不是特别强，因此，针对这些问题所编选的教学内容，并非每个学期都要大幅改动。但是，既然是以学生需求为导向设计的教学内容，就一定要正面回应学生的问题，不可回避躲闪。其实绝大部分问题都可以找到我国政府和有关社会组织的权威解释，只需根据学生语言水平和具体关注点进行选择、加工即可。在"中国国情"课教学中时效性最强的数据，一定要尽量及时更新，比如全年GDP、人均收入等，每年都要更新，外汇储备情况甚至可以选取离上课日期最近的一次数据。采用及时更新的数据更有说服力，也更能反映出中国国情的现状。

5　结语

以学生为中心是对外汉语教学的基本原则，语言教学如是，文化教学亦如是。而要做到以学生为中心，首先就要了解学生真正想要学的是什么。这一点在语言要素和言语技能教学中贯彻得比较好，而在文化类课程教学中，还存在着以中国人的视角看问题、忽视留学生需求的现象。教师所认为的应该甚至必须告诉学生的内容，也可能是一厢情愿的，并不一定是学生之所需。而学生真正需要的，又容易为教师所忽视，或认为不好讲。造成这种情况的原因是多方面的，可能是师生角度不同，也可能是国情差异或跨文化交往的习惯不同。本文介绍的以学生需求为导向，从留学生需求的视角确定"中国国情"课教学内容的尝试，就是希望能为类似课程的教学设计提供一些启发，希望文化类课程也能像语言要素和言语技能课一样，以学生为中心，让学生在非常有限的留学中国的时间内，尽可能多地得到他们需要的知识和信息。

参考文献

［1］周茜:《运用新课程理念为留学生中国国情课程备课》,《科教导刊》2010年第11期（中）。

［2］孙望舟、王倩:《"中国国情教育"课程在留学生培养教育中的作用》,《重庆广播电视大学学报》2016年第4期。

［3］严慧仙:《对外汉语文化知识教学探析——以"中国国情与文化"课程为例》,《浙江外国语学院学报》2012年第4期。

［4］赵冬梅:《利用微信平台辅助"中国国情"课教学的探索与反思》,《数字化汉语教学（2016）》,清华大学出版社,2016。

跨文化传播

中国音乐在来华留学生中的跨文化传播研究

贾 茹

(首都师范大学国际文化学院 北京 100089)

摘 要：通过综述中国音乐国际传播研究的文献以及考察中国音乐在来华留学生中的传播现状和问题，我们发现：在很多留学生眼中，中国的民族音乐依然是非常古老和传统的艺术形式，对他们来说存在陌生感和距离感。来华留学生是未来中国文化传播的主力军，我们需要更加注重对这一类受众在音乐艺术方面偏好的了解，尽可能地选择他们容易接受的作品，通过更具象、更符合时代特色的方式，在保留最具传统的、民族艺术风骨神韵的同时，去探索一个现代的、符合全世界审美范畴的、更加多元和多层次的民乐传播模式和路径，让各国人民都能有机会、有渠道去了解中国音乐，更好地展现文化自信，推动中国文化走出去。

关键词：中国音乐 来华留学生 跨文化传播

1 引言

文化是民族的血脉，是人民的精神家园。中华文化独一无二的理念、智慧、气度、神韵，增添了中国人民和中华民族内心深处的自信和自豪。这些对建设社会主义文化强国，增强国家文化软实力，实现中华民族伟大复兴的中国梦，实施中华优秀传统文化传承发展都具有重要的意义。[1]

中国的民族音乐是中国传统文化的重要组成部分，是人类文明的瑰宝。

从历史上看，我国的民族音乐在隋唐时期就达到了国际传播的顶峰，尽管清朝中后期以后，中国音乐的发展和传播日渐衰落，但随着新中国的成立，国内经济日益发展，国家对"软实力"的重视程度亦逐渐提升。自 2015 年，国家主席习近平提出"一带一路"倡议以来，承载着中国文化基因的民乐，不仅蕴含着独特的民族历史和人文特质，还作为一种能够超越意识形态、宗教信仰、文化观念等方面隔膜的语言，为中国与世界的链接架起了和谐沟通的桥梁，为进一步加强民心相通和文明交流互鉴提供了有力的支持，是中国文化"走出去"的最佳传播内容之一。

2 中国音乐的跨文化传播研究综述

目前关于中国音乐跨文化传播的研究主要集中在以下几个方面。第一，从历史的角度，研究不同时期中国音乐参与世界各地的文化交流活动以及传播水平。比如在冯文慈的代表作《中外音乐交流史》[2]中，梳理了从先秦时期到清朝末期的音乐交流历史。陶亚兵的《中西音乐交流史稿》[3]在历史梳理的同时，对"欧洲音乐中心论""文化价值相对论"等理论问题进行了深入探讨。滕军编著的《中日文化交流史考察与研究》、[4]赵维平的《中国古代音乐文化东流日本的研究》[5]论述了中国对于日本音乐文化的影响。王静怡的《中国传统音乐在海外的传播与变迁》，[6]梳理总结了马来西亚音乐的来源以及传统音乐在新土地上的变迁。林一、马萱编著的《中国戏曲的跨文化传播》[7]详细地论述了我国音乐在历史上的传播与交流。王耀华所著的《中国音乐国际传播的历史与现状》[8]以史料整理和资料分析为基础，对我国音乐国际化传播历史与现状进行了系统的梳理，为读者清晰地勾画出了我国音乐国际化传播的时间轴和地域路线。

第二，从中国民族音乐本体研究的角度，结合社会、文化、审美和哲学多个方面，运用中西音乐对比等研究方法来研究民族音乐走向世界的议题。比如唐朴林的《解读谭盾"中国音乐走向世界，只有靠民乐"之说》，[9]主要总结了目前中国民族音乐走向世界的作品的形式，以及提出要依靠具有中华音乐特质的民乐和能正确理解民族性、跳出"欧洲文化中心论"思想桎梏的音乐人方能走向世界的观点。李盟华的《立足本土的走出——中国民族音乐走向世界的探索》[10]阐述了中西方音乐之所以不同的深层次缘由。作者认为中国民族音乐走向世界应当先立足本土，找到中国音乐中最独特和最具民族性的元素，然后在多元文化格局中找到共同的审美倾向、情感表象作为依托去寻求出路。周为民的《从文化的视角谈当代"中国音乐之路"论辩中的"中西关系"问题》[11]则是从文化的视角对"复兴论"与"西化论"的研究进行剖析和评价。作者认为应将中国民族音乐放在中国文化哲学角度考虑，"古今中外、融合创新"，走出具有中华民族文化特色的新型音乐文化道路。张君忠在《从西方民族乐派的发展看我国民族音乐之路》[12]一文中认为从西方民族音乐派与巴托克的成功例子中找出适合中国民族音乐的道路。毕明辉的《中国风格：困境中的抉择》[13]从分析谭盾、陈其纲、郭文景三位中国当代音乐作曲家的作品风格，围绕"什么样的作品风格才是受中西方听众喜爱的""什么才是能够代表中国的作品"等问题进行了深入浅出的探讨。

第三，从国际传播学的角度，通过研究中国音乐在不同文化圈话语体系和审美习惯的对外传播过程中的特点，来探索如何更有效地将中国音乐传播到世界各地。比如张丰艳的《美国视野：中国音乐的国际传播》[14]一书从独特的"美国视野"切入，以拉斯韦尔的5W模型为全书的探讨框架，将中国音乐的国际传播聚焦于传播效果如何这一重要环节，探讨了我国音乐文化传播过程中，不同要素对传播效果的影响，提出了走好国际化发展之路的现实困境、机遇和策略。张丰艳后来又发表了《中国音乐文化的国际传播——"走出去"战略问题研究》，[15]探究了中国音乐在不同国家和地区传播中所形成的文化折扣，提出了传播哪种内容的中国音乐、用什么形式传播中国音乐效果更好、在各个评测点的传播效果有何差异是音乐国际传播中不得不思考的现实问题。

第四，从中国音乐国际教育的角度，近几年来，随着来华留学生日益增多，该群体成为了中国音乐传播的新一类受众。在胡远慧和袁薇的《对外国留学生眼中之中国音乐的调查与思考》[16]一文中，通过对200名来华留学生的问卷调查和访谈，了解他们对中国音乐的认同、熟悉、理解的程度，从而为如何向这一类受众传播中国音乐提出对策建议。凌博在《中华传统文化的跨文化教学实践研究——以北京语言大学为例》[17]一文中提到，北京语言大学艺术学院通过探索和实践，设计了民族性与系统性统一的教学内容，运用理论与实践相结合的教学方法，构建"双+"模式，为来华留学生深入理解中国文化提供了更科学的教学体系。

综上所述，关于中国音乐跨文化传播在历史和本体方面的研究已经较为充分和成熟，而将传播学理论用于研究中国民乐的推广和交流是对这一老话题的创新，其研究成果对如何更好和有效地传播中国音乐提出了策略。中国音乐国际教育是近年来提出的课题，随着海外来华留学生的增多，他们也成为传播中国文化的重要媒介，如何向这一类人群传播中国音乐，目前的研究甚少，本文将以此为主题，阐述中国音乐在来华留学生中的传播现状、问题以及对策建议。

3 中国音乐在来华留学生中的传播现状

截至 2018 年的数据显示，我国已经成为全球重要的留学目的国，来华留学生人数已超过 49 万，尤其我国实施"一带一路"倡议以来，"一带一路"沿线国家来华留学生规模逐渐增大，据教育部统计，2018 年在来华留学生源地排前 15 位的国家中，"一带一路"沿线国家占其中的 10 个。教育部近年来陆续出台了《推进共建"一带一路"教育行动》《学校招收和培养国际学生管理规定》等文件，实施"丝绸之路"留学推进计划，与沿线 24 国签订了学历学位互认协议，计划 5 年内建成 10 个海外科教基地，每年资助 1 万名沿线国家新生来华学习或研修。北京市政府于 2017~2019 年重点建设了不少于 30 个"一带一路"国家人才培养基地。随着《留学中国计划》的发布以及 2019 年颁布《中国教育现代化 2035》，我国将开创教育对外开放新格局，扎实推进"一带一路"教育行动，拓展人文交流领域，促进中外民心相通和文明交流互鉴。在这一系列政策的推动下，越来越多的留学生来到中国学习，他们逐渐成为中国传统文化传播的主力军。

这一过程中，我们不难发现，在为数众多的中国传统文化中，中国音乐越来越受到来华留学生的喜爱。这要归因于中国音乐目前的几种传播方式。第一，中国风的流行音乐让来华留学生对中国音乐产生兴趣。一项针对 200 名来华留学生的调查发现，在回答"你喜欢的中国音乐有哪些"时，56.24%的人写的是通俗歌曲的歌名，如《甜蜜蜜》《明月几时有》《千里之外》《童话》等。[16]流行歌曲作为通俗音乐的一种，本身具有易于传播、朗朗上口的特点。在近 20 年华语流行乐坛的快速发展中，涌现出来一大批优秀的歌手和作品，这些歌曲既吸收了欧美流行音乐的元素，又保留了中国本土音乐的艺术特点，深受来华留学生的喜爱，在他们欣赏和传唱这些歌曲的同时，也渐渐习得了中国民族音乐的一些文化属性。

第二，来华留学生通过观看中国的影视剧作品听到中国的民族音乐。来华留学生在学习汉语的过程中，常常会看中国的影视剧作品，以此来练习和提升自己的语言能力，比如很多留学生喜欢看中国的古装剧《甄嬛传》等。在这类作品中，为了更好地塑造人物形象，推动剧情发展，烘托和强化情感变化，常常会运用背景音乐来实现这一系列表达效果。在讲述中国故事的作品中，作曲家会使用中国民乐来匹配剧情所描述的场景，最常使用的中国乐器有琵琶、古筝、箫、竹笛等。因此，很多留学生已经对中国音乐的音色特点和艺术表达并不陌生，甚至非常喜爱，而且纯粹的音乐欣赏对大多数人来讲比较抽象，加上了影视剧作品中的故事情节，反而使留学生们能更好地理解中国音乐以及各种中国乐器的审美特点。

第三，留学生通过孔子学院的中国音乐课程和艺术活动，对中国音乐有了更近距离和更深入的认识。孔子学院作为中国文化海外传播的重要基地，除了教授汉语语言类课程外，还根据当地学习者的需求提供中国音乐文化课，经常组织民族音乐会、民歌比赛、传统节日文艺晚会等文化活动。自2012年由中央音乐学院与丹麦皇家音乐学院合办了全球首家以"中国音乐的教育与推广"为核心的特色孔子学院后，中国音乐以孔子学院为平台的传播更加专业和广泛，成为留学生了解中国民族音乐内涵以及对博大精深的中华文化产生更深的理解的权威传播渠道。

4 中国音乐在来华留学生中传播存在的问题

然而，尽管看上去中国音乐已经为越来越多的来华留学生所喜爱，但在一项关于留学生的问卷调查和随机采访中发现，85%的留学生并不了解中国音乐，99%的留学生无法辨识中国乐器，96%的留学生没有听过中国民乐团在国际上的演出，他们了解中国民乐的渠道95%来自于网络，4%来自电视节目，只有1%来自音乐会宣传或者其他人。[18]这说明中国音乐在来华留学生中的传播依然存在一些问题。

第一，缺乏对来华留学生开展中国音乐的普及工作。虽然于 2012 年中央音乐学院与丹麦皇家音乐学院合办了全球首家以"中国音乐的教育与推广"为核心的特色孔子学院，2015 年中央音乐学院成立了"中外音乐文化交流与体验基地"，2017 年北京语言大学艺术学院开始正式招收音乐专业的外国留学生，2018 年 7 月 13~29 日由中央音乐学院主办，中央音乐学院音乐孔子学院办公室及中外音乐文化交流与体验基地、宋庆龄青少年科技文化交流中心联合承办了"用音乐理解中国"——中国音乐文化暑期国际研修学院活动，这些基地和活动确实为传播中国音乐做出了很大的贡献，但传播的受众却仅仅局限于音乐专业留学生，对大部分学习其他专业的留学生而言，一方面内容比较难于理解，另一方面接触到这些知识不那么方便。

而大部分的非艺术专业来华留学生都是通过聆听中国流行音乐、观赏中国的影视剧作品接触到中国民乐。虽然他们会对这些音乐作品表现出兴趣，但却只是停留在一些浅层次的感性认识上，他们对所听到的旋律或作品究竟是用什么乐器演奏的，有什么样的音色特点，为什么会用这个乐器来演奏，它描写了什么样的风土人情，常常用来叙说什么样的场景，对这些并不了解。因此导致大部分的留学生群体对中国音乐的了解非常有限。

第二，中国音乐对于留学生来说依然属于既高雅又传统的艺术，处于曲高和寡的位置。如何能让本身就存在文化差异的留学生更好地接纳和理解中国音乐，这就需要我们去了解什么样的传播内容和传播方法是易于此类受众群体接受的。在 2016 年，学者张丰艳通过实验法对音乐内容和形式呈现与国际传播效果进行了研究，得出以下结论：（1）信源国元素含量多的内容在作品的国别定位上有显著标志；（2）输出国元素含量多的内容更易引发情感共鸣；（3）与原汁原味的中国音乐相比，中西结合的作品更受欢迎；（4）故事与视频对抽象的音乐传播内容有加强文化理解、避免文化误解的积极作用，可以有效降低跨文化传播中的文化折扣。[15]根据这几点，我们发现，在对来华留学生传播中国音乐时，忽略了一些细节。在传播内容上，目前很多都集中于非常传统的中国音乐，比如《春江花月夜》《高山流水》等作品，留学生会觉得非常有辨识度、有意思，然而当问及是否会再次主动欣赏时，发现意向并不高。另外，留学生常常还会觉得听不懂中国传统音乐，这是因为音乐本身不同于舞蹈、戏曲、歌唱等艺术，它相对抽象，没有受过音乐熏陶或训练的人，很难理解音乐想要表达的内容，这就需要我们在做音乐传播工作时,尽可能使音乐具象化、故事化、生活化,通过具体的形象或故事情节拉近人与音乐的距离。

5 中国音乐在来华留学生中的传播对策

在向来华留学生传播中国民乐时,需要选择既能代表中国传统艺术风格又易于为他们所接受的作品。在前人的调查研究中,我们发现纯粹的、原汁原味的中国传统音乐对留学生而言,接纳和理解起来比较困难。如果能够加入一些时尚流行的元素、结合故事与视频以及选择一些中外元素融合的跨界作品,会有益于受众理解中国音乐和中国特有的审美范式。

第一,高等院校开设专门针对来华留学生的艺术类文化通识课程。根据教育部 2018 年印发的《来华留学生高等教育质量规范(试行)》,来华留学生应当熟悉中国历史、地理、社会、经济等中国国情和文化基本知识。以中国音乐为载体和切入点,是让来华留学生了解中国文化的路径,同时,将中国音乐与中国文化列为通识类课程,可使大部分非艺术类专业的留学生能够在相对固定的一段时期内学习到成体系的知识。课程设置中既有传统的内容又有现代的发展,能很好地体现中国音乐的民族性与当代性,使民乐的传播更容易落地,同时还能培养留学生的审美品位,提升人文素养,吸收优秀的艺术作品中的精华,更好地理解中国文化。

第二,利用互联网,开展线上课程。在"互联网+"时代,教育模式和学习模式发生了非常大的变革,在线课程成为未来教学的发展趋势,它把课堂延伸到了教室以外,大大增加了学习者的数量和范围,尤其是音乐艺术类课程。网络孔子学院专门开设了音乐频道,开设了《民乐讲堂》《民乐文化》《乐器百科》《中国音乐家》《乐评论道》等栏目,以多种形式通过互联网向全球展示中国民族音乐的精髓。中国民族音乐的审美内涵讲求"虚实相生,气韵生动",这对于海外留学生来说,理解起来有些难度,网络课程可以很好地解决这一问题。笔者在 2017 年出版的在线课程《中国民族音乐赏析》打破了纸板教材符号化、概念化、无声化、抽象化的限制,尽可能集文字、图片、音频、视频四维于一体,把中国文化的元素运用到各个维度。每个章节由若干个时长为五分钟左右的视频微课组成,虽然内容是传统的、抽象的、深富内涵的,但形式却是生动的、多样的、时尚的。

这使得博大精深的中国文化能够从书本的文字中走出来，更贴合学习者的心理体验、易于理解和感知。

6 结语

通过综述中国音乐国际传播研究的文献以及考察目前中国音乐在来华留学生中的传播现状和问题，我们发现在很多留学生眼中，中国的民族音乐依然是非常古老和传统的艺术形式，对他们来说存在陌生感和距离感。来华留学生是未来中国文化传播的主力军，我们需要更加注重对这一类受众在音乐艺术方面偏好的了解，尽可能选择他们容易接受的作品，通过更具象、更符合时代特色的方式，在保留最具传统和风骨神韵的同时，去探索一个现代的符合全世界审美范畴的更加多元和多层次的民乐传播模式和路径，让各国人民都能有机会、有渠道去了解中国音乐，更好地展现文化自信，推动中国文化走出去。

参考文献

[1] 国务院办公厅、中共中央办公厅《关于实施中华优秀传统文化传承发展工程的意见》，《人民日报》2017年。
[2] 冯文慈：《中外音乐交流史》，湖南教育出版社，1998。
[3] 陶亚兵：《中西音乐交流史稿》，中国大百科全书出版社，1994。
[4] 滕军等：《中日文化交流史：考察与研究》，北京大学出版社，2011。
[5] 赵维平：《中国古代音乐文化东流日本的研究》，上海音乐学院出版社，2004。
[6] 王静怡：《中国传统音乐在海外的传播与变迁》，人民出版社，2009。
[7] 马萱林一：《中国戏曲的跨文化传播》，中国传媒大学出版社，2009。
[8] 王耀华：《中国音乐国际传播的历史与现状》，人民出版社，2013。
[9] 唐朴林：《解读谭盾"中国音乐走向世界，只有靠民乐"之说》，《中国音乐》2008年第3期。
[10] 李盟华：《立足本土的走出——中国民族音乐走向世界的思索》，《中国科教创新导刊》2008年第22期。
[11] 周为民：《从文化的视角谈当代"中国音乐之路"论辩中的"中西关系"问题》，《天津音乐学院学报》2002年第2期。
[12] 张君忠：《从西方民族乐派的发展看我国民族音乐之路》，《时代文学》2009年第8期。

［13］毕明辉：《中国风格：困境中的抉择——中国新潮音乐西传面面观》，《人民音乐》2007 年第 10 期。

［14］张丰艳：《美国视野：中国音乐的国际传播》，中国传媒大学出版社，2017。

［15］张丰艳：《音乐内容和形式呈现与国际传播效果研究——基于对美国非华人艺术接受者的实证分析》，《现代传播（中国传媒大学学报）》2016 年第 11 期。

［16］胡远慧、袁薇：《对外国留学生眼中之中国音乐的调查与思考》，《大众文艺》2012 年第 7 期。

［17］凌博：《中华传统文化的跨文化教学实践研究——以北京语言大学为例》，《当代音乐》2018 年第 12 期。

［18］吴秋茹、许阳桐、谢金晶、郑威豪：《"一带一路"背景下中国民乐对外传播研究——以江苏"双一流"建设高校为例》，《传媒论坛》2019 年第 19 期。

对美文化传播内容选择原则

王晓君

(首都师范大学国际文化学院　北京　100089)

摘　要：本文结合作者担任驻美汉语教师的实践经验，针对如何在美国有效地传播中国文化，提出了四条内容选择原则，建议选择具体中国文化内容时，应该偏向选择代表当代中国的主流文化，选择符合当代世界潮流的文化，选择有具体物质形态或操作步骤的文化，选择可以补充当地美国文化的内容。

关键词：文化传播　现代性　普适性　具象性　补充性

1　引言

关于中华文化对外传播方面的研究，近年来逐渐开始得到重视。陈文力等主编的《中国文化对外传播战略研究》所收集的论文，从全球化、多文化融合等角度对中华文化对外传播的战略等做了比较深入的探讨。陶秀璈主张我国既要以开放的姿态吸收西方文明的精华，也要努力传播本国文化。朱瑞平结合近年来国际汉语教育的实践，提出了选择中华文化传播内容应该遵循的原则。张春燕借鉴传播学领域的"使用与满足"理论，认为需要根据不同地区受众情况，选择语言教学或者文化学习和体验。在传播中华文化的时候，张春燕则借鉴"编码与解码"理论，认为应该使用比较研究的方法来传播中华文化。此外也有学者对传播具体文化内容提出了相关原则，如朱志晗在论及如何对外传播中国民族音乐时，参考"九力分析模型"，提出要提高组织内部竞争力，增强文化内容的外部竞争力，最终达到更加高效的文化传播效果。王璐研究对外传播传统武术时，提出应该培养武术教师的跨文化意识，尊重当地文化，通过有效沟通吸引当地人士对传统武术产生兴趣。

笔者有幸加入驻美汉语教师行列，自 2017 年始，在美国某公立大学担任孔子学院办公室主任兼汉语教师。笔者的核心职责是为该校开设汉语学分课程，为在校大学生提供汉语教学服务。此外也致力于开展中国文化相关的活动，在大学、中小学校园及社区积极传播中华文化。因此本文结合笔者在驻美期间开展中华文化活动的心得体会，认为选择对美文化传播内容应该遵循现代性、普遍性、具象性和补充性等几条原则。

2 现代性原则

在过去一百多年的历史进程中，中国的社会与文化经历了一场前所未有的大转型，从国家制度、社会结构、意识形态到生产工具、消费方式、生活方式等，几乎每一个方面都发生了根本性的变化。这种变化用一个比较简便的词概括，就是"现代化"，通过学习借鉴西方文明成果，使中国从传统的小农社会逐渐向现代文明社会进步，改良社会体制结构，发展社会生产力，加入全球贸易经济协作体系，融入全球化的现代文明潮流。经过数十年的不懈努力，中国的工业化程度逐渐提高，成长为全球第二大经济体，人民的生活水平和文化自信也得到了前所未有的提高。

在此背景下，我们应该选择什么样的中国文化来对外传播呢？有人认为我们应该对外传播中国古典文化，如儒家学说、道家学说、墨子思想、易经思想、佛教思想、中医理论等古典国学文化。我国的古典国学遗留下来的典籍和文物固然称得上是浩如烟海，所包含的古代文化也称得上是博大精深，但是若是以此作为对外文化传播的主要内容，恐怕并不那么切合实际，理由有以下几个方面。

首先，上述古典国学文化在经过一百多年的近代历史洗涤，已经基本上成为文化陈列品。固然还有相关的专家学者在研究它们在历史上的形态与作用，如今提倡学习古典文化的人也大有人在，有人甚至尝试部分地恢复它们在社会生活中的功能。但在当前中国的整个社会系统中，传统国学文化在事实上已经不再起维系社会、推动社会前进的核心作用。如果选取古典国学文化作为对外文化传播的核心内容，那就意味着选择的是当代中国比较边缘的文化，将不能如实地反映当今中国真实的人文与国情。退一步说，经过古典文化熏陶的外国友人，在进入真实的中国环境之后，面对早已跟其他国家一同现代化的中国社会现实，反而可能出现认识偏差，这就失去了对外文化传播的本来意义。

其次，近代以来现代意义上的民族国家逐渐成型并强化，虽然在某些方面仍然保留了各民族一些特有的传统文化与习俗，但大潮流是互相学习，在源于欧美的科技与制度文明引领下，全方位地进入现代文明。中国在进入现代文明的道路上经历了较多的曲折，但经过最近40年的大踏步发展，不仅基本赶上了世界潮流，在某些方面甚至拥有了若干优势，比如消费性电子产品组装、便利的移动支付方式、高铁运输系统等。因此，选择具有现代性的文化内容作为传播对象，更能代表当代跟世界接轨的中国文化，也更容易为同样已经进入现代文明的其他国家人民所接受，而在传统文化负担比较薄弱的北美地区，源自中国的现代文化自然也更容易得到接受。

最后，选取现代文化作为文化传播的内容，在师资配备方面更具优势。中国古典文化固然有精致、高深的一面，但当前国际汉语教育学科培养的师资人员，能达到精通古典文化程度的人员比例并不高，而短时间内要速成国际汉语教师的古典文化底蕴又不现实。当然可以考虑派遣古典文化相关领域内的精英学者去传播古典文化，但短期内速成他们熟练掌握国际汉语教学技能又是一个不太可能完成的任务。退一步讲，即便可以速成，在当前孔子学院的巨大师资需求面前，相关领域内的人员数量供应也将是个难以解决的大问题。而如果以当代中国文化作为传播对象，在师资培训与配备方面需要花费的时间与精力就相对少多了。

有鉴于此，我们认为在选择对外文化传播内容时，应该遵循现代性原则，选择当代中国具有活力、更能反映当前社会和人民现实生活的文化内容。在现代性原则之下可以明显看出，在中国当前的文化内容中，电影比皮影更具现代性，更能代表现代中国文化；现代音乐与歌曲比京剧、越剧等古典戏曲更具现代性。选择更具现代性的文化内容作为对外传播对象，更有利于国际友人加深对当代中国的理解。另外有些传统文化经过现代改造，也更容易为人所接受。比如太极拳，在过去有各种五花八门的流派，几乎每换一个师傅就是一套不一样的拳法，各种流派和拳法之间还常互相看不起，令后学无所适从。后来经过简化、改良、规范之后，除去其中的迷信、重复的成分，就可以变成一种相对易学易练的锻炼方式，走出国门也容易为外国友人所接受。

3 普遍性原则

在全球化浪潮兴起之前，各大民族都发展出来了成体系的传统特色文化，在最近几百年的国际文化大接触与大碰撞的过程中，尊重人性、重视个性发展的现代文化逐渐成为文明的主流，而各民族文化中与时代潮流相悖逆的成分则逐渐被摒弃。中国文化自有文字记录以来已经积累了三千多年，其间很多文化形态与观念在历史变迁中已经被淘汰了，而在最近一百多年的文明碰撞与演变中又陆续产生新的文化，所以当今社会所存有的文化形态仍旧复杂多样。其中有些与当今国际潮流相一致，比如经过改良的太极，提倡使用慢动作锻炼身体、调节心理状态，在工作生活节奏紧张的现代社会，仍具有较高的普适性。再如春节、端午节、中秋节等节日文化，通过适当的程序活动和文化物品，可以为普通家庭的日常生活增添仪式感，丰富家庭生活的历史记忆，提升家庭成员的个人幸福体验，这也合乎现代主流文明。今日在美国常住的华人数量日益增多，在北美地区传播中国传统的节日文化，一来方便广泛地联络在美华人，增强华人之间的感情，二来可以丰富美国节日文化，让本土美国人民对中国的节日文化有较为直观的了解，增进中美之间的民间交流与信任。

但中国目前也存在部分不适宜的文化内容。比如有的地区仍然存在男女分桌吃饭的风俗，这与近些年来流行的男女平权思想就背道而驰，显然不宜选取出来传播到美国这样的发达国家。

4 具象性原则

文化的含义非常广泛，所包含的内容有思想文化，也有物质文化。在选取对外传播的文化内容时，我们认为还应该坚持具象性原则，即所选取的文化内容应该包含有代表性的物品，或者有明显能让人感觉到、观察到的实际效果。以节日文化为例，美国的感恩节是普通家庭的重要节日，不仅是家人及朋友聚在一起互相交流，他们还要一起烹调出有特色的土豆泥和烤火鸡，配上其他的特色饼干和甜点，供家人与朋友一起享用。圣诞节则是跟中国春节地位相当的重要节日，也讲究家庭成员团聚在一起，还要在客厅里树立起代表生命常青的绿色圣诞树，家庭成员各自把自己有生以来积攒起来的有纪念价值的小物件挂到树上。在搭建圣诞树、悬挂纪念物件的过程中，他们也间接地回顾了各位家庭成员的成长史，有效地促进了家人之间的交流，增进了家人之间的相互了解。中国的很多节日文化也有独特而具体的纪念物品，比如端午节的粽子和龙舟、春节的对联与福字、中秋节的月饼等。在北美传播中国节日文化的时候，附带上相关的具有纪念意义的物品，与美国节日文化在精神上是一致的，这样就大大提高了文化传播的效率。目前传播中华文化通常包含剪纸、制作中国结、画脸谱等手工活动，这些活动可以产出具体的物品，跟美国基层社会从小就重视手工制作的精神暗合，是值得鼓励的文化传播内容。我们还可以结合中国已有的节日文化，考虑开发更多的手工制作方式，赋予手工产品新的文化内涵，这可以有效拓展在美的文化传播方式，提高文化传播的效果。

中国的美食文化源远流长，在现代还形成了比较复杂的派系，也是很多中国人引以为傲的一个方面。而食物在北美地区的文化活动中是一种非常受重视的具有具象意义的物品，在开展文化活动的时候，通常都会同时提供与该文化有关的食物，比如墨西哥的卷饼、德国的烤肠、印度的咖喱菜等。在传播中国文化的时候，也可以考虑根据活动内容，跟特定食物结合起来。食物制作与分享也尽量参考、照顾当地的饮食习惯和流程，注意讲究营养均衡与饮食卫生。

有些文化内容可能没有代表性的物品，但能产生让人感觉到或观察到的实际效果，也可以纳入文化传播的对象。比如歌曲，其旋律不是一种物品，但经过演唱或演奏，能让人感觉到旋律背后人类共通的喜怒哀乐。再如太极拳，它由具体的肢体动作组成，是一种安全且适宜于冥想的慢速运动，练习的时候能感觉到肌肉紧张和动作之间的协调，练完之后又使得身心产生舒适感和放松感。

与此相反，有些中国文化属于比较抽象的范畴，基本上没有有代表性的实物，也很难验证或观察到实效。像这类文化内容，没有具体的代表性事物，也缺乏明确的、可以反复观察或感知的实际效果，我们认为不宜选取为对外传播的文化对象。

5　补充性原则

美国是一个以基督教为立国根本的国家，基督教在基层社会有着极为深厚的底蕴。以笔者所在的 Crookston 市为例，不到 8 千人口的规模，却设有大大小小十几座教堂，每到周日，大部分成年人都会去教堂做礼拜，唱圣歌，研习《圣经》。小镇所设立的公立学校禁止开展宗教活动，谈论宗教话题也有较为严格的限制，但基督教文化仍然无处不在，各大节日期间，如复活节、圣诞节、感恩节、阵亡者纪念日、老兵节等，通常会安排较为大型的公共活动，其间一般会安排跟宗教有关的祈祷程序。此外，普通人家的婚礼、葬礼以及孩子出生等重要活动，一般也有专门的祈祷程序或带基督教元素的活动内容。由此可见，基督教文化在该市是主流文化，占据了当地人从生到死的大部分仪式环节，在当地人的人生仪式中仍保持了旺盛的活力。

尽管如此，由于美国本就是以移民立国的一个国家，因此对其他文化的心态相对宽容，经常可以看到由移民带来的文化。Crookston 地处美国中北部，在 19 世纪中叶，该地区尚广泛分布着原住民印第安部落。经过一百多年的融合与发展，今天仍然保留了若干印第安原住民聚居区。而大部分印第安人的后裔已经融入现代美国社会，他们在历史进程中逐渐放弃了自己的语言和大部分文化。但是，当地政府部门和公立学校每年都会举办文化活动，其中有的活动就跟印第安文化有关，例如小学会举办跟印第安原住民文化有关的手工活动，图书馆会展出原住民的历史物品。当地来自南美和墨西哥的移民较多，因此也会开展一些跟南美和墨西哥文化有关的活动。印第安文化、南美及墨西哥等移民文化在今天的北美地区极大地丰富、补充了当地的主流文化，体现了生机勃勃的文化多样性。因此，驻美孔子学院在美国传播中华文化，在考虑选择具体文化内容时，也应该注意不要试图影响或改变当地的主流文化形态，需要考虑的应该是如何丰富或补充当地的文化生态，这就是所谓的补充性原则。

6 结语

近年来中国国力不断提升，影响力逐年增强，在海外的汉语人口急剧增加，汉语在世界上的地位也有所提高。在此背景下开展国际汉语教育，要重视结合优秀的中国文化内容，而选取什么样的文化内容向外传播至关重要。孔子学院建院以来，筚路蓝缕，打造了一支致力于传播汉语与中国文化的精良队伍。然而在选取所传播文化的文化内容方面，出于各自学科背景差异，似乎并没有取得显著的统一意见。

笔者结合个人实践体验，认为在对美传播中国文化时，应该遵循现代性、普适性、具象性和补充性等原则，在选取需要传播的文化内容时，可以适当向能反映当代中国的优秀文化内容倾斜，文化内容应该不违背现代潮流，并且具有可见形态或有效功用。最后，在传播文化内容时，要遵循补充性原则，丰富补充当地主流文化，提升中国文化在当地的影响力。

参考文献

［1］陈文力等：《中国文化对外传播战略研究》，九州出版社，2012。

［2］〔美〕大卫·哈克特·费舍尔：《阿尔比恩的种子：美国文化的源与流》，王剑鹰译，广西师范大学出版社，2018。

［3］季培刚：《太极往事》，中国商业出版社，2011。

［4］林大津：《美国跨文化交际研究的历史发展及其启示》，《福建师范大学学报》（哲学社会科学版）1999年第2期。

［5］孙立平：《现代化与社会转型》，北京大学出版社，2005。

［6］陶秀璈：《文化外交时代的来临》，《中国文化对外传播战略研究》，九州出版社，2012。

［7］〔美〕阿尔文·托夫勒：《第三次浪潮》，中信出版社，2018。

［8］王璐：《传播学视野下卑尔根孔子学院武术发展的阻碍因素和对策研究》，中国体育大学硕士学位论文，2019。

［9］张春燕：《中华文化海外传播途径和内容选择》，《云南师范大学学报》（对外汉语教学与研究版）2014年第1期。

［10］朱瑞平等：《汉语国际教育背景下文化传播内容选择的原则》，《云南师范大学学报》（对外汉语教学与研究版）2016年第1期。

［11］朱志晗：《中国民族音乐在海外孔子学院的传播研究》，南京艺术学院硕士学

位论文,2018。

[12] Redden, Elizabeth, 2019, 3 More Universities Close Confucius Institutes, https://www.insidehighered.com/quicktakes/2019/05/01/3-more-universities-close-confucius-institutes,查询日期:2019年5月29日。

跨文化交际

格鲁吉亚语中含有几种常见动物谚语的摘译与评介

戴雪梅　祸祖雷

（首都师范大学国际文化学院　北京 100089）

摘　要：谚语是在人类认知行为下产生的体现民族个性的形象语言，是一个国家文化中重要的组成部分。具有个性化的谚语，将民族传统文化习俗和丰富生活经验具象化在谚语中，给人以启迪和警示。目前在"一带一路"的区域合作平台中，我国与格鲁吉亚的文化与经济往来日益密切，本文通过格语中几种含有常见动物谚语的翻译和评介，让读者对格鲁吉亚的文化信息和民族习俗有所了解，以利于两国间更有效的跨文化交流。

关键词：谚语　格鲁吉亚　摘译　评介

1　引言

在每一个民族的语言中，都有自己独特而富有深刻文化内涵的谚语。在历史的长河中，古代劳动者以言简意赅的语言将丰富的生活实践经验积淀为流传于民间的谚语。谚语是在人类认知行为下产生的体现民族个性的形象语言，是一个国家文化中重要的组成部分，通过谚语，可以对该国文化产生具象化而又富于趣味的了解。近年来，中国与格鲁吉亚的文化与贸易往来日益频繁，位于亚洲西南部高加索地区黑海沿岸的格鲁吉亚，作为连通欧亚的重要门户以及新丝绸之路经济带的重要国家，在一带一路建设区位中优势十分明显。格鲁吉亚语作为高加索语系中最重要的语言，其谚语十分丰富，富有哲理，引人入胜，是古代劳动者智慧的结晶。目前尚未有学者将格语谚语译成汉语，限于篇幅，本文拟翻译几种含有常见动物的谚语，并对此做出相关评介。

翻译讲究"信、雅、达"，在谚语的翻译上，我们认为，由于地理、历史、宗教信仰、生活习俗等方面的差异，不同民族的谚语都承载着各自的文化特色和文化信息。在译法上，若直译能准确表达原文的意义则采用直译法为佳，若直译不能清晰地体现原谚语深刻的内在含义，则可采用意译、对等翻译或直译和意译相结合的译法，以此在文化交流中达到无障碍沟通的效果。本文在格鲁吉亚语谚语翻译中，为了更好地体现谚语的民族特点，将直译法、意译法或对等翻译分别列出。

2 格鲁吉亚语中含有几种常见动物谚语的摘译

2.1 ღორი 猪

（1）ერთმა ტალახიანმა ღორმა, ასი ღორი გასვარაო.

一头脏猪弄脏了100头脏猪。汉语与之相应的说法是：一粒耗子屎坏了一锅粥。

（2）მუცელს აქორებ - ქორია, აღორებ - ღორია!

让你的肚子变成猪肚子。意译：贪吃则肚大如猪。即，人应该学会自我控制。

（3）ღორი ლაფში გორვას არ მოიშლისო.

猪无法改变在烂泥里打滚儿的习惯。意译：狗改不了吃屎。

（4）ღორის ტილი ფეხზე დაისვი, თავზე აგაცოცდებაო.

放在脚上的猪虱终会爬到头上。意译：蹬鼻子上脸，得寸进尺。

（5）ღორი ღორობას არ მოიშლისო.

猪改不了自己的本性。

（6）ღორი როცა დაიკვლება, წონას მაშინ ნგაირკვევაო.

猪被宰后方知其重。意译：事实胜于雄辩。

（7）ღორი სალორეში მანამ არ შევა, სანამ ზურგზე თოვლი არ აედინებაო.

猪背上的雪融化了才进猪圈。意译：笨手笨脚。

（8）თუ ორმ აიცის - ღორმაც იცისო.

两个人知道了这件事，猪也知道了。意译：一传十，十传百。

（9）ნუ დაუყრი ღორს მარგალიტს.

别在猪蹄下放珍珠。汉语与之相应的说法是：对牛弹琴。

（10）ღორობა - დიდსაც არცხვენს და პატარასაც.

当猪让成人和孩子丢脸。

（11）ჭრელი ღორი გინდ ზღვის გაღმა გაიყვა, გინდ - გამოღმა, მაინც ჭრელი ღორიაო.

带猪翻山越岭，猪终究还是猪。意译：本性难移。

在格鲁吉亚语中，"猪"的文化含义是脏、贪吃、蠢笨无知和本性难移。例如：ერთმა ტალახიანმა ღორმა, ასი ღორი გასვარაო. （一头脏猪弄脏了100头脏猪。）直接以"脏"形容猪。მუცელსა ქორებ - ქორია, ღორებ - ღორია! （让你的肚子变成猪肚子。）以猪的贪吃本性喻指某人若不加以控制，就会吃得肚大如猪。形容猪笨的，如 ღორიროცადაიკვლებას, წონაცმაშინგაირკვეაო. （猪背上的雪融化了才进猪圈。）猪笨得不知背上的雪并不会对它进圈造成影响。又如，ნუ დაუყრი ღორს მარგალიტს. （别在猪蹄下放珍珠。）以猪喻指蠢笨无知之人，即使给了它好东西，它也熟视无睹。此句与汉语的"对牛弹琴"十分相似，只不过喻体有异，汉语以"牛"喻指蠢笨无知之人。喻指本性难移的，如 ღორი ლაფში გორვას არ მოიშლისო. （猪无法改变在烂泥里打滚儿的习惯。）ჭრელი ღორი გინდ ზღვის გაღმა გაიყვა, გინდ - გამოღმა, მაინცჭრელი ღორიაო. （带猪翻山越岭，猪终究还是猪。）格语中以猪为喻体，喻义本性难移，而汉语中则以狗为喻体，如"狗改不了吃屎"。

2.2　ვირი 驴

（1）აკიდებულსა ვირსაო, ყველანი წაჰკვრენ წიხლსაო.

背着行囊的驴，人人都会踹上一脚。意译：人弱受人欺。

（2）ან ვირი მოკვდება, ან ვირის პატრონიო.

时间一到，要么驴死，要么主人死。意译：时间久了事情总会发生变化。车到山前必有路。

（3）აქლემი ისე არ დავარდება, ვირის ტვირთი არ აკიდოსო.
骆驼不会弱得连驴背的行囊都背不动。意译：瘦死的骆驼比马大。

（4）ლომი დაბერდა და ვირმა წიხლი ჩაჰკრაო.
狮子老了，毛驴都会踹上一脚。意译：人弱受人欺。

（5）მოლავირზეჯდადავირსდაექებდაო.
阿訇骑驴找驴。意译：骑驴找驴。

（6）ბედაურიდან ჩამოვარდნილი, ვირმაც არ შეიჯინაო.
从骏马上掉下来的人，毛驴都不愿让他骑。意译：墙倒众人推。

（7）გავბრიყვდი და შევჯექ ვირსა, იტლინკა და დამცა ძირსა.
做了蠢事，连驴都把我摔在地上。意译：墙倒众人推。

（8）ერთ სოფელში ქალი არ იყო და ვირს ვარდისახარს ემახდნენო.
没有女人的农村，把毛驴称作美女。意译：矬子里面拔将军。

（9）ვირიგინდლობისშიგნითდააბი, გინდალობისგარეთ, მაინცვირიაო.
毛驴无论是拴在篱笆里边还是外边，照旧是毛驴。意译：本性难移。

（10）ვირზე შეჯდომა ერთი სირცხვილია და ჩამოვარდნა - მეორეო.
骑毛驴丢脸，从它身上掉下来更丢脸。意译：错上加错。

（11）ვირი რომ უფროსად გიჯდეს, პაცი არ უნდა შეჰკადრო.
假若毛驴当了你的上级，你就不能叫"驾"。意译：人在矮檐下，不得不低头。

（12）ვირი ორშაბათსაც ვირია და ოთხშაბათსაცო.
毛驴周一、周四都是驴。意译：本性难移。

（13）ვირი ქორწილში დაპატიჟეს და წყალი მაინც იმას აზიდვინესო.
请驴参加婚礼，到了婚礼现场，它还是得挑水。意译：去哪儿都要当牛做马。

（14）ვირისგან წიხლი მეტკინება, არ მეწყინებაო.
毛驴踹我一脚，我只会疼，但不会和它置气。意译：大人不计小人过。

（15）ვირის წიხლი არ უნდა გეწყინოსო.
毛驴踹你一脚，你不要和它置气。意译：大人不计小人过。

（16）ვირმა რა იცის, ხურმა რა ხილიაო.
毛驴不知枣是什么果子。意译：不知有汉，无论魏晋。

（17）ისეთი მთა არ მეგულვის, ოქროთი დატვირთული ვირი არ გადავიდესო. 挑着黄金珠宝的毛驴不会有过不去的山。意译：有钱能使鬼推磨。

（18）შორეულ ცხენოსანს - მახლობელი ვიროსანი სჯობიაო.
远处骑马的人不如近处骑驴的人。意译：远亲不如近邻。

驴在格语中的文化含义有褒有贬，褒义和偏于中性的意思是吃苦耐劳、当牛做马。如 ვირი ქორწილში დაპატიჟეს და წყალი მაინც იმას აზიდვინესო.（请驴参加婚礼，到了婚礼现场，它还是得挑水。）意为：无论到哪儿，驴都要做苦力。喻指某些人无论到哪儿都要当牛做马。贬义的用法是喻指固执、不受人待见、无知，常以此代表没受过教育、没素质的人。喻义固执的，如 ვირი გინდ ლობის შიგნით დააბი, გინდა ლობის გარეთ, მაინც ვირიაო.（毛驴无论是拴在篱笆里边还是外边，都照旧是毛驴。）ვირზე შეჭდომა ერთი სირცხვილია და ჩამოვარდნა-მეორეო. ვირი ორშაბათსაც ვირია და ოთხშაბათსაცო.（毛驴周一、周四都是驴。）无论身在何处、在何时，毛驴依旧是毛驴，它是改不了固执的本性的。喻义不受人待见的，如 აკიდებულს ვირსაო, ყველანი წაჰკვრენ წიხლსაო.（背着行囊的驴，人人都会踹上一脚。）喻义无知的，如 ვირმა რა იცის, ხურმა რა ხილიაო.（毛驴不知枣是什么果子。）以毛驴喻指无知之人。直接喻指没受过教育、没素质的人的谚语，如 ვირისგან წიხლი მეტკინება, არ მეწყინებაო.（毛驴踹我一脚，我只会疼，但不会和它置气。）ვირის წიხლი არ უნდა გეწყინოსო.（毛驴踹你一脚，你不要和它置气。）

2.3 ძაღლი 狗

（1）ავი კაცის ლუკმას ძაღლიც არ შეჭამსო.
坏人的一口饭狗都不想吃。意译：丧家犬都看不起坏人。

（2）ავი ცოლის ყოლას, ავი ძაღლის ყოლა სჯობიაო.
有凶恶的老婆不如有恶狗。

（3）ავი ძაღლი არც თვითონ ჭამს და არც სხვას აჭმევსო.
恶狗自己不吃也不让别人吃。意译：占着茅坑不拉屎。

（4）ავი ძაღლი პატრონსაც კბენსო.
恶狗连主人都会咬的。

（5）გინდ მგელს შეუჭამივარ და გინდ მგლისფერ ძაღლსაო.

是狼吃了我还是像狼颜色一样的狗吃了我，结果都一样。意译：如果自己是被吃掉或害死的，就不在乎是被谁吃掉或害死的。

（6）თავის ეზოში ძაღლსაც დიდი გული აქვსო.

狗在自己的院子里胆子大。意译：狗仗人势。

（7）თუ მგელმა დაგპატიჟოს, ეჭვიე, ოღონდ ძაღლი თან წაიყვანეო.

假如狼请你做客，你必得带狗过去。意译：随时要做好防备恶人的准备。

（8）მამლის ყივილით და ძაღლის ყეფით - სოფელი არ აშენდებაო.

鸡鸣和狗吠建不了一个农村。意译：光说不做干不成事。

（9）მგელი რომ დაბერდება, ძაღლები ხუმრობას დაუწყებენო.

狼变老后狗都会逗它。意译：人弱受人欺。

（10）მგელი რომ დაბერდება, ძაღლების სათრევი გახდებაო.

狼变老后，狗会把它拖来拖去。意译：人弱受人欺。

（11）მკვდარ ლომს ცოცხალი ძაღლი სჯობიაო.

死狮子不如活的狗。意译：华而不实不如小而好用。

（12）პურის ჭამის დროს ძაღლსაც არ გალახავენო.

就餐时连狗都不要打了。意译：待人要宽容。

（13）როცა ძვალი არა გაქვს, ძაღლს ჯოხი მიუგდეო.

手里没骨头，就把棍子扔给狗。意译：暂时应酬。

（14）როცა ჯოხი არა გაქვს, ძაღლს ლუკმა გადაუგდეო.

手里没棍子，就给狗一口饭吃。意译：硬的不行就来软的。

（15）სიკეთეს ძაღლიც არ დაივიწყებსო.

施善于狗，狗会牢记。意译：善有善报。

（16）უძაღლო ქვეყანაში, კატებს აყეფებდნენო.

没有狗的地方，让猫汪汪叫。意译：矬子里面拔将军。

（17）შემინებული ძაღლი ერთ წელიწადს ბუჩქს უყეფდაო.

被吓着的狗一年都会向草丛汪汪叫。

（18）ცხენის სიკვდილი ძაღლების ქორწილიაო.

马的丧事即是狗的喜事。意译：马死了狗就有肉吃了；渔翁得利。

（19）ძაღლი - ძაღლის ტყავს არ დასხევსო.

狗不会撕掉狗的皮。意译：一丘之貉。

（20）ძალიახსენედაჯოხიცვერდზემოიგდეო.
说到狗，就要备好棍子。意译：说曹操，曹操到。

（21）ძალი გაკრიჭეს და პატრონი გამოჩნდაო.
给狗剪了毛，主人就出面了。意译：你若管闲事，必有他人来挑刺。

（22）ძალი იყეფებს, იყეფებს, ბოლოს კი გაჩერდებაო.
狗吠到最后终会闭嘴。意译：说闲话的小人说累了终会闭嘴，闲人说闲话就让他去说吧。

（23）ძალი კოჭლობით არ მოკვდებაო.
狗瘸了死不了。意译：恶毒之人不值得可怜。

（24）ძალი საკასზოს არ მოშორდებაო.
狗离不开肉铺。意译：贪心之人总是围着利益转。

（25）ძალი სხვა ქვეყანაში კუდამოძუებული დადისო.
狗在其他国家夹着尾巴走路。意译：没了保护伞，就再也不敢恣意妄为。

（26）ძალი შინ არ ვარგოდაო - სანადიროდ გარზოდაო.
狗家里的事情都不管，还想去打猎呢。意译：小事都干不成还想去干大事；这山望着那山高。

（27）ძალი ძალლურად მოკვდებაო.
狗会有狗式的死亡。意译：死得难看。

（28）ძალი ჰყეფს, ქარავანი მიდის.
狗吠就狗吠，骆驼队照旧走它的路。意译：让别人去说吧，自己走自己的路。

（29）ძალის კუდი არ გასწორდებაო.
狗的尾巴是不会直起来的。意译：本性难移。

（30）ძალის კუდი თხუთმეტ წელიწადს კალაპოტში იდო, მერე გამოიღეს და - ისევ მოღუნულიიყოო.
狗尾即使放在模具里 15 年，取出来时仍不是直的。意译：本性难移。

（31）ძალს დაუმეგობრდი, მაგრამ ჯოხს ხელიდან ნუ გააგდებ.
可以和狗交朋友，但手里总要拿着棍子。意译：防人之心不可无。

（32）ძალს ქვა ესროლე, პატრონი გამოუჩნდებაო.
向狗扔石头，狗主人就出现了。意译：你若管闲事，必有他人来挑刺。

（33）ძალსა სცემდნენ, რძალს ასმენდნენო.

打狗给嫂子看。意译：杀鸡给猴看。

（34）წითელი ძაღლი ტურას ბიძაშვილიაო.
红色的狗是豺狼的表弟。意译：沆瀣一气。

在格语中，狗的文化含义一方面是忠心，喻指忠心之人；另一方面是本性难移、凶恶，常喻指恶人。喻义忠心的，如თუ მგელმა დაგპატიჟოს, ევით, ოღონდ ძაღლი თან წაიყვანეო.（假如狼请你做客，你必得带狗过去。）意为：随时要做好防备恶人的准备。狗是本体，喻体是忠心之人。喻义本性难移的，如ძაღლის კუდი არ გასწორდებაო.（狗的尾巴是不会直起来的。）又如，ძაღლის კუდი თხუთმეტ წელიწადს ყალაპოტში იდო, მერე გამოიღეს და-ისევ მოღუნული იყოო.（狗尾即使放在模具里15年，取出来时仍不是直的。）直接以凶恶形容狗的，如ავი ცოლი სჯობას, ავი ძაღლის ყოლა სჯობიაო.（有凶恶的老婆不如有恶狗。）ავი ძაღლი არც თვითონ ჭამს და არც სხვას აჭმევსო.（恶狗自己不吃也不让别人吃。）ავიძაღლიპატრონსაცკბენსო.（恶狗连主人都会咬的。）

喻指恶人的，如ძაღლი - ძაღლის ტყავს არ დახევსო.（狗不会撕掉狗的皮。）წითელი ძაღლი ტურას ბიძაშვილიაო.（红色的狗是豺狼的表弟。）

2.4 კატა 猫

（1）გარეულმა კატამ შინაური გააგდოო.
野猫把家猫赶走了。意译：专横霸道，反客为主。

（2）ვინც კატას არ გაიჩენს, ისთაგვებს გაიჩენსო.
家里不养猫就养老鼠了。意译：贪小便宜吃大亏。

（3）ზაფხულში ძაღლად მაქცია, ზამთარში - კატად.
夏天当狗好，冬天当猫好。意译：夏天住在户外凉快舒服，冬天住在屋里暖和舒服，不同的季节各有各的好处。

（4）ზოგისას კატას სტირონებენ, ზოგისას - კაცსაც არაო.
有人家的猫死了，大家哭；有人家的人死了，大家却不哭。意译：看人下菜碟。

（5）თაგვის ცრემლი კატასაც არ შერჩაო.
连猫为了老鼠的眼泪，都会付出代价。意译：即使做小恶也会付出代价。

（6）კატა ვერ შეჭვდა მეხვსაო, პარასკევია დღესო.

猫够不着香肠，就说今天是星期五。意译：失败了就找借口自我安慰。吃不到葡萄就说葡萄酸。

（7）კატას ფილტვი ესროლეს, იმასაც ის უნდოდაო.

拿一块肺打猫，猫觉得正合适。意译：肉包子打狗，一去不回头。

（8）კატასავითზურგზეარეცემაო.

连猫都不会以背着地。意译：灵活之人不受控制。

（9）კატისათვის თამაშობა, თაგვისათვის - სულთაბრძოლა.

（在猫抓了老鼠跟它玩的时候，）对猫而言是戏耍，对鼠而言是垂死挣扎。

（10）კაცს კაცობა უნდა, თორემ ულვაში კატასაც კი აქვსო.

男人还是应该做男子汉，否则胡须猫都有。意译：不做男子汉，则徒有胡须。

（11）მდიდრისას კატას სტიროდნენ და ღარიბისას - კაცსაც არაო.

富人的猫死了，大家哭；穷人的猫死了，大家却不哭。意译：看人下菜碟。

（12）კატას ძეხვი თავში ჩაჰკრეს და - ღმერთმა მაგისთანა მეხი ნუ მომაკლოსო.

把香肠打到猫的头上，猫说：这样的雷天天劈过来该有多好。意译：肉包子打狗，一去不回头。

（13）ჩხავანა კატა თაგვს ვერ დაიჭერსო.

爱叫的猫抓不住老鼠。意译：光说大话的人干不了正事。

猫在格语中的文化含义是灵活、馋、喜欢享受和具有阿Q精神。喻义灵活的，如 კატასავით ზურგზე არ ეცემაო.（猫不会以背着地。）以猫喻指某个人很灵活，不易轻易受人控制。形容猫馋的，如 კატას ფილტვი ესროლეს, იმასაც ის უნდოდაო.（拿一块肺打猫，猫觉得正合适。）კატას ძეხვი თავში ჩაჰკრეს და - ღმერთმა მაგისთანა მეხი ნუ მომაკლოსო.（把香肠打到猫的头上，猫说：这样的雷天天劈过来该有多好。）即使遇到危险，馋的本性也令它置危险于不顾。喻义喜欢享受的，如 ზაფხულში ძაღლად მაქცია, ზამთარში - კატადო.（夏天当狗好，冬天当猫好。）在寒冷的冬季，猫可以在温暖的屋内过冬。喻义具有阿Q精神的，如 კატა ვერ შეჭვდა ძეხვსაო, პარასკევია დღესაო.（猫够不着香肠，就说今天是星期五。）喻指某人失败了就找借口自我安慰。

2.5 მგელი 狼

(1) დედის წინ მორბენალ კვიცს ან მგელი შეჭამს ან მგლისფერი ძაღლიო.

跑在母马前的小马，要么会被狼吃掉，要么会被狼一样颜色的狗吃掉。意译：不听老人言，吃亏在眼前。

(2) ზიარი ძროხა მგელმა შეჭამაო.

两人合养的牛被狼吃掉了。意译：三个和尚没水喝。

(3) თუ მგელმა დაგპატიჟოს, ეჭვიე, ოღონდ ძაღლი თან წაიყვანეო.

假如狼请你做客，你必带狗同行。意译：防人之心不可无。

(4) თხა გასუქდა და, ერთი მგელს დამაჭიდაო.

山羊长肥了，说想跟狼摔跤。意译：不知天高地厚。

(5) თხა თხაზე ნაკლები - მგელმა შეჭამოსო.

一只羊对另外一只羊说：比你差的山羊被狼吃了。意译：谁比你差谁是小狗，反正我不比你差。

(6) მაწანწალა ტურა სჯობს, მწოლიარე მგელსო.

流浪的豺狼总比慵懒地躺在地上的狼好。

(7) მგელი ისე არ მოკვდება, თხის დასამარხი გახდესო.

狼不会死得那么惨，让山羊将它埋葬。意译：瘦死的骆驼比马大。

(8) მგელი მგლის ტყავს არ დახევსო.

狼不会撕掉狼的皮。意译：一丘之貉。

(9) მგელმა ცხვარი მოიტაცა, ჩემი სერიდან იყოო.

狼叼走了羊，说这是我的草原上的羊。

(10) მგელს მგლურად დაუხვდი და მელას - მელურადაო.

对狼应当狼对待，对狐狸应当狐狸对待。意译：做事要有针对性地区别对待。

(11) მგელს რომ შვიდი ტყავი გააძრო, მაინც მგელი დარჩებაო.

从狼身上扒掉七层皮，它仍然是狼。意译：本性难移。

(12) მგელს საკუთარი ფეხები აჭმევენ პურსაო.

狼是靠自己能跑得远的腿吃这碗饭的。

(13) მგელმათქვა: ორმოშივეგედავინძვალსმიგდებდადავინრბი

ლს, ყველამასხსოვსო.

狼说：我掉坑里时，谁给过我骨头和肉吃，我都记得。汉语与之相应的说法是：患难见真情。

（14）მგელს უთხრეს: შენც ხვარში უნდა გაგგზავნოთ და შენი შვილი - ბატკანში; მგელი შეხტა და შეპროწიალდა: აქაც მე უნდა წავიდე და იქაცო.

人跟狼说：你得去放羊，小狼放小羊。狼说两件事我都干。意译：贪得无厌。

（15）მგელს ძვალი ახრჩობს, შურიანს - შურიო.

狼被骨头噎死了。意译：嫉妒气死活人。

（16）მშიერი მგელი ხარბ კაცზე უფრო მშვიდიაო.

饿狼比贪心的人安静。意译：狼识时务，不去冒大险。

（17）როცა არის თხა - იქ მგელიც არისო.

有绵羊之处，就会有狼出现。

（18）სახით - მღვდელი, საქმით - მგელი.

牧师的脸，狼的事。意译：表面和善，内心狠毒。口是心非、表里不一。

（19）ტურამ ქვეყანა დააქცია, მგელს კი ბრალი აჰკიდესო.

豺狼大闹天宫，但大家认为责任在狼。意译：一次坏名声，一生坏名声。

在格语中，狼的文化含义是凶狠、厉害和有野心。喻义凶狠的，如 როცა არი სითხა - იქ მგელიც არისო.（有绵羊之处，就会有狼出现。）又如，სახით - მღვდელი, საქმით - მგელი.（牧师的脸，狼的事。）喻指在一张表面和善的脸下，却隐藏着一颗狠毒的内心，和狼一样干着凶狠的事情，即汉语所说的口是心非、表里不一。喻义厉害的，如 თხა გასუქდა და, ერთი მგელს დამაჯიდაო.（山羊长肥了，说想跟狼摔跤。）狼远比山羊厉害，但山羊还想与狼比试，这真是不知天高地厚。喻义有野心的，如 მგელს უთხრეს: შენ ცხვარში უნდა გაგგზავნოთ და შენი შვილი - ბატკანშიო; მგელი შეხტა და შეპროწიალდა: აქაც მე უნდა წავიდე და იქაცო.（人跟狼说：你得去放羊，小狼放小羊。狼说两件事我都干。由此喻指人的贪得无厌。

2.6　მელა 狐狸

（1）აპატიეს მელასაო, მოუმატა კბენასაო.

你若是原谅了狐狸，它就会更使劲儿地咬你。意译：本性难移

（2）ერთიშერჩამელასაო, მოუხშირაკბენასაო.

狐狸咬了一口，没人说它，它就会更常咬人。意译：本性难移。

（3）მელაკვდებოდადათავისაქათმისკენმიპქონდაო.

将死的狐狸仍会爬向鸡窝。意译：本性难移。

（4）მელასაქათმისკარზემოკვდებაო.

狐狸会死在鸡窝旁。意译：本性难移。

（5）მელასაცაწვა, კუდიციქაჰყვებაო.

狐狸去哪儿，它的尾巴也会去哪儿。意译：跟班的寸步不离，走狗总随主人走。

（6）მელამთავისიკუდიმოწმედმოიყვანა.

狐狸把自己的尾巴当证人。意译：坏人让走狗当证人。

（7）მელასრაცაგონდებოდა, ისესიზმრებოდაო.

狐狸想起什么，做梦也是什么。意译：日有所思，夜有所梦。

（8）მწოლიარელომს, მაწანწალამელამაჯობაო.

流浪的狐狸胜过赖床贪睡的狮子。

（9）პატარამელადიდმელასატყუებდა.

小狐狸骗大狐狸。汉语中与之相应的说法是：小巫见大巫。

（10）მელამახეშიგაებადათავიმოიმდინარა, ეგებისიხმარიიყოსო.

狐狸掉入陷阱后装睡，希望是在做梦。意译：自欺欺人。

（11）ხაფანგშიგაბმულიმელაიძახდა: თუმთელიქათამიარმომეციით, ბარკალსარდავჯერდებიო.

掉进陷阱里的狐狸说：如不给整只鸡，只给只鸡腿，那不行。意译：泥菩萨过江自身难保。

（12）ოსტატიმელა, შუადღით, ოთხითმახეშიგაება.

高手狐狸在午间将四条腿掉进了陷阱里。意译：聪明反被聪明误。

在格语中，狐狸的文化含义是狡猾、本性难移、有阿Q精神。喻义狡猾的，如 ხაფანგშიგაბმულიმელაიძახდა: თუმთელიქათამიარმომეციით, ბარკალსარდავჯერდებიო.（掉进陷阱里的狐狸说：如不给整只鸡，只给只鸡腿，那不行。）已经自身难保的狐狸还在狡猾地动歪脑筋，向救它的人提条件。喻义本性难移的，如 აპატიესმელასაო, მოუმატაკბენასაო.（你若是原谅了狐狸，它就会更使劲儿地咬你。）ერთიშერჩამელასაო,

მოუხშირაკენასაო.（狐狸咬了人一口，没人说它，它就会更常咬人。）მელა კვდებოდა და თავი საქათმისკენ მიჰქონდაო.（将死的狐狸仍会爬向鸡窝。）მელა საქათმის კარზემოკვდებაო.（狐狸会死在鸡窝旁。）喻义有阿Q精神的，如 მელა მახეში გაება და თავი მოიმდინარა, ეგების სიზმარი იყოსო.（狐狸掉入陷阱后装睡，希望是在做梦。）以狐狸喻指有阿Q精神、自欺欺人的人。

2.7 თაგვი 老鼠

（1）ერთმა თაგვმა ცხრა კვევრი წაბილწაო.

一只老鼠弄脏了九个酿酒缸。意译：一粒老鼠屎，坏了一锅粥。

（2）დათვი ძილს მისცემოდა და თაგვები სამარეს უთხრიდნენო.

狗熊睡着了，老鼠给它挖了坟墓。意译：强者放松了警惕，小人就会乘机下手。

（3）მძინარე დათვს თაგვები სამარეს უთხრიდნენო.

老鼠给睡着的狗熊挖了坟墓。意译：强者放松了警惕，小人就会乘机下手。

（4）ვინც კატას არ გაიჩენს, ის თაგვებს გაიჩენსო.

谁不养猫，谁就得养老鼠了。意译：若不未雨绸缪，麻烦就会来的。

（5）თაგვი ბეღელში შიმშილით არ მოკვდებაო.

老鼠在粮仓是不会饿死的。意译：贼头贼脑的人在物质条件良好的地方是不会过苦日子的。

（6）თაგვი სულ წისქვილშია, მაგრამ მეწისქვილე არ არისო.

老鼠总在磨坊，但它不是磨坊主。

（7）თაგვმა თხარა, თხარაო, კატა გამოთხარაო.

老鼠不停地挖土，挖到了猫那里去。意译：屡做危险之事，终会遇到麻烦。

（8）თაგვს ბუმბულში აწვენდნენ, ის კი ისევ სოროში მიძვრებოდაო.

让老鼠躺在羽绒里，它还是会跑到自己的窝里去。意译：本性难移。

（9）კატისათვის თამაშობა, თაგვისათვის - სულთაბრძოლა.

对猫来说是玩游戏，对老鼠来说却是垂死挣扎。意译：小巫见大巫。

（10）ჩხავანა კატა თაგვს ვერ დაიჭერსო.

爱叫的猫抓不住老鼠。意译：爱吹牛的人干不了正事。

在格语中，老鼠的文化含义是小人、小偷、做危险的事。喻指小人的，如 ერთმა თაგვმა ცხრა ქვევრი წაბილწაო.（一只老鼠弄脏了九个酿酒缸。）格语中的本体是老鼠，汉语中的本体是老鼠屎，汉语的对应说法是：一粒耗子屎，坏了一锅粥，两种语言中的谚语都极为形象，喻体都是小人。又如，დათვი ძილს მისცემოდა და თაგვები სამარეს უთხრიდნენო.（狗熊睡着了，老鼠给它挖了坟墓。）მძინარე დათვს თაგვები სამარეს უთხრიდნენო.（老鼠给睡着的狗熊挖了坟墓。）以上两者都是用来喻指厉害的人如若放松了警惕，小人就会乘人之危。

3　结语

谚语是民族的文化遗产，具有个性化的谚语将民族的传统文化习俗和丰富的生活经验具象化在谚语中，给人以启迪和警示。格鲁吉亚语中的谚语数量众多，本文只是管中窥豹。由于地理条件、礼仪交往、思维方式、生活习惯等因素的差异，不同国别的谚语表达模式也不尽相同，带有各自的民族特点，但都达到了殊途同归的效果。在格语谚语和汉语谚语中，存在着大量本体不同，喻体和喻义却相同的谚语，同时也存在着一些本体相同而喻体和喻义不同的谚语，所体现出的文化含义有同有异，各有特色，值得我们做进一步深入的对比分析说明。

参考文献

[1] ანდაზები, რედაქტორი: დ. შენგელაია, გამომცემლობა „საბჭოთა მწერალი", თბილისი 1951 წ.（D. 沈格拉亚：《谚语》[M]，第比利斯：苏联作家出版社，1951。）

[2] ქართული ანდაზები, რედაქტორი: ზურაბ ჭუმბურიძე, გამომცემლობა „ნაკადული", თბილისი 1984 წ.（祖拉布·诸母布里泽：《格鲁吉亚谚语》[M]，第比利斯：纳卡杜里出版社，1984。）

[3] 武占坤、马国凡：《谚语》，内蒙古人民出版社，1980。

[4] 任宏：《英语谚语和汉语谚语中的隐喻》，《语言应用研究》2006 年第 4 期。

面子的跨文化研究

樊青杰

(首都师范大学国际文化学院　北京　100089)

摘　要：本文对近年来跟"面子"理论相关的研究从跨文化的角度进行了总结，分别从面子在互动中的研究、面子的策略管理、面子的浮现和持续，以及面子和形象的关系等四个方面进行了探讨，并提出从交际参与者的角度来考虑面子问题的必要性，这不仅会对交谈双方的交际进程产生影响，而且对于未来行为的规划也具有策略指导意义。

关键词：礼貌范畴　面子　面子策略管理　面子的互动

1　引论

正如鲁迅先生所说，"面子"，是我们在谈话里常常听到的，因为好像一听就懂，所以细想的人大约不很多。[1] "面子""脸面""有面子""丢脸"这些词语在日常生活中常常使用，但是从语言学的角度来研究"面子"或者"脸面"，探讨"面子"在言语交际过程中作用的研究时间却并不长。"面子"跟中国文化有密切的关系，甚至可以追溯到公元前4世纪。[2] 俗语有云，"人活脸，树活皮"，由此可见，面子在中国人心中的地位和重要性。大约在19世纪，在中国生活的英国传教士将"面子"这个概念从汉语引入到英语中，将"没面子""丢脸"（lose face）这些概念引入英语中。有意思的是，"丢面子"的反义词"挽回面子"（save face）却来自英语，并被引入汉语中。

在学术研究中,对"面子"这个词有很多阐释,并且很多是从跨文化的角度进行的。比如,美国社会学家 Goffman 指出,"面子"是人际交往的基石,甚至像红绿灯对过马路一样重要,是"社会交往互动的准则"。[3] Brown 和 Levinson 将"面子"引入自己的理论体系中,认为"面子"是研究礼貌范畴的核心所在。[4] 他们认为说话者的"面子"包括两个方面:"消极面子"(negative face)和"积极面子"(positive face)。"消极面子"是指说话者不愿被对方反驳。每个人都不愿意让他人将意见强加于己,每个人都渴望拥有自己的空间,希望别人维护和尊重自己的空间。"积极面子"是指说话者希望获得别人的认可、理解和尊敬。

Brown 和 Levinson 与 Goffman 观点的相同之处在于,他们都认为,通常说话者总是想尽力给对方留面子,不管是消极面子和积极面子,除非有比给作为会话参与者的对方留面子更重要的交际目的。Brown 和 Levinson 更多地将"面子"视为自身所拥有的精神财富,而 Goffman 更侧重"面子"的互动功能,认为"面子"来自于他人对自己的看法或评价。对"面子"的研究越来越多,下面我们将在总结"面子"文献研究的基础上,谈谈"面子"跨文化研究面临的一些问题,并提出笔者的一些看法。

2 面子在互动中的研究

与"面子"有关的行为研究有很多。根据 Goffman 的说法,面子可以"失去,挽回,给予,得到"。Brown 和 Levinson 也认为,面子可能会"失去,保留,提升,并且在交流的过程中必须得时刻注意"。[4]

在对礼貌进行的研究中,常常会涉及面子的研究。而对面子研究的一个主要方面是研究在交际过程中如何给对方"留面子",如何避免或减少可能会威胁到对方面子的言语或行为。一般来说,"丢面子"往往与给对方"留面子"的行为成功与否密切相关。除此之外,从 Culpeper 对"不礼貌行为"的研究开始,[5] 有关"面子侵犯"和"面子失去"的研究在过去几年中也有所发展。

虽然学界对交际中的"留面子"和"丢面子"的研究比较充分,但是对"得到面子"和"提升面子"还缺乏系统的概念化研究。Goffman 和 Brown 和 Levinson 虽然详细探讨了如何给对方"留面子",但他们对面子的获得途径以及面子提升方面的研究只是一掠而过,并没有进行详尽的探讨。学界对面子获得和面子提升的研究缺乏关注,这可能有以下几个原因:首先,西方人对给别人"留面子"没有太多切身体会,没有这样的文化氛围,因此对"留面子"的概念就自然而然地不是那么容易理解和把握。其次,在社会交往中,"留面子"也不像"丢面子"对交际的影响那么大。

当然,也有一些研究已经涉及了"给面子"的研究。例如,Hernandez-Flores 通过观察朋友和家人之间的对话以及电视辩论中的"留面子"的行为对面子进行了探讨。[6]通过观察研究,她进一步区分了两种"留面子"的行为。一种是自己给自己留面子,或者用她的术语来说就是"自我面子功夫",侧重于"说话者自己的面子而对听话者的面子没有直接的影响"。另一种是"通过确认双方的面子需求来使得说话者和听话者之间的面子达到理想的平衡状态"。她认为第一种面子不属于严格意义上的礼貌范畴,而第二种面子则属于礼貌范畴。她认为礼貌从某种意义上说是一种"面子互动"。我们在日常生活中也常常用到第二种。比如说,你想请同事帮你看看你刚写的稿子,为了能让同事心甘情愿地帮你,你可能会先说些赞美同事的话。比如你说,我知道您是这方面的专家,通过这些赞美的话让同事觉得面子有光,这样你的请求就更容易得到满足。在这种情况下,给同事面子是一种减少面子威胁的礼貌策略。其他也有一些类似的研究,比如Spencer-Oatey指出,给对方提要求的言语行为可能会造成面子威胁,但也可能会让对方觉得"有面子"。[7]因为我们在接收到别人的请求或者命令时,我们也可能会觉得这不是一种命令,而是因为别人需要我们的帮助,所以反而会感到荣幸,觉得这是一种对我们能力的认可,或者会想到别人把我们当成亲近的朋友才会要求我们帮忙。再比如,在北京话中,一些人为了显示和对方的亲近,用"吖"等词语,看起来不礼貌,对对方的面子有些威胁,但实际上却更拉近了对方的心理距离,让对方觉得你把他当自己人。同样,Gao 提到"留面子"在中国是人际交往中最常用的技能之一,她认为,通过给对方留面子,对方的个人身份和社会地位都得到了保留、确认和提升。[8]当然,由于面子威胁或者面子提升是一种主观感受,因此在社会交往中对方将涉及到面子的行为理解为面子提升或面子威胁,并不能完全由说话人控制。不同的参与者可能对相同的行为有不同的理解方式。这就涉及下一个问题,即面子的策略管理问题。

3 面子的策略管理

早期研究侧重于考察说话者对对方面子造成威胁时说话者的意图。例如，Goffman[3]提出了与威胁面子行为相关的3种意图。第一种是说话者故意伤害他人的面子，让对方丢脸，并且是恶意的。第二种是说话者无意中对他人的面子造成了伤害，这种行为可能会触发后续的修复关系或纠正过错行为。这种行为有时会被视为一种社交失礼。第三种是说话者完全明白他的言语可能会对别人的面子造成威胁，但由于某些原因，他别无选择，只能继续实施他的言语行为。在做出面子威胁行为之前，他可能会"设计"他的言语行为，以尽量减少对听话者面子的伤害。

Brown 和 Levinson[4]讨论了说话者如何合理地估算对听话者面子威胁的严重程度，并相应地选择与估算到的面子威胁水平相对应的言语策略。他们强调，所有行为中跟面子威胁有关的方面，在面子策略研究的文献中大部分论文都是从面子威胁的角度来进行探讨的。尽管他们的模型存在缺陷，但他们的观点可以证明说话者意图在面子策略管理中的重要性。我们认为，面子策略管理不应仅仅局限于对面子威胁的管理。

Spencer-Oatey[7]提出了更宽泛的面子策略，他将言语行为中的社会关系趋向分为四类。

（1）增强关系趋向：增强与对话者之间和谐关系的趋向。

（2）维护关系趋向：维护对话者之间和谐关系的趋向。

（3）忽略关系趋向：对双方的关系漠不关心，有可能是因为更多关注自我。

（4）挑战关系趋向：挑战或损害对话者之间和谐关系的趋向。

我们认为，在不同的交际场合中，对于不同的交际需求，说话者可能会采用不同的面子管理策略。

4 面子的浮现和持续

大多数与面子策略管理相关的研究关注点都集中在面子威胁或者失去面子的时候。例如，Goffman 提出的面子脸谱化理论（dramaturgical theorization），[3]重点讨论面子作为在某种交际场合临时借用的一种工具。与此类似，Arundale[9]提出面子共建理论（Face Co-constituting Theory），探讨了在面对面的互动交际中对话双方对面子的管理策略。这些研究主要侧重于面子浮现的过程，并且探讨了面子在交际中双方不断调整、角力和共建的过程。我们认为，这样的研究还未能足够全面地帮助我们了解面子。Goffman[3]也指出，面子是"整个交际过程中的表现拼凑在一起的形象"。对于中国人来说，无论走到哪里，面子都无处不在，形影不离。因此，我们认为面子不仅是一种某一时刻的言语行为，也可以是一种持久的行为，它可以在一段时间内成长，超越单一的交流互动行为，成为一个人的社会形象。

如果面子可以是一种持久的形象，那么就涉及一个问题，它是否可以被拥有以及可以由谁拥有。Goffman与Brown和Levinson将面子视为一种个体行为，但正如后来的研究所表明，面子不仅仅是个人的，也可能是某个群体或者组织的面子。这种看法在目前的研究中还比较少见。

5　面子、身份和形象

学界近来对面子和说话者身份之间关系的研究也越来越感兴趣。这些概念在语用学和心理学各自的领域都有研究，但是在语用学和心理学的跨学科研究中却不多见。学界逐渐认识到面子和身份的关系，以及它们之间的关联。如果不考虑说话者的身份，就不可能对面子进行概念化的研究。

对面子和个人形象之间关系的研究也不很多。Brown和Levinson提出根据自身形象来定义面子，这就涉及一个问题，即"面子"和"形象"是不是一个意思。在我们看来，虽然面子和形象之间有密切的关系，但它们并不完全相同，因为"面子"关注的是个人的名誉或者尊严，而"形象"更多地指的是一种个人外表或者个人的印象。

我们认为，从交际参与者的角度来考虑面子问题是非常重要的，这不仅会对交谈双方的交际进程产生影响，而且对于未来行为的规划也具有策略指导意义。

参考文献

[1] 鲁迅：《说"面子"》[J]，上海：《漫画生活》月刊 1934 年 10 月第二期，《且介亭杂文》初版，上海三闲书屋，1937，《鲁迅全集》第 6 卷，人民文学出版社，1981。

[2] Hu, Hsien Chin. The Chinese concepts of face [J]. American Anthropologist, 46: 45-64.

[3] Goffman, Erving. On face-work: an analysis of ritual elements in social interaction. In: Goffman, E. (Ed.), Interaction Ritual: Essays on Face-to-Face Behavior [M]. Doubleday, New York, 1967: 5-45.

[4] Brown, Penelope and Levinson, Stephen. Politeness: Some Universals in Language Usage [M]. Cambridge University Press, Cambridge, 1987: 56-311.

[5] Culpeper, Jonathan. Towards an anatomy of impoliteness [J]. Journal of Pragmatics, 1996, 25 (3): 349-367.

[6] Hernandez-Flores, Nieves. Politeness and other types of facework: communicative and social meaning in a television panel discussion [J]. Pragmatics, 2008, 18 (4): 681-706.

[7] Spencer-Oatey, Helen. Rapport management: a framework for analysis. In: Spencer-Oatey, H. (Ed.), Culturally Speaking: Culture, Communication and Politeness Theory [M]. Continuum, London, 2008: 2-47.

[8] Gao, Ge. Face and self in Chinese communication. In: Bargiela-Chiappini, F., Haugh, M. (Eds.), Face, Communication and Social Interaction [M]. Equinox, London, 2009: 175-191.

[9] Arundale, Robert B. Face as relational and interactional: a communication framework for research on face, facework, and politeness [J]. Politeness, 2006, 2 (2): 193-216.

从中英文习语动物词汇的使用看中西方文化的异同

郝云龙

(首都师范大学国际文化学院　北京　100089)

摘　要：语言是文化的组成部分，又是文化的载体，语言和文化具有不可分割的紧密联系。习语是各国语言中承载了其文化内涵的重要语言要素，而习语中的动物词汇尤为生动活泼，特色鲜明，使语言更加丰富多彩。通过研究中英文习语中动物词汇的异同，尤其是两者间的差异，可以帮助语言学习者深入了解西方的文化历史和风俗习惯，进一步促进跨文化交流的顺利进行。

关键词：习语　动物词汇　文化　重合　差异

1　引言

语言和文化是密不可分的，世界上任何一种语言都承载着特定的文化内涵。语言是一种特殊的文化现象，是一种精神文化，从侧面反映了人们的思想道德、审美情趣等。同时语言也是文化的载体，蕴含着一个民族特有的传统思想、思维方式、社会心理、民族风情、价值取向以及社会观念等。既然文化体现为特定群体所共有的宗教信仰、风俗习惯、思维方式等，也必将对其载体——语言产生深刻的影响。

动物在人类生活中始终扮演着非常重要的角色。在人类发展演变的漫长历史进程中，动物与人类的关系始终是密不可分的，并对人类的生存与发展产生了巨大的影响。这种紧密的联系也使人类对动物产生了错综复杂的情感，或喜爱，或厌恶，或谓之吉祥，或避之不及。动物的形象常被用来比喻和传达情感，因此在英汉两种文化当中存在着大量的与动物相关的词汇和习语。在英汉两种语言中动物的比喻屡见不鲜，使语言更加生动活泼，个性鲜明，凸显了各自民族的特点。这些与动物相关的习语在英汉两种文化中有许多寓意异曲同工，但不可忽视的是，由于情感的表达与文化因素密切相关，会受到不同国家历史、习俗、生活习惯、价值观念以及宗教信仰等因素的影响，英汉两种语言中经常会出现对于同一种动物截然相反的情感比喻和寄托。

2　习语在语言中的意义和特点

习语是人们经过长期使用后提炼出来的完整意义、结构定型的短语或短句，是人类文化的积淀，是语言的浓缩精华，也是多种修辞，特别是比喻手段的集中体现，带有浓厚的民族色彩和鲜明的文化内涵。

英汉两种语言都以习语的丰富而著称。习语通常包括成语、俗语、熟语、格言、歇后语、谚语、俚语、行话等。习语读来顺口，听来易记，语言生动活泼，寥寥数字却可传神达意，引起读者丰富的联想。也正因为如此，古今中外的著名作家无一不是使用习语的高手，而习语也同样受到了广大人民群众的喜爱。

英语习语一般具有三个明显的语义特征：语言整体性、结构凝固性和不可替代性。如 kick the bucket（翘辫子）由三个自由词素组成，既不能随意增删，如不能说成 kick the big bucket 或 kick bucket，也不能替换成 kick the pail。然而语言又是发展变化的。人们在交际中或出于修辞上的目的或出于上下文的需要，常常对一些习语做必要的增删或更改，以增加语言的感情色彩，烘托思想，突出中心，这样就出现了常见英语习语活用现象。实际上，英语习语的活用是一种修辞手段，可以通过对习语组成部分进行扩充、压缩、省略、替换、分拆、次序颠倒或语义引申等手段，使习语产生新意，从而增加习语的表现力。

习语的创造和使用离不开民族的历史背景、经济生活、风俗习惯、价值观念和地理环境等。它的比喻和联想是由民族文化的背景和现实所决定的。不了解习语所依赖的民族环境是无法理解其真实含义的，有时甚至会导致极端错误的理解。语言学家帕默尔说过,语言忠实地反映了一个民族的全部历史、文化,忠实地反映了它的各种游戏和娱乐、各种信仰和偏见。

英汉两种语言历史都很悠久,都包含了大量的习语。在这些丰富的习语中,有很多与动物有关。这些极具特色的动物习语是学习者理解中英文和进行中西文化交流的一把钥匙。因此,我们在研究对比英汉两种语言的过程中,不应忽略对习语的分析理解。

3 动物习语在中英文语言中的意义重合

尽管英汉分属不同语系,但由于人类生活所处的大环境和发展历史相似,人类文明发展过程中各民族在生活经历、思想认识上存在一定的共性,对某些动物的特征描述和联想也会产生共识,因此两种语言在使用过程中存在许多重合之处,我们称之为"文化重合"。例如:在两种语言中,猴子(monkey)是顽皮的象征,狐狸(fox)代表狡猾,用蜜蜂(bee)表示忙碌,用驴(ass)比喻愚蠢等;绵羊在中国文化中是温顺的代表,英语中也有类似的说法:as gentle as a lamb(像羊羔一样温顺)。再如:A swallow does not make a summer(孤燕不成夏);A wolf in sheep's clothing(披着羊皮的狼);as proud as a peacock(像孔雀一样骄傲);A rat crossing the street is chased by all(老鼠过街,人人喊打)等。

3.1 关于天鹅涵义表达的意义重合

提到天鹅,人们就会联想起它洁白的羽毛、高昂的头颅、优雅的姿态,既能畅游于绿水,又可翱翔在蓝天。在中国古代,天鹅被称为"鹄",是一种非常擅长飞翔的鸟,其飞翔的高度甚至能越过珠穆朗玛峰。"鸿鹄之志"这一词语就是出自《吕氏春秋》的记载。《史记·陈涉世家》中也有一句陈涉感叹的话:"燕雀安知鸿鹄之志哉!"在中国文化中,"天鹅"基本就是"优雅""美丽"的代名词,如"癞蛤蟆想吃天鹅肉"。在西方文化中,"天鹅"也是雅致、高贵和纯洁的象征,常用天鹅来比喻纯洁美丽的人或物。如 as graceful as a swan(像天鹅一样优雅)就是典型的例子,形容举止端庄,姿态优美。再如:The swans will not sing till the jackdaws are quiet(只有等寒鸦安静下来,天鹅才会高歌);Being born in a duck yard does not matter, if only you're hatched from a swan's egg（是金子总会发光的）。

3.2 关于蛇涵义表达的意义重合

在汉语中，蛇始终是丑恶可憎的形象代表。如美女蛇、蛇蝎心肠、牛鬼蛇神、强龙压不过地头蛇等。在西方文化中，这种对蛇的憎恶更加显而易见，等同于"阴险、狡诈"。《圣经》中就记载了伊甸园之蛇诱惑亚当和夏娃偷吃了禁果，被逐出了伊甸园。《伊索寓言》中也讲了"农夫与蛇"的故事，因而有了 snake in the bosom（怀中的蛇），比喻忘恩负义的人；warm a snake in the bosom（姑息养奸，养虎遗患）；Never cherish a serpent in you bosom（永远不要怜惜那些忘恩负义的人）。还有 snake in the grass（暗藏在草丛中的蛇），形容阴险小人。

3.3 关于狐狸涵义表达的意义重合

狐狸虽然属于食肉动物，但由于体型弱小，在捕猎中不占优势，因而经常用诱骗的方法获得猎物。于是在中国文化中，狐狸扮演的角色基本都是狡猾善变和诡计多端。如狐朋狗友、狐假虎威、狐狸尾巴、狼顾狐疑等。西方文化中其象征意义也是如此。如英语谚语中这样的表达更是不胜枚举：An old fox need learn no craft（老狐狸不必学习什么花招）；as cunning as a fox（像狐狸一样狡猾）；a fox in lamb's skin（口蜜腹剑）；When a fox says he is a vegetarian, it's time for the hen to look out（狐说要吃素，母鸡要有数）；If you deal with a fox, think of his tricks（如果你和狐狸打交道，就要小心他的花招）；It is an evil sign to see a fox lick a lamb（狐狸舔羊羔，这是凶迹象）；When the fox preaches, take care of your geese（黄鼠狼给鸡拜年）等。

3.4 关于猪涵义表达的意义重合

多数情况下，猪在中国文化中是"肮脏、愚蠢、懒惰"的意思。人们用"猪脑子""猪头猪脑"形容记忆力不好，脑子不灵光；用"猪狗不如"表示对一个人的厌恶轻蔑。而在英语中，猪也是个反面形象，如 make a pig of oneself（吃得太多）；teach a pig to play on a flute（荒诞或不可能的事情）；make a pig's ear of something（把某事搞糟）；give sb. a pig of his own sow（以其人之道还治其人之身）；Pigs might fly（无稽之谈）；You can't make a horn out of a pig's tail（劣材难成美器）。

以上习语中，中西方对动物含义的理解不谋而合，保持着惊人的一致。

4 动物词汇在中西方文化中的差异及其原因

以下习语中，中英两种语言虽然有相似之处，但在对选取动物寄托含义上产生了一定差异。如：Talk horse（吹牛）；Black sheep（黑马）；When the cat is away, the mice will play（山中无老虎，猴子称霸王）；As timid as a hare（胆小如鼠）；Every dog has its day（人人皆有得意时）等。

众所周知，习语是赋予色彩的语言形式，擅长以幽默、风趣的笔调和口吻来记载、反映、考证以及传承。而英汉两个民族长期生长在截然不同的自然和文化环境中，必然会对同一动物词汇产生不同甚至完全相左的情感、联想和看法，并赋予动物习语以不同的文化内涵。

究其具体原因，由于国家间自然地理环境、风俗习惯和历史文化的不同，中英文特别是习语中对动物词汇的解读和运用产生了比较大的差异。具体分析如下。

4.1 地域文化造成的差异

英国是个临海的岛国，畜牧业也比较发达，这样的自然地理环境也必然对语言产生了一定的影响。比如鱼（fish）、马（horse）在英语习语中随处可见。例如：There are plenty of other fish in the sea（天涯何处无芳草）；I have other fish to fry（我有别的重要的事要做）；fish in the air（水中捞月）；That old uncle of yours is an odd fish（你的那位老伯伯是个古怪的人）；a cold fish（冷血动物）；a big fish in a small pond（大人物）；a fish out of water（离水之鱼）；而汉语中虽然也有如鱼得水、鲤鱼跃龙门等习语，但相对于英语中和鱼有关的习语来说，其丰富性仍然有所欠缺。

除此之外，与马相关的英语习语也不胜枚举。如：drink like a horse（海量，牛饮）；talk horse（吹牛）；work like a horse（像老黄牛一样工作）；a willing horse（不计较个人得失，孺子牛）；as strong as a horse（强壮如牛）等都是褒义色彩浓重的表达。追根溯源，是因为英民族早期用马耕地，与马结下了不解之缘。然而，对汉民族而言，牛才是生产劳动的好帮手。究其原因，是因为中国是个农业大国，尤其是在农耕技术还不发达的年代和地区，牛无疑被农民视作珍宝，而这种珍视也会自然而然地体现在语言的使用上。因而在上面的例子中，英语中一些用马比喻的习语就与汉语中用牛的习语对应了起来。另外，汉语中还有许多与牛相关的表达。如：九牛二虎之力、九牛一毛、牛气冲天、牛刀小试、杀鸡焉用牛刀、多如牛毛、风马牛不相及、气壮如牛、初生牛犊不怕虎等。很多与牛相关的习语都带有褒义色彩。如：用"老黄牛精神"比喻任劳任怨；用"吃的是草，挤出的是奶"比喻奉献精神。

英语中虽然也有许多有关"牛"的习语和谚语，但在西方文化中，"牛"并不是很讨喜的动物角色。cow（母牛，乳牛）常用来比喻不讨人喜欢的人或物、肥胖而不整洁的女人等。bull（公牛）常用来比喻粗壮鲁莽的人，或是含有说大话、狂暴、凶猛等意义。如：like a bull in a china shop 比喻行为举止粗鲁而笨拙；like a red rag to a bull 意为肯定会引起某人恼火（源自西班牙斗牛的风俗）。calf（小牛犊）常用来比喻幼稚、不成熟、呆头呆脑等含义。如：calf love 指年轻人那种不成熟的狂热一时的爱情；worship the golden calf 意为崇拜金钱，常被用来作为对拜金主义的批评；还有诸如 There are many ways of dressing a calf's head（愚人干蠢事，方法多的是）等含有明显贬义的表达。

4.2　风俗习惯造成的差异

狗在西方文化中代表着"聪明、可爱、忠诚、奉献"。西方人把狗看作人类的朋友，甚至是家庭的一员，因而与狗相关的习语大都带有赞美的涵义。如：Love me, love my dog（爱屋及乌）；a lucky dog（有福气的孩子）；a gay dog（快乐的人）；like a dog with two tails（非常开心）；work like a dog（拼命工作）等。而在中国人看来，狗是用来看家护院的，是为人类服务的动物，带有奴性的色彩。因此，中国习语中与狗有关的表达大都带有贬义。如：狗奴才、狗腿子、哈巴狗、鸡鸣狗盗、狗仗人势、狐朋狗友、狗眼看人低等。

猫在中国普遍受到喜爱，中国人认为猫是一种聪明、美丽又有些骄傲的动物，甚至于"馋猫""懒猫"等貌似贬义的词汇也含有玩笑或是亲昵的成分。然而在西方文化中，猫却被比喻成"包藏祸心的女人"。更有 cat's paw（爪牙）、let the cat out of the bag（泄密）、live under the cat's foot（惧内）、put the cat among the pigeons（惹麻烦，鸡犬不宁）、a cat in the pan（叛徒）等贬义表达。

狮子在西方被看作是万兽之王，是"勇敢、威武"的代名词。英国人更以狮子作为自己国家的象征，英格兰民族也有"the British Lion"（英国狮）之称。因而英语习语中也不吝惜对狮子的肯定与赞美，如：regal as a lion（如狮王一般）、majestic as a lion（如狮王般高贵）等。而狮子在中国并不被人们看重，虎才是中国人眼中的万兽之王，因而与虎相关的习语多以威武雄壮的形象出现。如：卧虎藏龙、如虎添翼、将门虎子、虎踞龙盘等。

喜鹊（magpie）在中国是吉祥的象征，看到喜鹊人们会认为好运即将来临。习语有诸如花灯结彩，喜鹊闹枝；喜鹊叫，贵客到等。而西方人眼中的喜鹊却是"爱嚼舌"的代表，是不吉利的象征。如：chatter like a magpie 意为饶舌，喋喋不休。

4.3 历史文化造成的差异

在诸多动物当中，龙作为四灵（龙、凤、麒麟、龟）之首，在中国人民的心目中占有非常重要的地位。从古至今，汉民族都认为龙是高贵、神圣、祥和与繁荣的象征。因此汉语中与龙相关的习语都带着吉祥如意的涵义。如鱼跃龙门、龙腾虎跃、望子成龙、龙马精神、龙凤呈祥等。中国古代的皇帝被称为"真龙天子"，身着龙袍。中华民族也自称为"龙的传人"。然而在西方文化中，由于受到基督教的影响，龙的相貌丑陋，是口中喷火的怪物，是凶残、邪恶以及战争的象征。在圣经故事中，撒旦也被描绘成巨龙的形象。现代英语中，如果用龙来比喻人，一般意为"脾气暴躁的人、魔鬼、母夜叉"等。如：She is an absolutely dragon（她是个十足的母夜叉）；the son of a dragon（魔鬼的儿子）等。

猫头鹰在西方文化中是智慧、机敏、严肃和公正的化身，并在许多儿童读物中充当裁判的角色。此种说法源自希腊和罗马神话，Owl 是智慧女神雅典娜的情人，常与之相伴，所以才有了 as wise as an owl（像猫头鹰一样聪明）之说。再如：He is a wise old owl（他是个智叟）。此外，雅典盛产猫头鹰，希腊神话中猫头鹰是雅典的守护神，于是 send owls to Athens 表示"多此一举，徒劳无益"。然而猫头鹰在中国文化中却是个负面形象，意味着"倒霉、厄运"。所谓"夜猫子进宅，无事不来"就是典型的例子，意为"不怀好意"。

在中国的民间传说中，蝙蝠（bat）活到一千年会变成白色，人吃了蝙蝠肉会延年益寿，同时"蝠"又与"福"谐音，因此被认为是幸福、健康的吉祥物。特别是红蝙蝠更有"洪福"之说。但在西方，蝙蝠却是一种丑陋凶猛的动物，总与黑暗和罪恶联系在一起，于是便有了 bat-blinded（瞎眼的，愚蠢的）、have bats in one's belfry（古怪、异常）、be bat（发疯）等贬义的说法。

5　结语

我们对于语言的理解，特别是其中富有民族特色的诸如动物词汇等的理解，不应仅停留于字面意义，而应深入研究其文化内涵，并进一步追根溯源，真正做到把语言和文化紧密结合起来，从而更加深入了解英美国家的风俗习惯和文化传统，进而达到跨文化交流的最终目的。

参考文献

[1] Palmer, Frank. Literature and Moral Understanding: A Philosophical Essay on Ethics, Aesthetics, Education and Culture [M]. Oxford: Clarendon Press, 1922: 124.
[2] 丁菲菲、徐麟：《交际中的文化动物词及翻译策略》，《集美大学学报》（社会科学版）2001 年第 4 期。
[3] 李秀萍：《动物名词中的中西文化内涵之比较》，《丹东师专学报》1999 年第 4 期。
[4] 覃先美：*Animal Names And Their Usage In English*，湖南教育出版社，1987。
[5] 张芳杰：《牛津现代高级英汉双解词典》，牛津大学出版社，1984。
[6] 张荣婕：《英语动物类习语的内涵及其汉译》，《陕西师范大学学报》2003 年第 10 期。

跨文化视角下的汉字文化阐释
——以"婚"为例

李俊红

(首都师范大学国际文化学院　北京　100089)

摘　要：汉语国际教育是语言教育，在某种程度上，也是以语言文字为载体的文化教育。这在汉字教学（尤其是高级阶段的汉字教学）中体现得尤为明显。汉字不仅是汉语的记录工具，更承载着厚重的文化信息。汉语国际教育中的汉字教学其实是跨文化视角下的汉字文化阐释。本文以"婚"字为例，从"婚"字的形体入手，介绍了其中包含的"抢婚制"文化背景，从教学实例中得出在跨文化对话过程中要强调在共性基础上分析文化差异的结论。

关键词：跨文化　"婚"　汉字文化阐释　共性

1　汉字的文化性

法国著名汉学家白乐桑曾在《跨文化汉语教育学》中说："我想提三个问题：一是当西方人踏上中国国土时，最吸引他们的是什么东西？二是什么和中国烹饪一样最具有中国的民族认同性？三是为什么西方人会觉得中国是一个神秘的国家，这种认识的根源在何处？我想这三个问题的答案可以归结为一个，那就是汉字。"[1]

对于中国人来说，汉字不仅仅是汉语的记录工具，某种程度上汉字已经成为中国文化的一种象征符号，独特而又有魅力的象征符号。我们的造字祖先——历代仓颉们在汉字中倾注了太多的情感，并融入了他们的审美观、道德观和哲学观，使得汉字在发挥工具性的同时，也成为"中国文化的基石"，[2]浓缩了中国古代社会的悲喜和沧桑。在文化的浸润下，"前人所以垂后，后人所以识古"的汉字不仅有了内涵，而且有了力量。比如以"羔羊跪乳"作为道德依托的"美""羲"（"义"的繁体字）"善"；比如余光中笔下作为中华民族"向心力"存在的"杏花，春雨，江南"；比如体现尊重自然、以土地（社）和五谷（稷）为国家代表的"社稷"；再比如中国景区常见的一些刻石文字，很多其实也并不仅仅是为了标注一个纯粹地理意义上的地名，而是有更深刻的内涵在其中，融自然和人文为一体。即便是组成汉字的一笔一画，也有"一横长河坦荡，一竖大漠孤烟"的意蕴。而汉字方正的平面二维结构，似乎也象征了一种豪放大气、海纳百川的精神。

大概没有人会否认汉字中承载着厚重的文化信息，日本学者平冈武夫甚至认为"中国的文化，就是汉字的文化"。[3]鉴于此，汉字的教学和研究也就不应局限于纯文字本体，而必然要把文化阐释作为最重要的目的之一。汉语国际教育中的汉字教学也不例外。

2 汉语国际教育的跨文化性

汉语国际教育脱胎于"对外汉语教学"，是在全球范围内面向母语或第一语言非汉语者的汉语教学。汉语国际教育的所有参与者，包括教学活动的组织者、设计者，水平测试的实施者，教学效果的反馈者等共同组成了一个国际大环境，因此，汉语国际教育的教学活动本身就是一种基于国际视野的跨文化交际活动。尤其在中国国内，除了一些专门的教学项目，很多国内汉语国际教育的教学班级不仅学生的背景文化与中国文化有差异，就连学生们的来源国之间也有文化差异。老师和学生之间、学生与学生之间各自具有不同的文化背景，课堂上的师生互动、生生互动都是不同文化之间"跨"来"跨"去的过程。正因如此，作为汉语国际教育这样一门实践性很强的学科的从业者，我们除了要具备扎实的中国语言文化知识、熟练的二语教学技巧、良好的外语水平，还须有较强的跨文化交际能力。在国家汉办、孔子学院总部对于外派汉语教师、志愿者的选拔考试中，跨文化类题目也总是必不可少的一个模块。

一般说来，在汉语国际教育的跨文化交际过程中，学生通常会有一种先入为主的跨文化意识——文化定势。"文化定势，又称关于文化的刻板印象，是跨文化交际研究领域的基本核心概念之一，常常被用来指人们在进行跨文化交流活动或者进行跨文化交际研究时对来自于不同文化背景的民族或国家较为笼统、简单的固有看法。"[4] 在这种"文化定势"中，默认的"文化差异"又往往会占了上风。不同背景的对话主体通常会过多地关注文化之间的不同点，刻意去寻找某一或某几种文化的"独特"个性。

其实，能够建立起彼此的精神关联的，是具有普世价值的思想和观念的文化的共性特征。[5] 文化共性即人类的共性，文化共性构成各种文化之间交际和共存的基础。[6] 共性是人类文化的基础，当然也就是跨文化交际的基础。文化之间的共性能引起心理上"移情"能力的产生，在很大程度上促发学习主体对待学习内容采取积极正面的情感态度，所谓"亲其师，信其道"就是这个道理。学习态度影响下的学习动机与学习行为之间是正相关的影响关系，强烈的学习动机会推动学习主体去接近并领悟目的语文化的亲和力。这样一来，对话双方在文化交际的过程中就会自觉努力地排除来自各方面的文化干扰、最大限度地消除文化误解、文化偏见、文化优越感等不利因素，保持客观的文化态度。特别是学习者，他们会因为移情的作用而主动融入到目的语文化中，从"局外人"变成"局内人"，在母语文化和目的语文化所组成的"文化共同体"中自由切换，最终达到文化适应以及对目的语文化的深刻理解。因此，在汉语国际教育的跨文化活动中，作为教师的我们，应该抱着"求同存异"的态度，既要辨析文化之间的"异"，更要关注文化之间的"同"。

3 汉字"婚"的文化阐释

在汉语国际教育中，常常会听到"汉字难学"的说法。尤其对于完全没有汉字文化背景的西方学习者，汉字更被认为是"天书"般的存在。但白乐桑教授作为一个学习并研究汉语的法国人，却提出截然相反的看法。他觉得"认为汉字难学的其实并不是西方人，而是中国的文字专家。在西方人眼中，更多的时候，汉字是与美和神秘，而不是与难学联系在一起"。[1] 特别是，"有些汉字还有一种功能，可以称之为'魔力功能'。比如

'囍''福''寿'等字,就像是某种护身符或吉祥物。当中国人把这些字贴在墙上时,似乎这些文字本身成了某种具有魔力的东西,能够保佑人幸福平安"。[1]

"婚"是一个声旁有示源作用的形声字,形旁"女"说明"婚"主要是站在女方的角度而言,声旁"昏"兼具提示读音和提示意义来源的作用。根据段玉裁《〈说文解字〉注》引《释亲》的解释,女方的父母称作"婚",男方的父母称作"姻",男女双方的父母合称"婚姻"。可见,由古及今,婚姻从来都不只是相恋者两个人的事情,而是男女双方两个家庭的事情。至于"婚"字为什么有"昏",是因为古代有昏时娶亲的风俗。[7]作为声旁字的"昏",唐人《五经文字》认为本写作"昬",也是一个形声字,声旁是"民",但因为要避开唐太宗李世民的名讳改"民"为"氏",才形成了我们现在所看到的字形"昏"。

虽然在以上的说明中,"婚"字的两个组成部件"女"和"昏"都已出现,但对"婚"字的文化阐释到这里还远远没有结束。为了让国际学生通过"婚"字进一步理解现代一些婚俗的来源,也是为了更好地解释许慎《说文解字》中所谓的"娶妇以昏时",我们在教学中还需要加上一个重要内容——关于中国古代抢婚制的介绍。

抢婚,又称"掠夺婚"或"抢劫婚","按被抢对象可分为'劫夫'和'劫妻'两大类型",[8]民间所说的"抢婚"多指"劫妻"。中国的很多民族,特别是西南一带的四川、云南地区,如傣族、纳西族、景颇族、苗族、侗族、彝族、土族等都曾有过暴力抢婚的习俗,甚至一度延续到解放前。试想一下,男子依仗暴力抢劫女子为妇,光天化日之下多有不便,必定要瞅准时机、趁人不备,利用月黑风高之夜下手,这样一联系,"娶妇以昏时"也就合理了。

"娶"字也可以用来与"婚"字互证。"娶"字中的"取"本指战场上抓到俘虏之后割其左耳用以记功,以便战争结束后论功行赏。"取"字的字形本身就是用手("又")割耳的血淋淋场面的描写。"取"用在"娶"中,结合段玉裁所说"取彼之女为我之妇",感觉就是赤裸裸的、强硬的拿来主义,旧时妇女的从属地位及私有财产性一目了然。

就连今天中式婚礼中新娘头上的红盖头,其实也是远古抢婚制的遗留。抢劫者不都是会蒙上被抢者的眼睛、不让他(她)看清楚离开的路线吗?

另外，传统婚礼中常常出现的三支羽毛箭，一般由女方的兄弟捧在手中（也有说是新郎手持），应该代表了在面对男方的抢婚队伍时女方家族的武力反抗。河北的一些地区，如果提到已婚女人的"后代"，很多时候并不是指她的儿女，而是指这个女人娘家的子侄，即娘家兄弟的儿子们。在很多农村，舅舅的地位依然非常重要，甚至可以决定外甥子女们的嫁娶，也很可能是因为在当初抢婚的时代，舅舅是拼了性命保护自己的姐姐或妹妹不被抢走的那个人吧。

当然，也有关于抢婚制的其他说法。根据邓立木的调查，[9]有些少数民族地区的抢婚风俗反而是对女方的一种尊敬，姑娘勤快能干才会有人抢，比如滇南彝族、佤族、德昂族等。抢婚反映了当地人民的婚恋价值观。

随着社会的发展变化，尤其是经济水平和文明程度的提高，远古的暴力抢婚到今天已经发生变异，几乎全部变成了一种象征性的符号，比如新娘离家时佯装大声号哭，即所谓"哭嫁"（其实心里并无悲伤之感），娘家兄弟假装阻拦迎亲队伍，等等，都仅仅是一个形式而已，不再有任何实质性的内容。有些地方的男女双方甚至还"约定"抢婚，"一对相互倾心的青年男女事先约好时间、地点和暗号，男家亲朋好友手执武器，身带铜钱潜伏于路傍，到时女方借故离家后即被男方'抢走'，这时姑娘佯装不肯，高声呼救，家人和邻居立即追赶，抢婚者边跑边将身上带的铜钱撒于路上，追赶者忙于拾钱，抢婚者便趁机携姑娘逃去……"[9]这种带有表演性质的"抢婚"充分说明，古老的抢婚制已经完全摒弃了原有的暴力成分，仅仅作为一种文化化石保留下来，这其实正是社会文明进步的表现。

中国之外，其他一些国家也有这种抢婚制的民俗遗留。首都师范大学一位来自"一带一路"沿线国家哈萨克斯坦的学生在听了老师关于"婚"字的文化阐释后特别激动，她还现场用手机给老师和同学们播放了一段哈萨克斯坦的"抢婚"视频。视频中，有盛装华服满脸幸福等待被"抢"的新娘，有强壮有力酷帅潇洒抱起新娘就走的新郎，有陪同"抢亲"为新郎壮势增威的伴郎团，有一旁做势拦堵婚车、表面不悦其实心花怒放的新娘家人……所有这一切，与我们西南民族的现代版"约定"抢婚如出一辙。

最为关键的是，在这次文化分享之后，我们感觉到学生们和中国语言文化的心理距离拉近了，在课堂上的表现也更加活跃，更加积极。他们说，原来中国文化与自己国家的文化还有这么多的联系，原来中国文化并不是像他们原来想象的那样遥不可及。这个重要的转变，仅仅是源于一个普普通通的汉字。也难怪汉学家白乐桑在一场讲座中会说："不要忘记汉字对于培养汉语学习者动机的巨大作用。倘若没有汉字，我今天肯定不会坐在这里。"[1]

"婚"字的这个文化阐释的教学案例也启示我们，不管是利用汉字作为载体，还是通过其他方式介绍中国传统文化，我们都要在强调共性的基础上分析文化差异，"即使是介绍本国习俗的独特之处，也是从世界文化多样性的认识出发，展示中华民族为世界贡献了哪些可以共享的文化资源，不是为了满足猎奇的需要而强调'我们跟你们不一样'"。[5]

4 结语

汉语国际教育是语言教育，而在某种程度上，也是以语言文字为载体的文化教育。这在汉字教学（尤其是高级阶段的汉字教学）中体现得尤为明显。

跨文化视角下的汉字教学实际上是一场以汉字为载体的跨文化对话。在这场对话中，"对不同国家和民族的刻板印象和文化定型是跨文化交际中很大的障碍"。[10]一般来说，在汉语国际教育中，我们的确应该不断获取和提高我们的"跨文化意识"，保持多元文化的敏感，但强调差异不等于忽略共性。

首先，人类思维活动的基本点是相同的，"人类最初并不存在思维方式的差异"。[6]其次，很多国家与其他国家之间长期以来在历史上就有各个方面的交流与合作，使得不同文化在相互接近的过程中互相产生影响，进而形成一个"求同"的趋势。这种"求同"的趋势又使得彼此文化之间更加靠近，而这种"靠近"的结果就是"文化共性"的产生。比如我们熟悉的"汉字文化圈"这个说法，虽然包含不同的国家或地域，但其实这个概念强调的"不是跨文化之异，而是跨文化之同，即共同使用汉字"。[11]

我们都知道，二语习得中有一个术语是"母语迁移"，指的是母语知识对于学习目的语知识的影响。"迁移"产生的基础是母语与目的语之间的相似性。其中，正面的影响叫"正迁移"，负面的影响叫"负迁移"。姚向礼认为，作为外语教育工作者，我们"要通过教学思维的转变打破母语语言体系的狭隘束缚，要将母语迁移理论中的正迁移充分地发挥出来"。[12]其实，不仅语言，文化的学习和交际也是这样——应当利用文化共性、充分发挥"文化正迁移"的作用。

文化共性的存在客观上可以缩小地域层面的文化距离，主观上可以拉近不同文化背景主体之间的心理距离。文化共性带来的这种"似曾相识"的感觉可以增强学生在跨文化交际过程中的交际信心，帮助我们的教学对象对中国文化产生更多的认同感。"移情""通感"等心理反应的出现，有助于学习者更快地打破文化壁垒，消除学习过程中的文化障碍，弱化文化差异，降低跨文化焦虑，更多地从目的语文化的角度思考和理解语言文化问题，"体会对方的情绪，以及造成这种情绪的文化根源"，[13]提升交际参与度与交际效度。

当今世界，在各个国家之间开展大规模多领域交流与合作、全球构建"人类命运共同体"的新形势下，"文化层面的和谐、顺畅交流是经济合作与发展的基础与保障"。[4]而"汉语国际教育的根本使命就是要为人们扫除语言障碍和文化障碍，让不同国家和地区的人们合作和交流更顺畅，让偏见和误解越来越少，让理解和共识越来越多"。[14]作为汉语国际教育的组成部分，我们的汉字教学也要遵从这一理念，在汉字文化阐释的过程中努力发掘不同文化之间的共性，并以共性作为切入点，在"求同"的基础上"存异"，和谐友好地进行一场又一场的跨文化对话。

参考文献

［1］〔法〕白乐桑：《跨文化汉语教育学》，中国大百科全书出版社，2018。

［2］王宁：《汉字构形学讲座》，上海教育出版社，2002。

［3］〔日〕平冈武夫：《日本文〈中国古代书籍史〉序言》，转引自何九盈《汉字文化的昨天、今天和明天》，何九盈、胡双宝、张猛《汉字文化大观》，人民教育出版社，2009。

［4］何明霞：《"一带一路"背景下跨文化传播的再思考》，《黑龙江科学》2018年第11期，第18~19页。

［5］王学松：《面向第二语言教学的中华文化与跨文化传播研究》，北京师范大学出版社，2014。

［6］毕继万：《跨文化交际与第二语言教学》，北京语言大学出版社，2009。

［7］段玉裁：《〈说文解字〉注》，上海古籍出版社，1981。

［8］陈启新、董红：《中国民族抢婚习俗研究》，《中南民族学院学报》1993 年第 6 期，第 43~48 页。

［9］邓立本：《西南民族抢婚习俗浅析》，《中央民族学院学报》1990 年第 2 期，第 27~30 页。

［10］韩笑：《对外汉语教学中的跨文化交际》，《文学教育》2019 年第 1 期，第 182~183 页。

［11］李运富、何余华：《简论跨文化汉字研究》，《北京师范大学学报》2018 年第 1 期，第 60~68 页。

［12］姚向礼：《母语迁移理论对外语教学文化差异影响分析》，《课程教育研究》2018 年第 43 期，第 120~121 页。

［13］朱勇、成澜：《基于电影素材的跨文化能力培训模式初探》，《云南师范大学学报》（对外汉语教学与研究版）2019 年第 1 期，第 64~71 页。

［14］崔希亮：《汉语国际教育与人类命运共同体》，《世界汉语教学》2018 年第 4 期，第 435~441 页。

跨文化交际中的礼貌用语教学策略初探

刘 进

(首都师范大学国际文化学院 北京 100089)

摘 要：来华留学生对现代汉语的礼貌用语的正确认知及使用能力，是衡量其汉语交际能力的一个重要因素，也直接影响到他们与中国人日常生活及工作中沟通的成败。本文尝试从留学生对现代汉语的礼貌用语认知误区及交际案例入手，分析留学生对于专门的礼貌用语及包含礼貌因素的语言表达形式理解上的难点、使用失误的原因，并尝试提出教学中的应对策略。

关键词：对外汉语 礼貌用语 教学策略

1 引言

在对来华留学生的教学中我们发现，学生常常苦于对礼貌用语的认知、使用存在不足而导致沟通失败。尤其是生活工作的真实交际场景中，在双方都认为自己在对话中秉承了礼貌原则的情况下，跨文化交际仍然会产生不少误会。因此，在对外汉语教学中重视礼貌用语教学已经成为当务之急。教师应有意识地培养学生"透过现象看本质"的文化认知能力，消除成见，越过语言形式的障碍正确辨别对话者的真实意图与态度，在相互尊重理解的前提下完成善意的沟通。

2 留学生对现代汉语礼貌用语的认知误区

2.1 现代汉语几乎没有礼貌用语

有些在北京留学的中高级阶段学生，早上见到老师打招呼时还是说，"老师你好"，而不说"您好"。他们并不是没学会"您"这个词，而是有一个误区，认为现代汉语对礼貌用语并没有具体的体现和要求。而事实上，在北方方言区和普通话中，对老师、长辈、上级称呼"您"，是最基本的礼貌用语，作为汉语学习者，不应忽视"您"与"你"的语用差别。现代汉语敬语、谦辞尽管不再广泛使用，但并没有完全退出生活的舞台。尤其在大量留学生以职业工具为目的进行汉语学习的情况下，了解和熟练运用正式场合的语言礼仪十分必要。事实上，不论正式还是非正式的场合，礼貌用语仍然是交际成败的关键因素之一。

2.2 中国人对亲近的人不用礼貌用语

表面上，中国人似乎没有对熟人说"请""谢谢""对不起"的习惯，如果用了，反而是"见外"的体现。于是了解了这一点后，留学生可能对中国朋友，甚至感觉关系亲近的老师说话措辞过于随意，以示亲近。这个误会看似比第一个进步了一些，至少是出于主动表示善意，但同样是片面的认知。不说"请""谢谢""对不起"，并不表示不用礼貌用语，而是使用其他方式，同时表达礼貌与亲近两种态度。教师需要引导其透过现象看本质，改变留学生对于现代汉语礼貌用语规则"不知道自己不知道"的状况。

2.3 中国人喜欢指责别人，无礼又无理

严格地说，这个交际中的误会属于文化现象，可以建议有这样想法的学生思考，当你觉得一个中国人在批评你时，有没有可能是个误会？一位来自美国的成人学生曾向我抱怨，不止一次，地铁里陌生的中国人对他说："天气这么冷，你怎么给孩子穿这么少，她会冻坏的。"有人甚至还动手给孩子放下卷起的袖子。他讲述时言下之意大有觉得中国人大惊小怪，多

管闲事，粗鲁无礼之意。关心陌生人的冷暖，与一般意义上的寒暄不完全一样，但是可以从解释"寒暄"这个词的来源来消除，至少缓解他因为对方"无礼"言行产生的反感。同时介绍一下一般中国人对此的感受及反应，引导其了解其中正能量的部分。听起来好像是指责的语气，承载的却是关心。

"慢走""慢用"也属于这一类礼貌用语，说话者并不是干涉你做事的方式，只是表达对你健康、安全的关切。

3 礼貌用语相关教学策略建议

3.1 教师言传身教

这里所谓的"言传身教"主要是起一个示范、引导的作用。让学生在真实的交际场景中感受、学习、扭转其错误认知，改变留学生对于现代汉语礼貌用语规则"不知道自己不知道"的状况。并培养学生有意识地尝试使用礼貌用语的习惯和能力。

言传身教在礼貌用语的使用上至关重要。老师就是这么教的，也是这么做的。建议在日常真实交际环境中，提示学生，注意教师本人是如何与别的教师打招呼的，为什么我对有的老师说"您早""早上好"，对另一些老师说"你早""早"？引导学生自行总结出"年长""领导""朋友"等长幼、上下级、亲近程度等决定人物关系的因素，并总结规律。

3.2 对现有教材内容进行归纳整理，或自行编写补充材料。

有一些教材涉及了与礼貌相关的功能项目，如寒暄、道谢、道歉，等等。但对类似的礼貌用语的语用规则介绍往往不够全面，缺乏细微差别的辨析。对有较强思维及分析能力的成人学生，加以正确的引导，他们可以做到了解规则，并进而举一反三。

比如，中级汉语教材《成功之路跨越篇》中有一篇课文提到，一个年轻人工作第一天就因为对老板说"对对对"，而不是"是是是"而遭到辞退。教师可以从这个例子出发，结合热点话题"微信回复'嗯'被老板批评"，组织学生讨论"用'嗯'回复老板礼貌吗""按照中国人的观念，老板是否小题大做"，最后还可以让他们自己检查自己的微信通话记录，是不是符合中国人的礼貌规范、对方的反应如何、有没有意识到可能存在的问题。

3.3 语言教学中时刻注意礼貌因素

在处理以下语言项目时，需要特别注意可能涉及的礼貌因素。

3.3.1 词语本身涉及礼貌方面的语用特点

在词汇教学中，务必提醒学生注意词汇与礼貌相关的语用特点。有些词汇本身具有贬损意味的，如"狡猾""心机"用在不恰当的对象身上就会由褒变贬，适得其反，如称赞老师"聪明"、说成年人"天真活泼"、男孩子长得"美"，就会让听者怀疑你是出于礼貌的赞扬，还是故意讽刺。当你的语言水平越高，对方对你文化方面，尤其是礼貌用语的使用错误容忍度就越低，带有褒贬意义或有使用对象限制的词语都需要谨慎使用。

与之对应的，本来是贬义的词语在使用中可能会被赋予完全相反的感情色彩，看似批评，其实是善意调侃，"臭小子""傻孩子"中爱怜之意其实远远高于词语本身的贬义。如果只看字面意义，很可能损失必要的语用信息，使理解产生偏误。

语气助词能明确表示说话者的态度，使用时不能忽视其间差别。比如回应通知或建议，"好啊"是愉快接受；"好吧"表示无可奈何；"好的"则中规中矩，没有强烈的感情色彩。留学生需要了解，如果对方是上级、长辈，不情不愿的"好吧"会使你显得有点无礼。

不用"请"，如何礼貌地提出要求？加语气助词"吧"，即可缓和表示命令、要求的祈使句生硬冷漠的语气。试着比较："你来回答"和"你来回答吧"。日常生活中，尤其是与对方关系比较亲近时，后者已经可以达到"礼貌"的要求。

对于容易产生误解的语气词特殊用法，可以打打预防针，以期防患于未然，比如："哈"，除了表示笑声，还有句末助词的用法。曾有学生问我，中国朋友微信里的"等下聊哈"是什么意思。句尾加了"哈"，约等于"等下聊好吧"，含有征求意见的商量的意味，表明礼貌的态度。不是直接拒绝聊天或是把自己的意愿强加于人。比较亲切、随意但又不失礼貌，多用于亲近的人之间。如果了解"哈"的这一用法，留学生就不会误会朋友是在生硬地拒绝和他聊天，从而避免不快。

3.3.2 句式涉及礼貌的语用功能

学习反问句之初，学生就会了解到这种句式一般有强调、责问，甚至挑衅的语气，用以表示不满。那么礼貌用语可能存在于反问句中吗？

"你这孩子，来就来吧，还带什么东西？！"

对上面的话，留学生可能会产生困惑，主人这样对带着礼物拜访的客人说话，礼貌吗？需要指出的是，这里的反问句并没有违反礼貌原则，而是用表面责怪的语气表示亲近，以及对对方利益的关注。是一种"言若有憾，心实喜之"的客套话，完全符合中国传统礼貌观念。"帮这点忙算得了什么呢？"则是在回应对方感谢时常用的"反驳"。这两个反问句实际上是遵循"抑己尊人"原则的礼貌用语。如果只关注语言形式，并由此判断对方态度，就会导致礼貌因素的误读。

3.4 引导学生正确理解和使用客套话

"客套话"本意自然是出于礼貌，但是因其公式化、套路化的特点，有时会被认为缺乏诚意。比如几乎每一位留学生，即使是初学者，都被中国人热情洋溢地夸奖过"你的汉语说得真好"，大部分人在听到这句客套话的时候并没有像中国人预期的那样感觉到友善，反而觉得有点尴尬。这种基于"礼多人不怪"的中国式礼貌，留学生往往"消化不良"，需要教师从文化习俗的角度进行必要的疏解，否则也可能适得其反。此时讲一下"您真是个美人""哪里哪里""这里，这里，还有那里，都美"这个笑话，可以有效地缓解留学生对于"过度恭维"的不适感，多半也很愿意积极地用"哪里哪里"愉快地回应夸奖了。

客套话既然是"套话"，就是有迹可循，有规律可依的。指出这些交际原则，可以帮助留学生有效率地举一反三，避免误会，顺畅沟通。

3.5 利用真实交际案例分析常见错误

一次，一位同学在朋友圈里分享了一件趣事，大家的回应五花八门。

教师抓住机会提问：你认为恰当的回应是"呵呵""哈哈"，还是"嘻嘻"？大家讨论后得出结论，"呵呵"是不以为然的冷笑。和笑呵呵的呵呵不同，单独使用作为回复的意思是嘲讽、无语、无奈。曾被评为年度最伤人词汇。而"哈哈"有时也有冷笑的意味。"哈哈哈"或"哈"重复更多次才是真正表示愉快，觉得有趣。"嘻嘻"则更适合由发笑话的人在朋友赞赏他的幽默感时使用，表示得意。这些细微差别从礼貌的角度来看涵义与效果都大相径庭，课堂教学很难穷尽，但要帮助学生树立这一意识：措辞上小小的无心之失可能使你的"礼貌"变成"失礼""无礼"。

在班级的微信群里找一些真实例子，分析其得体性。比如，找出道谢的话，按照礼貌程度排序，分析在不同的场合、事件、人物关系下，哪一种措辞更符合礼貌原则：谢！谢啦！谢谢！谢谢谢谢谢谢！谢谢您。多谢。感谢！万分感谢！大恩不言谢！

4　结语

礼貌用语是交际文化现象中非常重要的一部分，直接影响交际沟通的成败甚至双方关系。积极采取预防与疏导的方式，避免留学生在学习汉语初期就产生抵触与排斥的心理。初到中国时的一两次针对文化休克的讲座，或者包含相关交际案例的小册子，就可以有效地帮助来华留学生避免在礼貌用语方面走入误区。日常教学及交际中再有意识地利用教材内容及真实交际案例分析来强化细节，即可达到良好的教学效果。

扭转学生对现代汉语礼貌用语内容形式等认知方面的偏差，培养学生重视并正确使用礼貌用语的意识，对于交际、训练至关重要。随着汉语水平的提高，来华留学生也不满足于遇到交际上的挫折时指望对方"不知者不怪"，因为他们会逐渐意识到，在礼貌方面，中国人还是更信奉"礼多人不怪"。从语法、语义及语用三个维度加强礼貌用语的教学及训练，鼓励学生本着相互尊重、相互理解、求同存异的礼貌原则来沟通，礼貌用语必然能在跨文化交际中发挥其应有的润滑剂的作用。

参考文献

[1] 胡文仲:《跨文化交际学概论》,外语教学与研究出版社,1999。
[2] 高宝虹:《交际化外语教学中的文化认知观》,《外语与外语教学》2003年第8期,第33~38页。
[3] 王毅敏:《英汉礼貌用语的语用差异》,《西安外国语学院学报》(哲学社会科学版)2001年第3期。

外国留学生通信设备使用习惯的跨文化交际调查
——以首师大韩国留学生为例

刘 彤

(首都师范大学国际文化学院 北京 100089)

摘 要：本文以31个首都师范大学的汉语本科韩国留学生为调查对象,针对他们来中国以后在日常学习生活中遇到的交际问题,特别是在智能手机作为交际联系的主要工具使用过程中遇到的问题展开调查。针对跨文化调查的数据,总结、统计得出调查结果,并且根据结果提出了相应的建议。

关键词：跨文化交际 网络通信 微信 App 网络电话

1 此次调研的基本情况介绍

1.1 研究背景

随着"一带一路"的发展和推进,对外汉语的授课对象越来越复杂,涉及的文化也越来越多元。关于跨文化交际的研究和应对也变得越来越迫在眉睫。

1999年,笔者在韩国大田的一所大学做交换教师。因为签证的问题,我和另一个北师大的中国老师迟到了一个月。当时的系主任请我们吃饭,并在进餐时提出,由于我们的迟到,学生的实际学时少了,拜托我们在6月末,晚放假一个星期,以弥补一些损失的课时。在北京大学学习了6年,并且在北大博士毕业的系主任，席间说了两次："拜托了。"本来中韩的文化就很相近，再加上系主任的留学背景和流利的汉语，我们与他相识的感觉就是"和中国人一样！"等到 6 月 20 日，放暑假前，我们自然地按照中国习惯上课上到放假前的最后一天，然后准备用延长的一周时间复习、考试。没想到，系主任红着脖子过来批评我们没有延长一周，还说："我已经用了'拜托你们'这样语气极重的词汇，怎么还不能合作？"

2018 年的春季学期，笔者是首都师范大学国际文化学院本科二年级（下）的一门口语课的任课教师。我的班上有来自意大利、韩国、英国和日本的同学。这些留学生中，日本学生只有一个，是个文文静静的长相温柔的女同学。课程进行得很顺利。我原来想意大利同学的汉字认读水平一定不如韩、日的同学，没想到，这个班同学们的汉语水平很整齐。这让我的教学特别得心应手。但是，期中考试刚过的一天，班上的日本女同学突然在下课的时候过来向我表示感谢，并向我道别。我很诧异地问她：为什么突然就回国了？找到好的工作了？她开始支支吾吾，后来见我真诚，旁边又没有了其他同学，就对我说了实话。她说是因为一个我们学校的女性中国朋友。因为互相练习语言的关系，日本学生跟她交往了一个月，中国学生现在常常给她发微信，而且，如果她没有马上回复就会打电话来询问。她说，按照日本的习惯，发文字的信息就代表着这件事情不是非常紧急，所以收到文字信息的人在一天以内（24 小时以内）回复都是正常的，可以接受的。她对中国朋友的做法实在是受不了了，只能回国。听到这个放弃留学而回国的原因，我简直不敢相信自己的耳朵。我忍不住问："为什么不直接告诉那个中国同学？让她不要骚扰你呢？"这个日本同学痛苦的表情，到现在还让我觉得不可思议。这让我脑子里迅速地出现了一个词"文化差异"。最近的六七年，智能手机已经成为我们生活的必备工具，WIFI 已经如同空气一样飘荡在我们的身旁，那么与手机相关的跨文化交际的问题就会凸现在我们的生活中。类似的调查研究就会显得必要和迫切。

1.2 调研的目的和意义

此次调查的目的是想找到在华的外国留学生在使用传统电话、短信服务，以及智能手机时与中国人在习惯上的不同，甚至是冲突。希望通过对这些习惯上的冲突的发现和认知，进一步改善汉语课堂的实际教学效果，尽量减少跨文化交际问题对语言学习者的伤害，提高留学生的跨文化交际的能力。

1.3　此次调研的方法

此次调研以调查问卷的方式进行。一共调查了 33 个北京首都师范大学国际文化学院的在学的汉语本科的留学生，一半是一年级下的学生，一半是二年级上的学生。他们普遍能用汉语和中国朋友进行正常的生活交流，汉语水平集中在 HSK4～5 级。来华时间六个月到一年。我们收到调查问卷 33 份，有效调查问卷 31 份。我们以这些调查问卷的数据统计结果为依据，希望找到他们在华生活和汉语交际过程中的跨文化交际问题。针对这些问题，向汉语教师或相关人员提出跨文化交际的教学或者管理的建议。

1.4　假设和局限

此次调查只涉及了首都师范大学国际文化学院的两个年级两个班的 33 位留学生，而且这其中有一位印度尼西亚的学生和一位泰国学生。由于这两个国别的留学生各只有一位，所以只能算作无效的调查问卷。其余的 31 份调查问卷都来自于在学的韩国留学生。如果参与调查的留学生人数、国别都更多的话，我们也许会让这个调查研究的价值更高。

2　文献综述

通过对以前相关文献的学习，我们知道，语言与文化是孪生姐妹，没有不包含文化内容的语言，也没有脱离语言的文化。文化是社会生活中人们行动的指南，但是在文化中的大部分行为是不自觉的，信仰、看法和价值观、世界观也是潜移默化的。因为文化是参与社会活动的实践经验的结果。依照这个定义，文化是在人们不断以一种方式与世界互动的过程之中形成的，这个方式既表达了互动的历史模式，也是对那些模式的贡献。（即人们表现这样的文化特质的同时也在强化这一文化。）我们可以说，文化是社会遗产，而不是生理遗传，所以文化不是先天所有，而是通过后天习得的。所以，一个人具有什么文化，并不取决于他的种族，而是取决于他生活的文化环境。也就是说，打喷嚏是不需要学习的生理现象，但是在别人打喷嚏之后，你应该说什么，确是需要学习的。前者是"生理遗传"，而后者是"社会文化"。

通过学习，我们也知道，交际分为"语言交际"和"非语言交际"两种。一般来说，在语言交际和非语言交际传达的信息冲突时，人们更倾向于相信后者，也就是人们更相信非语言交际传达的信息。中外之间交际中的文化误解和文化冲突的主要根源是交际规则和价值观念的文化冲突。跨文化交际处理的是文化特质的异同，比如道德观念的差距。跨文化交际研究的是文化差异对跨文化交际的干扰，指的是来自不同文化的人在相互交际中不断解决交际信息的失落、误解和冲突的过程。在跨文化研究中，我们应该首先把眼光集中于国别的研究，也就是集中于一个国家中的主流文化的研究。

学习中的讲课只能传授知识，对于跨文化交际能力的提高并不一定十分有效。一些教材使用了个案研究讨论的方法。这种方法强调学生的参与，可以引起他们的思考和讨论，能够有效地提高他们的跨文化敏感和跨文化意识。

随着中国与世界的密切交流，随着汉语的国际推广的战略需求的增加，我们对跨文化交际的学习和研究也提出了新的更高的要求。2006年开始，国家公派出国教师的选拔工作，除了强调教师的跨文化交际的知识与能力，还有专家专门来评估教师在国外工作时所应具备的适应能力。这一系列的工作对跨文化交际学科来说，不但是一个挑战，更是时代的需求。

3 数据的统计和分析

3.1 被调查者的基本情况分析

1）参与这次调查的人一共33个，其中印度尼西亚的同学一人，泰国同学一人，由于样本太少，不具有研究的价值，所以被当作无效调查问卷来处理。共收到有效调查问卷31份，都是韩国的在京汉语本科的留学生。其中男同学7人，占调查总人数的22.6%，女同学24人，占调查总人数的77.4%。

被调查者的年龄分三个阶段。第一个阶段，18~21岁。这个阶段的韩国留学生大部分还带有年龄不大的学生的特质。女同学刚刚离开父母独自留学，男同学也还没有去军队服役。第二个阶段，22~25岁。这个阶段的韩国留学生比较像成年人，男同学也大都结束了军队服役的生活，开始为未来的人生努力。第三个阶段是25岁以上，这个年龄段的学生一般都有工作、留学或者特殊一点儿的经历，成熟、努力，知道自己要做什么。调查结果显示，我们的被调查者在 18~21 岁的有 7 个，占调查总人数的 22.6%；年龄在 22~25 岁的有 22 个，占调查总人数的 71%；年龄在 25 岁以上的有 2 个，占调查总人数的 6.4%。我们的被调查者三个年龄段都有，主要集中在 22~25 岁这个年龄段，这也是来华韩国留学生的主要年龄段。

2）其中来自首都的有 7 个，占调查总人数的 22.6%；来自大城市的有 12 个，占调查总人数的 38.7%；来自中小城市的有 10 个，占调查总人数的 32.3%；来自农村地区的有 2 个，占调查总人数的 6.4%，从学生来源看，可以说范围比较广泛。

3）他们当中，家中子女排行老大有 15 个，占调查总人数的 48.4%；老二及老小 14 个，占调查总人数的 45.2%；独生子女 2 个，占调查总人数的 6.4%。这结果和我们印象中的韩国出生率开始降低、多子女家庭减少、独生子女家庭开始占有一定比例的印象基本相符。

4）他们中有 5 个人的家是和祖父、祖母住在一起的大家庭，占被调查总人数的 16.1%；有 26 个人来自孩子和父母单独居住的家庭，占被调查总人数的 83.9%。有意思的是在我们的被调查者中，自认为来自传统家庭的人数也是 5 个，都来自与祖父母同住的大家庭，而剩下的 26 个被调查者都认为自己来自一个现代的家庭。

综上所述，参与此次调查的韩国留学生的情况还是比较全面的。

3.2　主要调查内容的数据分析

1）你现在一个星期（7 天）打几次电话？

（不是用微信这样的 App，而是使用真的电话。）

0 次 6 个，占全体被调查者的 19.4%；

2~4 次 13 个，占全体被调查者的 41.9%；

5~6 次 12 个，占全体被调查者的 38.7%；

很多次 0 个，占全体被调查者的 0%。

从这次的调查数据来看，80% 的韩国留学生每天打电话不到 1 个，20% 的同学基本不打电话。

2）你和谁打电话最多？

家人 8 个，占全体被调查者的 25.8%；

朋友 5 个，占全体被调查者的 16.1%；

外卖 16 个，占全体被调查者的 51.6%；

不打电话 2 个，占全体被调查者的 6.4%。

从这次的调查数据来看，超过一半的同学是因为买饭叫外卖而使用传统电话的。这数据还真有些让人意外。另外，不用网络电话，最主要的原因是：

传统电话方便 8 个，占全体被调查者的 25.8%；

没有对方的微信或共同使用的 App 16 个，占全体被调查者的 51.6%；

信号不好或者没有 WIFI 4 个，占全体被调查者的 12.9%；

没回答原因 3 个，占全体被调查者的 9.7%。

从这次的调查数据来看，超过 60% 的同学之所以没有使用网络，是因为不知道对方的微信，或者和对方不使用同一个 App，或者信号不好。有四分之一的同学是真的喜欢使用传统电话，因为他们觉得传统电话更方便。

3）你最常用哪个 App 打电话？

用微信的人 8 个，占全体被调查者的 25.8%；

用 KAKAOTALK 的人 10 个，占全体被调查者的 32.3%；

两个 App 每天都用的人 13 个，占全体被调查者的 41.9%。

从这次的调查数据来看，同时在手机上使用中国微信和韩国微信（KAKAOTALK）的同学最多，接近 42%。

4）用音频通话多？还是用视频通话多？

选用音频通话多的人 8 个，占全体被调查者的 25.8%；

选用视频通话多的人 22 个，占全体被调查者的 71%；

使用两种方式次数差不多的人 1 个，占全体被调查者的 3.2%。

从这次的调查数据来看，在韩国留学生中，使用视频网络电话的人占大多数，达到 71%。这对我们高校留学生宿舍的无线网络的技术条件提出了比较高的要求。

5）你什么时候用音频电话？

从来不用音频的 4 个，占全体被调查者的 12.9%；

自己不好看或者不想见对方时 8 个，占全体被调查者的 25.8%；

忙的时候 13 个，占全体被调查者的 41.9%；

大部分时候都用音频的 6 个，占全体被调查者的 19.4%。

从这次的调查数据来看，韩国留学生只有在自己不想以面目示人或者特别忙的时候才使用音频。喜欢使用音频网络通话的人只有不到20%。

6）你什么时候用视频电话？

每次都要用的20个，占全体被调查者的64.5%；

自己好看或想和对方见面时用7个，占全体被调查者的22.6%；

不常用视频的4个，占全体被调查者的12.9%。

从这次的调查数据来看，这些韩国留学生大部分人每次用网络电话都使用视频。

7）你什么时候不发微信，发短信？

需要很快回答的时候（即着急或重要的时候）4个，占全体被调查者的12.9%；

没WIFI的时候10个，占全体被调查者的32.3%；

从来不发短信16个，占全体被调查者的51.6%；

从来不用微信发文字信息1个，占全体被调查者的3.2%。

从这次的调查数据来看，已经有超过一半的韩国留学生从来不花钱发短信，还有30%以上的同学只有在没有无线网络的时候才选择比传统电话便宜的短信作为与别人的联系方式。

8）你和朋友联系的时候，收到微信，马上回答吗？

马上回答8个，占全体被调查者的25.8%；

不着急回答4个，占全体被调查者的12.9%；

不一定6个，占全体被调查者的19.4%；

30分钟内4个，占全体被调查者的12.9%；

1个小时内4个，占全体被调查者的12.9%；

2~5个小时4个，占全体被调查者的12.9%。

从这次的调查数据来看，超过51.6%的同学都选择在接到微信1个小时以内回复。有四分之一的同学会立即回复，不着急回复的同学占12.9%。所以，在我们的汉语课堂上，把手机静音以后统一放置是十分必要的一项措施。否则，确实会影响学生的上课。

9）多长时间不回答你的微信，你会觉得朋友做得不好？

1~3个小时还不回答7个，占全体被调查者的22.6%；

4~12个小时还不回答3个，占全体被调查者的9.7%；

24个小时还不回答 1 个，占全体被调查者的 3.2%。

不回答也没关系，不会生气 18 个，占全体被调查者的 58.1%；

对每个人不一样 2 个，占全体被调查者的 6.4%。

从这次的调查数据来看，接近六成的韩国留学生认为，微信这一类的 App 是一个聊天儿工具，有些微信不回复也没关系，无损朋友之间的友谊。有接近五分之一的韩国留学生会认为 1~3 个小时还不回复自己发出的消息是不友好的行为。

10）（关于智能手机）外国朋友做什么，你会觉得不舒服？比如说，

不认识的人要我的微信号码 9 个，占全体被调查者的 29%；

发种族歧视的内容 8 个，占全体被调查者的 25.8%；

朋友发给你微信的时候超过晚上 12：00 了 8 个，占全体被调查者的 25.8%；

连续发很多微信 2 个，占全体被调查者的 6.4%；

不回答我发的短信（因为短信付钱了，一定是重要的事情）2 个，占全体被调查者的 6.4%；

没有觉得不舒服的时候 2 个，占全体被调查者的 6.4%。

从这次的调查数据来看，不认识的情况下要微信号、24：00 以后发微信和发送种族歧视的内容这三项最让韩国留学生反感。看来韩国留学生把 22：00~24：00 这 2 个小时也当作正常交流的时间。这与大部分中国人的作息不一样。

11）外国朋友和你打电话聊天，超过多长时间，你会觉得累？

10 分钟或者 15 分钟以上就觉得有点儿累 3 个，占全体被调查者的 9.7%；

30 分钟以上就觉得有点儿累 8 个，占全体被调查者的 25.8%；

1 小时以上就觉得有点儿累 14 个，占全体被调查者的 45.2%；

和外国人打电话，汉语不好的时候就觉得有点儿累 4 个，占全体被调查者的 12.9%；

从来不会觉得累 2 个，占全体被调查者的 6.4%。

从这次的调查数据来看，与韩国留学生打电话，基本上不应该超过 30 分钟。超过 1 个小时会有接近 81% 的人不喜欢。

12）外国朋友和你用微信这样的 App 聊天，超过多长时间，你会觉

得累?

没关系，不累 14 个，占全体被调查者的 45.2%；

不喜欢和他们用微信聊天 3 个，占全体被调查者的 9.7%；

1 个小时以上 12 个，占全体被调查者的 38.7%；

不一定 2 个，占全体被调查者的 6.4%。

从这次的调查数据来看，不超过 1 个小时的微信交流是不会引起被调查者的反感的。

13）你觉得什么时候不能发微信，一定要打电话？

重要的事情 18 个，占全体被调查者的 58.1%；

没有 WIFI 的时候 11 个，占全体被调查者的 35.5%；

订外卖的时候 1 个，占全体被调查者的 3.2%；

和中国朋友约会的时候 1 个，占全体被调查者的 3.2%。

从这次的调查数据来看，超过一半的韩国留学生认为，重要的事情要发传统的短信息，不要发微信。

14）同屋或者同桌想看你的微信的内容，行不行？

可以的 18 个，占全体被调查者的 58.1%；

不行的 12 个，占全体被调查者的 38.7%；

没回答的 1 个，占全体被调查者的 3.2%。

从这次的调查数据来看，一多半的韩国留学生认为：微信的内容不太私密，同屋或同桌可以看。但是也有接近 40% 的同学认为不可以这样做。

4　结论和建议

根据前边的调查数据的分析，我们得到以下一组结论。

（1）80% 的韩国留学生每天打电话不到 1 个，20% 的同学基本不打传统电话。

（2）超过一半的同学是因为买饭叫外卖而使用传统电话的。这数据还真有些让人意外。

（3）超过 60% 的同学之所以没有使用互联网，是因为不知道对方的微信，或者和对方不使用同一个 App，或者信号不好。有四分之一的同学是真的喜欢使用传统电话，因为他们觉得传统电话更方便。

（4）同时在手机上使用中国微信和韩国微信（KAKAOTALK）的同学最多，接近42%。

（5）在韩国留学生中，使用视频网络电话的人占大多数，达到71%。这对我们高校留学生宿舍的无线网络的技术条件提出了比较高的要求。

（6）韩国留学生只有在自己不想以面目示人或者特别忙的时候才使用音频。喜欢使用音频网络通话的人只有不到20%。

（7）韩国留学生大部分人每次用网络电话都使用视频。

（8）已经有超过一半的韩国留学生从来不花钱发短信，还有30%以上的同学只有在没有无线网络的时候才选择比传统电话便宜的短信作为与别人的联系方式。

（9）接近六成的韩国留学生认为，微信这一类的 App 是一个聊天儿工具，有些微信不回复也没关系，无损朋友之间的友谊。有接近五分之一的同学会认为1~3个小时还不回复自己发出的消息是不友好的行为。

（10）不认识的情况下要微信号、24：00以后发微信和发送种族歧视的内容这三项最让韩国留学生反感。看来韩国留学生把22：00~24：00这2个小时也当作正常交流的时间。这与大部分中国人的作息不一样。

（11）与韩国留学生打电话，基本上不应该超过30分钟。超过1个小时会有接近81%的人不喜欢。

（12）不超过1个小时的微信交流是不会引起韩国留学生的反感的。

（13）超过一半的韩国留学生认为，重要的事情要发传统的短信息，不要发微信。

（14）一多半韩国留学生认为微信的内容不太私密，同屋或同桌可以看。但是也有接近40%的同学认为不可以这样做。

根据以上的结论，我们提出几点关于汉语课堂与中韩之间跨文化交际能力培养的建议。

（1）汉语课堂确实应该有集中放置手机的地方。手机应该关机或静音，要集中管理，否则会有超过一半的学生时刻要准备回复朋友发来的微信，确实影响课堂的教学和学生的听课。

（2）韩国学生以24：00作为活动和休息的分界，而大多数中国老师是以22：00甚至21：00作为学生应不应该打扰的分界线。据此，中国老师应该在最初接触学生的时候，把中国人的这个时间观念介绍给学生，免得由于跨文化交际的问题而造成工作上的被动。

（3）学校应该尽量完善教学区和宿舍区的无线网络（WIFI）条件，尽早筹备使用5G设备，因为越来越多的学生完全不使用传统电话和短信。视频网络通话成为他们的标准通信方式。如果网络设备落后，网速慢，一定会影响留学生对生活和学习环境的满意度，影响招生。由于韩国网络发达，对韩国留学生更应该如此。

（4）为了保证学生的健康，学校对于外卖平台的介绍和管理应该有计划，有干预，遇事有预案。

（5）韩国留学生有一部分人习惯上认为：微信是一种聊天儿工具，没有电话和短信那么重要。遇到重要的通知，应该使用传统短信或者电话通知。

（6）教师和留学生管理人员应该注意收集韩国留学生中遇到的所谓的"种族歧视"的内容，具体分析这些内容。分辨出哪些是跨文化交际的矛盾，哪些是真的"种族歧视"的问题。争取有问题早发现，早干预。

参考文献

[1] 毕继万：《跨文化交际理论研究与应用》，北京语言大学出版社，2014。
[2] 胡文仲：《超越文化的屏障》，外语教学与研究出版社，2002。
[3] 胡文仲：《跨文化交际学概论》，外语教学与研究出版社，1999。
[4] 〔美〕米尔顿-J. 贝内特：《跨文化交流的建构与实践》，北京大学出版社，2012。
[5] 吴为善：《跨文化交际概论学习指导》，商务印书馆，2011。
[6] 胡文仲：《跨文化交际教学与研究》，外语教学与研究出版社，2015。

附　录

调查问卷
首都师范大学留学生跨文化交际的调查

说明：（本调查只用于学术调查及研究，可以与参与调查者共享调查结果。有需要者请在调查问卷最后留下联系方式和要求。)

调查内容

1. 我是国人
（美国、日本、韩国、英国、法国、意大利、泰国、印尼、德国）

2. 我是人（男、女）

3. 我的年龄岁
A. 18~21　　　B. 22~25　　　C. 25 以上

4. 我的家在。（首都、大城市、中小城市、都不是）

5. 我的妈妈有个孩子，我是他们的第个孩子。

6. 我_____（和/不和）爷爷、奶奶住在一起。

7. 我觉得，我的家是一个的家庭。
（传统的、现代的、都不是）

8. A：你现在一个星期打几次电话？
（不是用微信这样的 App，是使用真的电话。)

9. A：你和谁打电话最多？

不用网络电话，最主要的原因是：

10. 你最常用哪个 App 打电话？

11. 用音频通话多？还是用视频通话多？

12. 你什么时候用音频电话？

13. 你什么时候用视频电话？

14. 你什么时候不发微信，发短信？

15. 你和朋友联系的时候，收到微信，马上回答吗？

多长时间不回答你的微信，你会觉得朋友做得不好？

16.（关于智能手机）外国朋友做什么，你会觉得不舒服？比如说，
（1）朋友发给你微信的时候是晚上11：30了。
（2）朋友在微信里向你借钱。

17. 外国朋友和你打电话聊天，超过多长时间，你会觉得累？

18. 外国朋友和你用写微信的方式聊天，超过多长时间，你会觉得累？

19. 你觉得什么时候不能发微信，一定要打电话？

20. 同屋或者同桌想看你的微信聊天的内容，行不行？

跨文化交际在语言固定结构中的表现

王 进

(首都师范大学国际文化学院 北京 100089)

摘 要：跨文化交际是一门新兴学科，也是一门综合学科。跨文化交际是指语言与文化背景不同的人进行交际。交际双方一定是来自不同的文化背景，但要使用同一种语言进行交际。跨文化交际研究主要集中在外语教学领域，跨文化交际研究有益于汉语国际推广。语言是文化的一部分，又是文化的载体和发展的基础，最能反映民族文化的特征和不同民族的文化差异。语言是人类最重要的交际工具和思维工具。人类语言有相似之处，但每一种语言都有其各自的特点，本文通过俄语、英语和汉语语言固定结构的语法语义分析，可以看出语言固定结构能够很好地体现文化差异，在语言学习中不断培养学习者的跨文化意识，人们具有跨文化意识有助于正确进行跨文化交际，使交际得以正常进行从而达到交际目的。

关键词：语言 文化 成语 跨文化交际

1 跨文化交际的重要性

20世纪人类的科学技术有了突破性的发展，这极大地改变了世界的格局和人类的生活方式。跨文化交际正是在这样的时代背景下产生的，是为了适应这样一个日益发达的跨文化国际交往和人际交往的需要而产生的。跨文化交际要求交际双方必须有不同文化背景，必须使用同一种语言，进行直接的言语交际。它既是一门年轻的学科，也是一门综合学科，涵盖了文化语言学、社会语言学、言语交际学等学科。跨文化交际要求有跨文化的意识，对不同文化的冲突要有敏锐的观察以及科学的理解和判断，并能行之有效地解决问题。

跨文化交际是指语言与文化背景不同的人进行交际。交际双方一定是来自不同的文化背景，但要使用同一种语言进行交际。跨文化交际的研究主要集中在外语教学界。跨文化交际研究也是汉语国际推广的需要。

盛炎在《语言教学原理》中指出"语言上的障碍相当一部分是文化上的障碍，语言理解和使用上的错误，除了语言结构上、语言系统上的原因，还有文化系统上的原因"。语言是文化的一部分，又是文化的载体和发展的基础，最能反映民族文化的特征和不同民族的文化差异。语言是人类最重要的交际工具和思维工具，词语则是语言中最积极最活跃的部分。由于成语的性质和作用相当于词，人们常把它当作一个语言单位来用。成语是人们常用的定型化的固定短语，是一种特殊的词汇单位。各民族语言词汇的不同点正是民族文化特征最重要的表现形式之一，也是语言交际文化因素最重要的表现形式之一。中西文化差异体现在各个方面，本文仅以成语为例，对比汉、英、俄语中相同及不同意义成语，强调跨文化交际在对外汉语教学中的重要性。

2　跨文化交际在语言固定结构中的体现

成语是一种具有书面语色彩的固定短语，如"水落石出""孤掌难鸣""登峰造极"等，汉语成语具有意义的整体性和结构的凝聚性等特点。成语在表意上与一般固定短语不同，不是各构成部分的简单相加，而是在其构成成分意义上进一步概括出来的整体意义。成语的实际含义具有整体性，是隐含于表面意义之后，而表面意义则只是实际含义所借以表现的手段。如"废寝忘食"表面意思是"不睡觉、不吃饭"，实际含义是"极其专心努力"。成语的结构形式是定型、凝固的。它的构成成分和结构形式都是固定的，一般不能任意变动词序或调换、增减其中的成分。如"任重道远"不能变为"任重路远"。汉语成语的来源主要有神话故事，如"愚公移山""守株待兔"等；历史故事，如"望梅止渴"和"四面楚歌"等；诗文语句，如"学而不厌"和"舍生取义"等；口头俗语，如"三长两短"和

"指手划脚"等。在各种来源的成语中，有的是直接引用的，有的是经过改造的，至于来源于神话寓言和历史故事的成语，则大多数是对其故事情节加以概括而成的。成语以四字格为基本格式，也有非"四字格"的，如"莫须有""迅雷不及掩耳"和"牛头不对马嘴"等。

  在交际中，人们总要把词与词结合起来组成词组和句子，意义相关的词只要在不违背逻辑的情况下，都可以按照语法规则自由地组合起来。语言中还存在固定组合。词的固定组合是特殊的语言单位，被当成现成的词汇材料完整地反复使用，而不需在交际过程中临时搭配。俄语中把这种固定组合称为成语，俄语成语具有结构的固定性和意义的整体性等特点，如 сабачный холод（寒冷、冰天雪地）。俄语成语像汉语成语一样，作为一种结构固定的、现成的语言材料，在交际过程中，不需要临时组合，可完整地反复使用，但不能颠倒词序、随意换词，如 на веки вечные（千秋万代）不能写成 на вечные веки。

  像汉语一样，现代俄语中的成语绝大多数是俄语固有的，有着深远的历史，已无法确定其产生的年代。俄语成语有的源自宗教、历史，也有借用于民间故事、希腊罗马神话以及从其他语言翻译或仿造的，俄语成语是俄罗斯民族长期发展的产物，是俄罗斯人民智慧的结晶。因此，俄语成语具有自己独特的民族特点，它反映了本民族的历史背景、风土人情，甚至俄罗斯的自然风光等。俄语成语结构是没有固定格式的，这与汉语成语有显著的区别，汉语成语有不少四字格，音节数目整齐，结构严谨，而俄语成语没有典型结构，可以由两个词、三个词甚至更多的词组成，如 страшная месть（罪有应得）、черная кошка пробежала（不祥之兆）、из муха слона делать（小题大做）。

  根据语法结构，俄语成语与汉语成语有所区别，有的是词组，有的则是句子。句子形式的联合型成语包括了俄语谚语、俗语、名言等，如 Век живи, век учи（活到老，学到老）、Хрен редьки сладще（洋姜不比萝卜甜）、капля в каменъ долбит（滴水石穿）、Лучше меньше, да лучше（Ленин）（宁缺勿滥）。

  从形式上来说，汉语和外语成语的构成就已经存在差别，相同意义的成语，汉语以"四字格"为基本形式，而外语则是以短语和短句表现，如"趁热打铁"俄语表现为 куй железа, пока горячо；英语表现为 make hay while the sun shines。外语中的成语不像汉语中的成语那样有固定的格式，其概念更宽泛，既有短语，又有短句，还包括一些俗语、谚语等，如 Don't put the cart before the horse（本末倒置）、There's no smoke without fire（无风不起浪）。

成语在内容上也具有鲜明的民族特点。一个民族的历史、地理、风俗、习惯、文化、道德诸方面常常在成语中得到反映。如一些俄语成语反映俄罗斯民族所居住的特定地理、自然环境，如"Москва не сразу строилась"字面意思是"莫斯科不是一日建成的"，相当于汉语的"冰冻三尺非一日之寒"；"первый блин комом"字面意思是"第一张饼烙不圆"，相当于"万事开头难"；英语中"from clogs to clogs is only three generations"字面上理解为"从木底鞋到木底鞋只三代"，实际的内涵则是：如果第一代辛苦，可为第二代创造良好的生活环境，第二代坐吃山空，则第三代又变成穷苦人，因为穿木底鞋的都是穷人。

成语言简意赅，若使用得当，可以使言语简洁，增强修辞效果。成语能够用简短的语句说明较为复杂的现象，形象地表达思想感情，并多用比喻等方法描写事物特征，构成具体可感的形象。成语用词简练，这只是成语在量上的特点。与此同时，还要看到成语在质上的特色：成语用词不多却能表示较为复杂、含义深刻的现象和事物。俄语中"беда не приходит одна"，英语为"Misfortunes never come singly"，意为"祸不单行"；поставить всё на карт（孤注一掷）、метать бисер перед свиньями（对牛弹琴）、Гром среди ясного неба（晴天霹雳）。成语具有生动有力、言简意赅的特点，如果成语使用得当、准确，就能使语言精练，生动活泼，形象鲜明，甚至起到画龙点睛的作用。

各国成语的形成，都有其文化背景。成语之所以难理解，就是因为它涉及各国的历史、地理、文化传统、风土人情等诸多方面。对于外国人来讲，由于缺乏足够的文化背景知识，对成语真正意义上的理解难上加难。俄语中"яблоко от яблони недалеко падает"（有其父必有其子）字面意思为"苹果总是落在苹果树附近"，汉语的字面意思则为"有什么样的父母就有什么样的子女"。形象不同，但引伸义相同。俄语成语"как грибы после дождя"字面意思是"雨后蘑菇"，与"雨后春笋"相比，意思相近，都用来指事物的层出不穷，只是俄罗斯人习惯用蘑菇，因为蘑菇在那很常见，而中国人对春笋情有独钟；类似的还有"Сидеть между двумя стульями"

（脚踩两只船）等。上几例中虽然比喻部分不同，形象发生改变，但在汉语中能找到相对应的成语。

由于各国文化传统不同，比喻不同，通过形象比喻，虽然汉语不这么说，但完全可以按中国人的习惯理解，如"like a duck to water""как рыба в воде"意为"如鱼得水"；"Look before you leap""семь раз примерь, а один раз отрежь"意为"三思而后行"。

3 结语

综上所述，无论汉语还是外语，语言的固定结构具有鲜明的时代特征和浓厚的民族色彩，在各种文体中都很常见。培根说："一个民族的天才、智慧与精神，都可以在其谚语中找到。"各国成语的形成都具有鲜明的时代、民族色彩，就其渊源来看，有的是历代名人的千古绝句，有的是方言土语，不同阶层语言具有不同的语言特色。各国人民在长期的生活和斗争中积累了宝贵而又丰富的科学文化知识，并通过谚语准确、鲜明、生动地表现出来。如：No news is good news（没消息就是好消息）、Never say die（好死不如赖活着）、When in Rome, do as the Romans do（入乡随俗）。седина в бороду-ум в голову（胡须添白色，智慧在脑中）、кладу навоз густо——в амбаре не будет пусто（地里勤上粪，仓里粮满囤），等等。

不同民族语言的词汇系统既有共同点，又有不同点。有不同点，是因为不同民族的生活环境、社会和文化背景等不完全相同，因此所接触到的现象不完全相同，观察现象的角度和方法也不完全相同，褒贬也不同，这些就是形成各民族语言差异的客观基础。如"A new broom sweeps clean"字面意思是"新笤帚扫得干净"，相当于汉语中"新官上任三把火"。此句在英语中是泛指新事物的优点，可指人，也可指物，但汉语的意思则具有贬义，具有对虎头蛇尾者的讽刺之意。不同民族的文化有不同的特点，这些不同的特点也反映在语言和语言使用的特点上。

当然各民族的文化也有一些共同的特点，这是各民族能够互相理解的基础。如"All that glitters is not gold"意为"发光的不一定是金子"；"Experience is the best teacher"意为"实践出真知"。不同民族的语言既有各自的特点，又有一定的共性，共同点之一就是完全可以从字面上理解成语的含义。"Live and learn""Век живи, век учись"意为"活到老,学到老";"share happiness and woe""делить горе и радость"意为"同甘共苦"。有共同点,是因为各民族成员的主观条件相同,说话环境、所接触到的现象大部分或基本相同。例如,日月星云、饥渴冷热、生老病死、人际交往,等等,是所有民族都能见到的普遍现象,这些普遍现象都必然要反映到各民族的语言系统当中,这些就是形成各民族共同点的客观基础。

跨文化交际研究的是不同文化圈中的差异,主要研究的是中西文化差异,目的是减少和避免文化冲突,使交际能够顺利进行。通过成语在不同语言固定结构中的表现让人们对与本民族文化有差异和冲突的文化现象、风俗习惯等有一个充分的认识,并在此基础上以包容的态度予以接受与适应,才能使交际得以顺利进行。语言与文化密不可分。在语言教学中文化因素的阐释必不可少,仅具有一种文化知识是不够的,更重要的是要具备跨文化交际的能力。学生学习语言的过程也是发展跨文化交际的过程。

词语固定结构或成语之所以是语言教学的难点,主要原因是其多涉及所在国的历史、地理、宗教、生活习俗及文化传统,要想真正地理解成语蕴涵的意义,就要挖掘其产生的原因。作为语言教师要对不同语言间的文化差异高度敏感,并能用恰当的方式向学习者传达。同时,教师要有专业技巧,能化解因文化差异可能引起的文化误解或冲突。在教授特定的词语或表达方式时不仅让学习者了解其理性意义,更要让学习者了解其文化内涵。

跨文化交际不但要研究不同文化背景形成的价值取向、思维方式的差异,研究不同民族习俗所积淀的文化符号、代码系统的差异,还要研究不同交际情景制约的语言规则、交际方式的差异。学界不但要进行深入的理论探究,还要注重实际的应用研究,这样才能使这门学科更科学、更完善、更丰满,从而更好地为这个时代服务。

参考文献

[1] 黄伯荣、廖序东:《现代汉语》,高等教育出版社,1997。

[2] 刘云波:《英汉译法的几点看法》,《外国语》1995年第6期。

[3] Фразеологический словарь русского языка, Москва, 2001.

[4] 《俄汉成语词典》,湖北人民出版社,1981。

国际中文教育与跨文化交际

应晨锦

(首都师范大学国际文化学院　北京　100089)

摘　要：随着各国人民交流合作的日益广泛，各国学习中文的需求在持续上升，汉语作为第二语言教学的规模也在不断扩大。国际中文教育的目标不应该局限于培养学生听说读写译等综合能力，还应强调培养跨文化交际能力。教师应该具有跨文化管理能力，将跨文化交际既作为教学目标，又作为教学手段进行有机结合，这将是国际中文教育取得成功的重要因素。

关键词：国际中文教育　跨文化交际　跨文化管理

1　引言

随着世界多极化、经济全球化、社会信息化、文化多样化的深入发展，各国相互联系日益加深，各国人民在政治、经贸、人文等方面的交流合作日益广泛，跨文化交流正以前所未有的速度日益扩大规模。当然，语言是跨文化交流中不可或缺的重要工具。各国对学习中文的需求持续旺盛，全球学习人数日益增加，而且很多国家将中文纳入国民教育体系，在大中小学开设汉语课程。2019年首届国际中文教育大会的召开更是标志着中文教学进入了全新发展的阶段。

但是语言习得的过程不是一帆风顺的，可能存在误解、疑惑、矛盾甚至冲突，其原因在很多情况下就与文化背景或跨文化交际有关。笔者曾在学校里遇到一位俄罗斯学生这样跟我打招呼：

(1) 留学生：老师，你怎么样？
　　笔者：什么怎么样？

当时笔者对留学生 A 的问候表示莫名其妙，这次打招呼显然是不成功的。再如笔者在去食堂吃饭的路上遇到吃饭回来的某留学生：

(2) 留学生：老师，您好好吃饭！
　　笔者：……谢谢。

笔者开始一愣是因为觉得留学生的话不合适，后来很快以道谢完成交际任务。但如果换成不了解留学生背景的中国人恐怕就会不知道怎么回答了。

由此可见，国际中文教育的目标不应该局限于培养学生听说读写译等综合能力，还应强调培养跨文化交际能力这一目标。教师应该具有跨文化管理能力，将跨文化交际既作为教学目标，同时又作为教学手段进行有机结合，这是国际中文教育取得成功的重要因素。

2　跨文化交际是不同文化背景的人们之间的交际

什么是跨文化交际？胡文仲认为："跨文化交际是不同文化背景的人们之间的交际。"[1]学习外语的过程同时也是学习异文化的过程，不同的文化之间必然有着这样那样的不同。人们在用语言进行交流时，语言只是交流的表层工具，而文化却是交流的深层工具。不同文化背景的人进行交流时，最大的障碍就是文化方面的。如各国都用某种颜色形容"色情"，但不同国家用的颜色是不一样的。如英语用"蓝色"，日语用"粉红色"，俄语用"红色"，乌兹别克斯坦语用"黑色"，而汉语、泰语和韩语则用"黄色"。再如北京人好友之间问候对方的父母时常用"咱爸妈身体怎么样？"以表示亲近。这里的"咱爸妈"只指对方的父母，不包括自己的父母。无独有偶，韩国人跟别人说到自己的父母时一定要用"我们爸妈"，若用"我爸妈"听者就会觉得很奇怪。

沃尔夫森指出，母语国家的人在与外国人交谈时，对外国人的发音和语法错误往往采取宽容的态度。相反，对违反谈话准则的行为一般则认为是态度无礼。发音、词汇或语法方面等语言层面的偏误是比较容易纠正的，有时也不影响交际；但是文化方面的偏误却容易造成误解、交流不畅乃至冲突。

比如在德国，某中国学生邀请一位一年级的德国学生到自己家吃饭，这位德国学生用汉语回答说"我对这不感兴趣"。中国学生听了后很郁闷，由此认为德国人拒绝得太直接，难以接受。但我们就此事询问该校三年级德国学生时，他们都认为这样的回答是很不礼貌的，他们不会这样拒绝邀请的。那位德国学生应该是因为汉语水平不够，没有真正掌握"不感兴趣"的意思和用法，而导致交流出现障碍。该德国学生的中文教师也指出这位德国学生是因为汉语水平不够，不会用委婉拒绝的手段而导致交流出现障碍，如果他用德语，是绝对不会这样表达的。

再比如两个熟悉的中国人在路上见面，会这样打招呼：

（3）A：你去哪儿？
　　　B：我去外面。
（4）A：你出去啊？
　　　B：是啊。

外国人听到这样的对话会觉得非常奇怪，因为例（3）中B的回答、例（4）中A的提问都是显而易见的，在这一语境中不提供任何新信息。但是中国人却觉得很正常，A和B只是互相打个招呼，至于内容倒是不重要的。

跨文化交际能力指的是学生在跨文化的交际环境中，具有跨文化意识，能够识别母语文化和外语文化之间的差异，并排除母语文化的干扰作出准确的判断，进行成功交际的能力。

3　培养跨文化交际能力是国际中文教育的目标

社会语言学家海姆斯在20世纪60年代提出："一个人的语言能力不仅指能否说出合乎语法的句子，还包括能否在一定的语言环境中恰当地使用语言的能力，也就是在不同的场合、地点对不同的人进行成功的交际的能力。"[2]海姆斯所说的"一定环境"就是相应的文化规约和语用文化环境。

毕继万指出："培养学生的跨文化交际能力是第二语言教学的主要目标。"[3]郭风岚把对外汉语教学总目标"明确定位为培养将汉语作为第二语言的学习者的跨文化交际能力"。[4]跨文化交际能力包括语言交际能力、非语言交际能力、语言规则和交际规则转化能力以及文化适应能力。学生应该知道在什么时候、在什么场合、对什么人说什么话、怎么说以及为什么这么说。比如问年龄，学生对小朋友就要问"你几岁了？"问同龄人就用"你多大？"问年长者用"您多大？"如果询问老人，在非正式场合可以用"您多大年纪？"在正式场合可以问"您高寿？"

中国人的称呼语是外国学生学习中文的难点之一。例如电影《孔繁森》中，孔繁森在向他的司机和秘书谈及自己的家事时，总是说到"你嫂子"。如：

(5) a. 你嫂子在电话里哭了没有？
　　 b. 你嫂子在拉萨不会有事吧？

这个"你嫂子"指的是谁？这是指孔繁森的妻子，是孔繁森对自己妻子的称呼。但是外国人特别是西方人就很难理解，"为什么孔繁森说'你嫂子'就意指他老婆？假如听话的人也有嫂子，不是会发生误会吗？"在电影《孔繁森》的具体语言环境下，中国观众都会把"你嫂子"理解成孔繁森的妻子，而不是司机或秘书的嫂子。因为这种称呼在中国已经约定俗成，是中国社会群体认同的结果。在谈到第三方时，虽然第三方跟说话者关系更近，却用第二人称化的称呼，这样可以拉近说话者和听话者的距离，表示彼此关系很亲近。这就是孔繁森称呼妻子时，不说"我老婆"或"我爱人"，而用"你嫂子"的原因。如果学生明白了熟悉的中国人喜欢用拉近关系的称呼语，喜欢用亲属称谓语来称呼关系好的人，如"叔叔、阿姨、哥、姐"之后，那在下面的交际中她就会很顺畅。

(6) 中国朋友：玛莎，这是我的好朋友周大山。你可以叫他周哥。
　　 玛莎：周哥，你好。
　　 周大山：这是你姐王丽，是我的女朋友。
　　 玛莎：王姐好。

学生刚开始学习汉语时就会学习用"你好"打招呼，汉语中的"你好"和英语中的"Hello""Hi"表达功能相同，但使用场合和使用范围却不完全一样。用"你好"打招呼一般出现在比较正式的交际场合或与陌生人的对话中，如与他人第一次见面，或跟陌生人问路。跟熟悉的人打招呼，中国人一般不用"你好"打招呼，而是习惯于根据时间、场合和彼此的亲疏来询问或打招呼，如上文中的例（3）（4）。留学生应该知其然并知其所以然，不但熟练掌握中国熟人之间打招呼的方式，并且了解中国人为什么采用这种打招呼方式的文化心理。这样他们才是真正具备了运用汉语进行跨文化交际的能力。

4 跨文化交际是国际中文教育的手段

在外语教学中，如果教师不具备跨文化管理的能力，学生缺乏跨文化交际欲望，外语教学同样不能达到应有水准。因为外语教学从一开始，外语文化就会跟母语文化产生碰撞。

比如，《新实用汉语课本》（第二册）中"舅舅新盖了小楼，还买了卡车"，却说自己的生活只是"还可以"。外国学生就很不理解，明明是很不错，怎么是"还可以"呢？其实这是中国人自谦的一种表达。教师可以引导留学生比较本族人和中国人在自我评价、面对他人称赞等方面的表达方式方面的异同，寻求不同表达背后的文化原因，从而进一步了解中国文化。

在外语教学中，重视文化因素可以有效地提高教学效果。有些词汇的教学还一定要借助特定的文化因素来理解、应用。比如汉语中跟英语动词"marry"对应的有三个词："结婚""嫁"和"娶"。学生很容易理解"结婚"，但什么是"嫁"？什么是"娶"？"嫁""娶"的主语或宾语为什么有很多语义角色？比如：

(7) a 小李嫁小王了。＝ 小李跟小王结婚了。

　　b 小王娶小李了。＝ 小王跟小李结婚了。

　　c 小李嫁老王家了。≠ 小李跟老王家结婚了。

　　（例（7）c 的意思是：小李跟老王的儿子结婚了。）

　　d 老李嫁女儿了。≠ 老李跟女儿结婚了。

　　（例（7）d 的意思是：老李的女儿结婚。）

　　e 老王娶儿媳妇了。≠ 老王跟儿媳妇结婚了。

　　（例（7）e 的意思是：老王的儿子结婚了。）

　　f 老王家娶儿媳妇了。≠ 老王家跟儿媳妇结婚了。

　　（例（7）f 的意思是：老王的儿子结婚了。）

在学习"嫁、娶"的词义和用法时，教师应该介绍中国古代"父母之命,媒妁之言"这样的婚姻文化。以前婚姻不是由男女个人决定的,而是由双方的父母决定。而且女子嫁人后,跟丈夫家人生活在一起,而不是新婚男女自组小家庭。再分析一下"嫁、娶"字形、字义和用法的关系。"嫁"由"女"和"家"构成,意思是一个女子去了别人的家。所以"嫁"的主语可以是这个女子,也可以是这个女子的父母,而宾语可以是所嫁的男子,也可以是那个男子的家。"娶"由"取"和"女"构成,意思是得到了一个女子。所以"娶"的主语可以是男子,也可以是男子的父母或父母家。

教师如果不在跨文化交际这个层面上进行教学管理,学生不在这个层面上去理解、应用语言,就会引起误解,甚至产生冲突。比如中国人招待客人时喜欢劝酒,表示热情。西方人对此很不习惯,觉得想不想喝酒、喝多少酒是自己的自由,觉得主人的极力劝酒就是对自己的强迫。

为了更好地运用跨文化交际能力进行汉语教学,教师只了解、给学生介绍传授汉文化是不够的。教师要应该了解学生的母语文化和汉文化在什么方面相同或不同,有什么样的差异,还要了解学生可能在什么方面的理解上有困难。只有这样,教师才能有的放矢地进行教学,引导学生进行讨论,取得事半功倍的效果。

5 教师应具备跨文化管理能力

培养学生的跨文化交际能力是国际中文教育的目标,也是国际中文教育的手段。在国际中文教育中要想很好地利用这一手段、完成这一目标,作为教学组织者的外语教师除了要掌握母语和外语的语言学知识,具备相应的汉语教学技能和掌握本国文化和异国文化的能力以外,还应该具备跨文化交际能力和跨文化管理能力。

跨文化管理能力最早是管理学上伴随跨国企业出现的概念,[5]具体来说,应该包括以下方面。

(1)在课程设置上,教师要明了汉语教学不仅是教授外语,更是对异国文化的传授;应创造条件开设相应的文化课程或课堂。

(2)在教学内容的选择和设计上,教师应该传统中国文化和当代中国文化并重,要着重选择两国文化同中有异的东西。目前教学中对当代中国文化不够重视，学生教师既要注意两国文化中的不同之处，也要强调其中共同的部分，这更有利于引起学生共鸣，加强其跨文化理解能力。

（3）在课堂教学的组织上，教师可以通过游戏、影像资料、场景模拟对话等多种方式创设真实语境和情境，让学生体验情境，较为自然地进行交流，这样更容易理解语言文化知识，提高语言表达能力和文化理解能力。

（4）在教学方法上，教师要多举数据、实例，引导学生对不同的文化因素进行思考、讨论、分析，切记不要把观点强加给学生。

（5）在对学生学习成果的评定上，教师要具有对学生跨文化交际能力的评价能力。教师要将评价指标进行量化，让学生明确了解自己现阶段的能力状况，引导学生设置合适的学习目标。

6　结语

综上所述，汉语正在成为国际性语言，国际中文教育进入了全新发展的阶段。国际中文教育的目标不应该局限于培养学生听说读写译等综合能力，还应强调培养跨文化交际能力这一目标。中文教师不仅应该具有跨文化交际能力，还应该具有跨文化管理能力；将跨文化交际既作为教学目标，又作为教学手段，两者有机结合，这是国际中文教育取得成功的重要因素。

参考文献

[1] 胡文仲：《跨文化交际学概论》，外语教学与研究出版社，1999。

[2] 刘珣：《对外汉语教育学引论》，北京语言大学出版社，2000。

[3] 毕继万：《跨文化交际研究与第二语言教学》，《语言教学与研究》1998年第1期，第10~24页。

[4] 郭风岚：《对外汉语教学目标的定位、分层与陈述》，《汉语学习》2007年第5期，第71~77页。

[5] 李萍：《留学生跨文化适应现状与管理对策研究》，《浙江社会科学》2009年第5期，第114~118页。

浅谈中德文化差异在日常商务活动中的表现及教学思考

竺 燕

(首都师范大学国际文化学院 北京 100089)

摘　要：本文在对德国不来梅来华学生调查的基础上，结合对中德商务人士的访谈，运用霍夫斯泰德文化维度理论及霍尔的时间制、高低语境说等理论，对中德文化差异在日常商务活动中的表现进行了分析，并就在教学中培养德国学生在华跨文化交际能力提出了几点思考。

关键词：中德文化差异　跨文化交际能力　教学思考

1 引言

随着经济全球化的发展和互联网的普及，国际交流日益频繁。在商务领域，跨国公司的大量出现，使跨文化交际成为一种工作常态。然而不同文化背景的人在进行跨文化交际的过程中，往往会因价值观念、思维方式、行为方式、习俗礼仪等方面的差异而在日常商务活动、公司管理、商务谈判等方面产生误解，发生矛盾，甚至导致交际失败，合作受挫。因此，只有充分了解文化差异并正确对待文化差异，才能减少文化冲突，从而保证跨文化国际商务活动顺利进行。

德国不来梅班由德国不来梅应用科技大学经济外语系经济中国学专业三年级的部分学生组成。他们在来华留学的一年时间中，有半年在德国跨国公司或者与德国有业务往来的中国公司实习，以便深入了解中国文化，熟悉跨国公司（或中国公司）的日常运作，为毕业后从事对华商务工作积累经验。笔者长期担任这个班的经济汉语教学工作，从学生的实习反馈中发现，虽然他们在德国学习期间对中国国情和文化已经有所了解，具备了基本的跨文化交际能力，但来华实习后仍然会因中德文化差异而产生跨文化交际不畅的问题，并且主要集中在"文化因素"方面。为了帮助学生系统了解中德文化差异在日常商务活动中的表现，专门对4位具有丰富中德跨文化商务工作经验的人士进行了访谈。以下本文在对德国不来梅来华学生调查的基础上，结合对中德商务人士的访谈，运用霍夫斯泰德文化维度理论及霍尔的时间制、高低语境说等理论，对中德文化在商务活动中的表现进行分析。

2 中德文化差异在日常商务活动中的表现

文化差异广泛存在于不同种族、民族、国家、地区乃至不同性别和阶层之间，美国研究者 Porter 和 Samovar 衡量了各种文化差异，认为分歧最大的就是西方人和亚洲人。随着交流的增加和深入，分属于西方和亚洲的德国和中国，在价值观念、思维方式、行为方式、习俗礼仪等方面的诸多差异日益凸显，在日常商务活动中有诸多表现形式。

中德两国在等级观念上的差异最为显著。这本质上体现了价值观取向，而价值观作为个人或者群体判断是非决定取舍的标准，是跨文化交际的核心。通过调查和访谈发现，首先，在中国公司中，称谓是很有讲究的。下级称呼上级时一般格式是"姓+职务"，如"某总"。如果上级被下级直呼名字，就会有被冒犯的感觉。即便上级职务是副总，一般场合称呼时也必须是"某总"，不宜特意强调"副"字，否则可能使被称呼者不悦。而在德国公司中，上下级之间彼此都可以直呼姓名，如果要表示尊重可以加上"先生""女士"，而不需要加上职务。其次，中国员工发邮件汇报工作时，主送人和抄送人很多，除了要发给直接领导外，还需要抄送给更高级别的主管领导。但在德国公司中，工作邮件一般只需要发送给与该工作直接相关的人员，不需要发给不直接参与的领导，收件人数少。当员工与领导意见不一致时，中国下级一般会选择沉默，不会在会上直接提出与上级领导不同的意见。而德国下级则可以在会上提出自己的不同看法，一般不会导致领导不悦。在中国公司中，如果上级冒犯了下级，通常被认为可以接受并无须道歉。但在德国企业中，无论是上级还是下级，只要是冒犯了别人，就必须道歉。这种种因职务高低不同而带来的语言方式和行为方式的差异，按照霍夫斯泰德的文化维度理论，其原因在于两国的权力距离指数不同。权力距离指数是社会成员对权力不平等的接受程度。权力距离指数高的国家等级更分明。中国文化属于高权力距离指数文化，等级观念分明，决策权力集中，职务高者会受到更多的尊重和礼遇。而德国属于低权力指数国家，等级观念不强，公司中的人际关系更趋向平等，这些因等级观念的差异而造成的文化冲突是德国人最难以接受的。

时间观念的差异。这是在调查和访谈中被德国人提到最不适应的问题之一。在中国，公司里的事情经常会临时决定下来，然后马上着手去做。比如很少预约，随时找领导汇报工作、临时召开会议、出差时临时加个行程、与德方会面时临时增加会见人员，导致德方准备的样品数量不够，等等。学生实习期间也遇到在没有提前通知的情况下，突然被安排进行翻译。而德国人则习惯提前一周甚至一个月确定下所有事情的时间表，如果要安排会面或改变行程，都要先发邮件预约预告。突然来访或临时会议会让德国人非常反感。另外，在中国，如果排队办事的时候，很可能第一个人的事儿没有办完，就会有第二个人插进来询问自己的问题，负责接待的人也很可能就会放下第一个人的事儿去回答第二个人，双方都认为没什么不妥，甚至排第一的那个人也不一定会抱怨，因为大家认为就是一句话的事儿，问了也不耽误什么。而在德国，接待人员通常必须等第一个人办理完才会接待第二个人，哪怕第二个人只是询问一个简单的问题。因此德国人认为中国人不讲秩序，中国人认为德国人冷漠死板。人类学家霍尔用单时制和多时制来解释这类差异。他把人群分成两类。前者的特点是认为时间是线性的，强调时间表和计划性。后者认为时间是非线性的，可以同时处理几件事儿。而形成这一文化差异的原因，应该和社会发展程度分不开。中国是传统的农业社会，日出而作日落而息的生活延续了几千年，生活节奏缓慢，时间观念也比较模糊。提前计划是现代社会的行为方式，是在工业化和现代经济制度发展的过程中形成的，中国仍然在现代化发展的进程中，因此难免会有如此表现。但是缺乏跨文化意识的德国人就会对此抱怨不迭，认为中国人没有礼貌，做事不讲秩序。

集体观念的差异。中国公司在工作日加班是常态，员工周末甚至假期也可以接受公司任务。而德国公司在工作日很少加班，员工在周末和假期不必工作。商场超市关门时间都比中国早得多，周日也不开门；中国公司员工多数使用一个电话号码，既用于工作事务，也用于私人社交。下了班公司也能随时找到员工，并安排一些紧急任务。中国员工的个人社交媒体（如微信、QQ）也都用于工作，公司和部门都会建立若干微信群或QQ群，以便发送通知或交流工作，有时会利用微信召开小型会议，甚至员工在度假期间也被要求开着手机，以便公司能随时找到员工。而德国员工则公私分明，很多人有两个手机，一部是公司号码，一部是个人号码。下班以后工作号码手机就会关机或设置成语音信箱状态。德国人在社交媒体绑定的号码都是私人号码，也不会通过私人社交媒体联系工作，而是用邮件或者企业专用的软件来安排内部会议。与德国员工相比，中国员工的工作和个人生活往往是交叉在一起的。而德国人则认为下班后的时间是个人时间，不应该被公司占用。这种不同是源于两国对待个人和集体的价值观上存在差异。中国是信奉集体主义的国家，认为个人利益应服从集体利益，个人对社会和集体依赖度高并且具有高度责任感。德国属于信奉个人主义的国家，更重视个人价值实现和利益需要，追求个人利益最大化，强调自己对自己负责。因此，面对个人和集体事务不加以区分的情形，德国人会认为自己的权益受到了侵害。

办事原则的差异。中国人重视人情关系，一个中国人带着吃的喝的进办公室遇到同事一般都会请同事分享，自顾自吃喝的人往往会被认为缺乏礼仪。而德国人则可以坦然地自己吃喝而不会造成其社会评价的降低。中国人办事习惯先找熟人，即便可以直接去办，也习惯先通过熟人和相关人员沟通，然后才去办理，感觉这样会更被对方重视，会得到额外的照顾，问题解决会更快更满意，出现问题时也习惯通过熟人关系去疏通。德国人重视规则，处理问题严格按照规章制度，办事情也习惯直接找对口部门沟通，出了问题会直接交涉而不会通过熟人关系来疏通。在中国要想合作成功，首先要建立友好关系，人们在饭桌上拉近关系加深友谊，建立合作甚至签订合同。而德国人习惯就事论事，工作归工作，友谊归友谊，其民族性格也相对内敛，更愿意用发邮件或者开电话会的方式沟通交流，很多德国人都不习惯边吃饭边喝酒边谈合作这种方式，只有谙熟中国文化的德国合作方才会请中国客人去饭馆边吃饭边谈工作。究其原因，与中德两国的历史文化传统有关。人情和关系凌驾于规则之上，这在中国社会生活中司空见惯，至今仍然影响着人们的思维方式和行为方式。德国则更重视规则和制度，不会因为有熟人就改变事情的结果。因此，德国人来华工作过程中往往对此感到难以适应。

表达方式的差异。委婉表达是中国文化的一个重要特点。不仅体现在词汇、句式上，也体现在篇章层面的表达方式上。比如中国人在提出请求或者要求时，往往习惯先铺垫背景信息，直到说话人认为理由足够充分，已经能让对方理解自己要求的合理性时，才会含蓄地提出请求或者要求。德国人则习惯开门见山地直接提出请求或者要求，而不是先陈述原因。双方在面对分歧或给对方提意见时，中国人习惯先肯定对方的合理之处，然后才会曲折地表达希望对方改进。德国人则习惯直截了当地指出问题。中国人在表达拒绝时也多是委婉拒绝，而不会直接说不行。这种表达方式的迥异让双方都感到不适应。德方认为中方意思含糊不清或言不由衷，中方则认为德方不近人情或不留情面。按照霍尔的划分，中国属于高语境语言文化，极少传递明确的信息，而那些没有表达出来的信息却更重要。德国属于低语境语言文化，信息传递直接明确。中国农业社会历史悠久，生产力落后，人们群居生活，靠集体劳动，互相帮助，才能维持下来。加上宗族关系，周围的人基本都是亲戚，更要保持群体的和谐关系，追求"以和为贵"，因此说话时彼此都要保全面子，以免破坏和谐气氛。如果直接提出要求或请求而没有充足的理由，可能会让对方认为无礼，如果被对方拒绝的话，就会非常没面子。而被请求被要求的一方，如果直接拒绝让对方丢了面子，自己也会感觉沮丧。因此委婉表达即使对方不接受也可以避免双方尴尬，影响和谐关系。

聚餐和送礼的差异。在中国有一些特殊的习俗礼仪会让初到中国的德国人感觉不适应。比如，亲戚朋友聚会吃饭后买单时常会出现抢买的场面，甚至看起来像是在打架。这让初到中国的德国人无所适从。德国人买单的规矩基本上是约定俗成的，如果一方主动提出聚会，则可能是提出方先请吃饭，以后被请方回请，或者饭后，一起去酒吧，由被请方买单。在中国，如果是多人聚餐，说好AA制的话，是大家一起点菜，一起分享，最后平摊。而德国的 AA 制则是各点各的，各吃各的，一般不分享，买单时也是各付各的。根据反馈，德国年轻人接受并且喜欢中国式 AA 制，觉得可以品尝到更多的菜，更热闹。

在送礼物方面中国和德国也有显著差异。除了送礼物的禁忌之外，关于礼物的价值，中德两国也有不同认知。中国人认为，送礼是人际交往和商务活动中不可或缺的一项，虽然有"礼轻情意重"的俗话，但一般来说都认为礼物越贵重越显示对对方的重视和尊重。给关系近的人的礼物往往也会更贵一些，以示关系特殊。德国人则不认为商务往来中的礼物是必须的，对昂贵的礼物更是反感，认为有贿赂的嫌疑。在接受礼物的方式上两国也有差异。中国人接受礼物时一定要推辞再三，同时说些"这多不好意思""您太客气啦"之类的客气话，在送礼人的坚持下，才会收下。接过礼物也不会细看，要等客人离开后，才会打开礼物查看。如果当场打开礼物会造成双方的尴尬。德国人则会愉快地收下礼物，一般会当场打开，表示对礼物的喜爱并表达感谢之意。

综上所述，中德文化在以上诸多方面都存在着差异，不了解这些差异，就容易在日常商务活动中产生误解，轻者影响合作关系，重者造成合作失败。如何让学生系统了解这些文化差异，提高其在华跨文化交际能力，文本进行了以下思考。

3 提高德国学生在华跨文化交际能力的思考

培养德国学生的在华跨文化交际能力，首先要增强其跨文化意识。一个缺乏跨文化意识的人往往从自己文化的角度去看待其他文化背景的人，从而对对方的思维方式、行为方式感到困惑和难以接受，甚至造成文化冲突，导致跨文化交际失败和文化休克。因此，要培养学生在遇到与自己文化不同的情况时，特别是遇到分歧时，少一点感性的抱怨，多一些理性的思考，要了解文化差异，尊重文化差异，避免从既有的价值观来判断文化差异，而要通过交流沟通来解决问题，以便尽快适应环境，融入环境。其次要提高跨文化应对能力。这个能力包括两个层面，首先要在价值观、思维方式、交往礼仪的层面知道在某一情境下按照对方文化应该说什么、做什么或者不说什么不做什么；然后在语言应用和行为方式层面知道该怎么说怎么做。

针对不来梅学生的需求,要实现以上目标,需通过教材和教学两个途径来进行。

首先,要在教材中增加跨文化的内容,文化差异的分析介绍不应该只以小贴士的面目出现,而至少要作为阅读文章出现,并进行讨论,以便学生了解相关文化差异并树立跨文化意识。在此基础上,教师应该在教学中设置学生会遇到的各种情景来模拟跨文化交际,通过"场景—对策"逐一讲解,让学生了解文化差异并学会正确的应对方式,以减少来华后的文化不适应。当遇到与本国文化不一样而又让自己感到别扭的情况时,不妨直接表达出来,让对方意识到文化的差异,从而化解令人尴尬的局面。比如在课堂上演练跟中国人一起吃饭,遇到主人过于热情地让自己品尝不习惯的食物时,要让学生知道最大的不礼貌不是拒绝吃,而是把对方夹给你的菜(往往是主人认为特别值得吃的好东西)剩在盘子里。让学生知道最好在对方给自己夹菜之前就坦诚地告诉对方自己吃不惯,对于陌生的难以判断的食物最好表示以前没吃过可以尝一点但不一定能接受,请对方不要介意,这样可以避免把菜剩在盘子里的尴尬或者勉强吃下去的痛苦。再比如当学生带着吃的东西来到办公室,遇到同事时,不能自顾自地吃,而是要主动提出跟同事分享,才显得有礼貌。如果食物不多,也要带着歉意告诉同事东西不多,这次就不请同事分享了。设置情景进行演练的好处是让学生在了解文化差异的同时,也练习了此情景下常用的语言。此外,教师在进行词汇语法教学时,要强调使用场景和对象,突出语用效果,以便学生在有了跨文化交际的"对策"之后,还具备选择恰当的表达方式的能力。

参考文献

[1] Richard Poter& Larry Samovar. Approaching Intercultural Communication. In Samovar & Poter (eds.) Intercultural Communication:A Reader [C] 5th edn. Wadsworth Publishing Co. 1988:19.

[1] Richard Porter&Larry Samovar. Approaching Intercultural Communication. In Samovar &Poter (eds.) Intercultural Communication:A Reader [C] 5th edn. Wadsworth Publishing Co. 1988:23.

[2] 吉尔特·霍夫斯泰德:《文化与组织:软件心理的理想》(第二版),中国人民

大学出版社，2010。
[3] 爱德华·霍尔：《无声的语言》，中国对外翻译出版公司，1995。
[3] 爱德华·霍尔：《无声的语言》，中国对外翻译出版公司，1995。
[4] 胡文仲：《跨文化交际学概论》，外语教学与研究出版社，2002。
[5] 孙红、巩喜云：《国际商务汉语教学中的文化教学问题》，《国际商务（对外经济贸易大学学报）》2014年第4期，第13页。

图书在版编目(CIP)数据

跨文化研究：理论与实践 / 刘晓天主编. -- 北京：社会科学文献出版社, 2020.12
ISBN 978-7-5201-7690-3

Ⅰ.①跨… Ⅱ.①刘… Ⅲ.①文化交流-文集 Ⅳ.①G115-53

中国版本图书馆 CIP 数据核字(2020)第 243156 号

跨文化研究：理论与实践

主　　编 / 刘晓天

出 版 人 / 王利民
责任编辑 / 徐永清

出　　版 / 社会科学文献出版社·政法传媒分社（010）59367156
　　　　　　地址：北京市北三环中路甲 29 号院华龙大厦　邮编：100029
　　　　　　网址：www.ssap.com.cn
发　　行 / 市场营销中心（010）59367081　59367083
印　　装 / 三河市龙林印务有限公司

规　　格 / 开　本：787mm × 1092mm　1/16
　　　　　　印　张：16.75　字　数：267 千字
版　　次 / 2020 年 12 月第 1 版　2020 年 12 月第 1 次印刷
书　　号 / ISBN 978-7-5201-7690-3
定　　价 / 89.00 元

本书如有印装质量问题，请与读者服务中心（010-59367028）联系

▲ 版权所有 翻印必究